LIVING WITH BOYS

NEAVYS

LIVING WITH BOYS

NEW RULES

New Rules est un label des éditions de l'Archipel
sous la direction de Virginie Fuertes

Retrouvez Neavys sur les réseaux :
Instagram : @itsneavys
Site internet : neavys.fr

Retrouvez-nous sur les réseaux :
@newruleseditions

Éditions de l'Archipel
92, avenue de France
75013 Paris

Contact : serviceclients@lisez.com

ISBN : 978-2-8098-4927-1

AVERTISSEMENT

Ce roman contient des thématiques et des scènes susceptibles de perturber la sensibilité de certains lecteurs (addictions, violence, propos injurieux, syndromes post-traumatiques, meurtre...). Il s'adresse à un public averti.

CHAPITRE 1

DREW

Quand mes parents m'ont annoncé qu'ils partaient faire le tour du monde, mon cœur s'est arrêté de battre un court instant. J'étais heureuse, mais une certaine appréhension me tiraillait de l'intérieur. Pour la première fois de ma vie, j'allais me retrouver seule, et cela me terrifiait. Ma mère et mon beau-père ne supportaient pas l'idée de me laisser ainsi. Ils voulaient que je les accompagne, que je découvre les quatre coins du monde avec eux, mais je ne pouvais pas accepter une telle offre. Ce voyage était la lune de miel qu'ils n'avaient jamais eue en raison de mes problèmes de santé. Ils méritaient de profiter de cette aventure en amoureux.

Bien que j'aie soufflé mes vingt-deux bougies en début d'année, mes parents me voient toujours comme une petite fille fragile et naïve. Depuis que j'ai commencé à être muette, l'instinct protecteur de ma mère a pris des proportions démesurées ; dès qu'elle s'éloigne de moi, elle craint que je mette fin à mes jours comme l'a fait ma sœur aînée. Elle ne veut pas commettre une nouvelle fois l'erreur de laisser une de ses filles sans surveillance, et c'est pour cette raison qu'elle souhaite tant rester à mes côtés.

Lorsque mon frère jumeau a proposé de m'héberger pendant leur long voyage, ma mère et mon beau-père m'ont paru plus heureux que jamais. Ils dansaient et chantaient comme s'ils venaient de remporter le gros lot à la tombola. Ce qu'ils ignorent, c'est qu'avec Douglas, rien n'est gratuit. En échange d'une chambre, mon frère exige mon silence absolu. Je me suis donc engagée à ne jamais révéler à nos parents que leur fils a été mis en garde à vue, qu'il a fumé de la marijuana, qu'il a trompé certaines de ses copines, qu'il a cassé le vase préféré de notre mère et qu'il a accidentellement tué Bobby, notre poisson rouge. Évidemment, il y a d'autres secrets qui s'ajoutent à cette liste, mais ma mémoire peine à les retrouver.

La semaine dernière, mon frère m'a promis qu'il viendrait m'accueillir à la gare et je dois avouer que j'attendais ce moment avec impatience. J'avais déjà réfléchi à des sujets de conversation dont on pourrait parler pour éviter qu'il s'ennuie ou qu'il me réprimande d'être muette.

Quatre heures s'étaient écoulées depuis mon arrivée à la gare, et Douglas n'était toujours pas là. Chaque minute qui passait renforçait l'évidence : il ne viendrait pas. Autour de moi, des familles entières attendaient leurs proches, pancarte à la main. Douglas, lui, brillait par son absence. J'ai essayé de l'appeler plusieurs fois, mais personne ne répondait au bout du fil. J'avais tant espéré que les choses se dérouleraient autrement. J'aurais aimé qu'il soit là, qu'il m'accueille avec un grand sourire, et qu'il me raconte des anecdotes sur ses colocataires avant que je les rencontre pour la première fois – mais cela aurait été trop beau pour être vrai.

J'ai donc dû fouiller dans nos anciens messages pour retrouver son adresse et payer un taxi. Je n'ai jamais ressenti autant de stress de toute ma vie. Alors que je grelotte dans mon pull, des gouttes de pluie commencent à tomber sur mon visage. Je décide de m'asseoir sous une boîte aux lettres en priant pour que je sois bien en face de la bonne maison. Les minutes s'écoulent lentement jusqu'à ce que les phares d'une voiture me brûlent la rétine. Je me lève et me cogne aussitôt à la boîte aux lettres.

Génial, de mieux en mieux.

Sous la lumière du lampadaire, le visage de mon jumeau s'illumine. Un mélange de soulagement et d'envie de meurtre me consume de l'intérieur. Avant que je puisse articuler le moindre mot, cet imbécile me devance :

— Viens, suis-moi. On est dans la merde !

Je fronce les sourcils, sous son regard affolé. Douglas ne m'oblige pas à parler : c'est bizarre, très bizarre même. D'habitude, mon frère attend toujours que je prenne la parole la première pour me sortir de ma zone de confort. Il a horreur de mon « mutisme sélectif », c'est l'une des raisons pour lesquelles notre relation s'est autant dégradée ces sept dernières années.

— Pourquoi est-ce que tu me regardes comme ça ? Vite, dépêche-toi ! poursuit mon frère en perdant patience.

Il attrape mes valises et, alors qu'on entre dans la maison, il n'attend pas une seconde de plus pour monter les escaliers. Je le suis de près, nous longeons un couloir avec plusieurs portes qui mènent à différentes pièces, puis il entre dans une chambre.

La pièce que je découvre dépasse largement mes attentes. Elle est magnifique et une atmosphère à la fois atypique et charmante s'en dégage. Mon regard est très vite attiré par la grande fenêtre en arche recouverte de verdure – une caractéristique que je n'avais jamais vue auparavant. Les barres métalliques du lit et des étagères ajoutent une touche industrielle tandis que les murs en briques et le parquet en bois apportent une ambiance plus rustique. La belle bibliothèque de livres me donne envie de me plonger dans la lecture. Malgré la simplicité du mobilier, chaque détail est soigneusement pensé, créant une harmonie visuelle qui me laisse sans voix.

— Drew, écoute-moi ! Tu contempleras ta chambre plus tard ! Il faut d'abord que tu m'écoutes ! gueule-t-il en me forçant à le regarder dans les yeux. Je croyais que tu arrivais demain !

— Quoi ?

La porte d'entrée claque.

Les nouveaux arrivants sont si bruyants que j'ai l'impression d'entendre une dizaine de personnes parler en même temps. Douglas s'empresse de fermer la porte de la chambre pour qu'on puisse mieux s'entendre.

— Je n'ai pas eu le temps de prévenir mes colocataires. Ils ne savent pas que tu vas vivre avec nous, souffle-t-il alors que je le fixe avec des yeux écarquillés comme des soucoupes volantes.

Je m'en doutais, c'était prévisible. Douglas attend toujours le dernier moment pour faire face à ses responsabilités. Pourtant, le temps d'un battement de cœur, une part de moi était persuadée qu'il réagirait différemment. Me voilà déçue, une fois de plus.

— Je vais régler ça. En attendant, change-toi ou fais quelque chose pour être présentable !

Forcément, Douglas ne reste pas pour entendre ce que j'ai à lui dire. Il s'en va comme une fusée en plein décollage en claquant la porte derrière lui. Depuis qu'on est petits, mon frère a toujours été comme ça, et il ne changera jamais. Je soupire donc d'énervement avant de changer de vêtements. Ma tignasse refuse de coopérer même à coups de brosse. Je décide de faire ma tresse habituelle pour dissimuler mes cheveux gras.

J'aimerais prendre une douche. Cependant, cet endroit m'est encore inconnu et j'ignore où est la salle de bains.

Je patiente encore une fois jusqu'à l'arrivée de Douglas. Et, comme d'habitude, il met plus de temps que prévu. Je prends mon courage à deux mains pour sortir de la chambre, mais c'est une grave erreur de ma part puisque je me retrouve nez à nez avec deux hommes.

— Dieu merci, elle n'a pas la même tête que son frère !

— Elle est muette, pas sourde ! vocifère le plus petit des deux avec un fort accent mexicain. Mais t'es devenu con ou tu l'as toujours été ?

— Ta gueule, Ernest !

— Eh, ne hausse pas le ton !

— Ne me donne pas d'ordre.

Ils commencent à s'insulter de façon plus virulente. Les propos deviennent durs, presque violents. Puis, d'une manière incompréhensible, ces deux-là se réconcilient et se tournent vers moi. Mon rythme cardiaque s'affole pendant que l'homme aux cheveux blonds devance son ami pour prendre la parole :

— Je suis Alaric, se présente-t-il avec son plus beau sourire. Je serai un de tes colocataires, donc si tu as un problème, n'hésite pas à venir dans ma chambre. Le nom de chacun est écrit sur sa porte !

Les traits de son visage sont fins et sa mâchoire est marquée comme les mannequins de grandes marques. Ces particularités le rendent spécialement beau. Et c'est sûrement pour cette raison qu'il a un air arrogant scotché sur son visage.

— Et moi, c'est Ernest ! Ton frère t'a certainement parlé de moi.

Cet homme, en revanche, a une mâchoire beaucoup moins imposante. Sa moustache soignée encadre un sourire aux dents d'une blancheur éclatante, tandis que ses cheveux noirs bouclés lui retombent sur les épaules. Il a un magnifique teint bronzé, comme s'il avait passé des journées entières sous le soleil des Caraïbes.

J'aurais aimé que Douglas me donne plus d'informations sur ces hommes qui partagent son quotidien. N'ayant jamais eu l'occasion de les rencontrer avant aujourd'hui, ils demeurent pour moi de parfaits inconnus.

Depuis ce fameux jour où une bagarre a failli éclater entre son meilleur ami et notre ex-beau-père, Douglas a arrêté de nous parler de ses amis. Chaque année, lors des réunions familiales, ma mère tente de briser la glace en multipliant les questions sur eux, mais Douglas répond toujours de manière évasive. Il se contente de dire que ses trois colocataires sont gentils et serviables, sans donner plus de détails.

— Vous pouvez nous laisser ? lance Douglas en s'adressant à ses colocataires.

Cette phrase sonne comme un ordre. Ernest et Alaric ne s'y opposent pas. Ils partent sans broncher en me jetant un dernier regard. J'attends qu'ils s'éloignent de notre ligne de mire pour inciter Douglas à s'expliquer :

— Khaulder est d'accord pour que tu restes, c'est lui le propriétaire de la maison, donc tout est bon. C'est réglé.

Un soulagement immense m'envahit, car je ne veux surtout pas quitter cette colocation. Si je me fais expulser de cette maison, mes parents n'hésiteront pas une seule seconde à prendre un avion pour me rejoindre et regretter leur voyage pour le restant de leurs jours. Ce serait le pire scénario possible.

Je ne dois surtout pas attiser la colère de mes nouveaux colocataires.

— Attends, déclare Douglas. Tu ne t'es toujours pas douchée ? La salle de bains est au fond du couloir.

Je roule des yeux, le pousse et recule d'un pas afin de lui claquer la porte au nez. Quoi qu'il arrive, Douglas ne s'excuse jamais. La frustration me rend malade.

J'ai besoin d'alcool.

Je ferme la porte à clé et me rue vers ma valise. Je sais que je ne devrais pas mais c'est plus fort que moi. L'envie prend le dessus. Je m'effondre sur les genoux et attrape la bouteille de vin que j'ai cachée sous une pile de vêtements. Lorsque mes lèvres entrent en contact avec la froideur du verre et que le vin coule dans ma gorge, un doux sentiment de satisfaction me gagne. L'effet est immédiat ; je me sens tout de suite mieux.

Cette addiction dure depuis plus de deux ans. Et personne n'est au courant, pas même ma mère, et encore moins Douglas. Il faut savoir que mon frère déteste l'alcool, c'est quelque chose qu'il ne tolère pas et qu'il trouve répugnant.

Je n'ose imaginer sa réaction s'il me voyait ainsi, assise par terre, une bouteille à la main. Il serait probablement fou de rage.

Alors que des rires, de la musique et des cris résonnent depuis le salon, mon premier réflexe est de cacher l'objet de mon délit. Le moment est peut-être mal choisi pour boire davantage.

Je me relève et balaye les alentours du regard. Mes yeux se posent sur le miroir accroché au mur, reflétant mon visage qui dégouline de sueur. Je dois admettre que Douglas n'a pas entièrement tort : j'ai besoin d'une douche. Je saisis ma trousse à maquillage, des vêtements propres et j'attends d'être sûre que Douglas n'est plus dans les parages pour ouvrir la porte de ma nouvelle chambre.

Réticence et hésitation rythment mes pas. J'avance doucement dans le couloir et remarque que l'une des portes est ouverte.

Pendant quelques instants, mes yeux s'y arrêtent : la pièce est immense. Les couleurs sont sombres et mélancoliques. La chambre est belle, mais peu accueillante. Il y a du noir partout : les draps, les murs, le tapis, les rideaux. Tout est noir. Je recule d'un pas pour interrompre ce moment d'observation mais une personne heurte mon dos. Mon sang se glace quand la pénombre éclaire mon nouveau colocataire. Il est plus grand que les deux autres.

Fraîchement sorti de la douche, ses cheveux bruns, légèrement humides, forment de longues mèches sur son front. Son visage est marqué par une mâchoire serrée, un teint hâlé et des lèvres charnues.

— Je peux savoir ce que tu es en train de faire ?

J'ouvre la bouche, mais aucun son ne sort. Ses yeux sont tellement noirs. Je suis incapable de dire quoi que ce soit. Et, apparemment, cela ne le ravit pas du tout.

— Alors ? poursuit-il avec les sourcils froncés.

Je panique. Mon carnet de notes n'est pas à ma portée. Je suis contrainte de rester debout, silencieuse, en tenant mes vêtements à bout de bras.

Par chance, le bruit d'une chasse d'eau retentit. Le colocataire aux cheveux bouclés débarque en pulvérisant du désodorisant dans l'intégralité du couloir.

— J'attends une réponse, relance le grand brun en s'adressant à moi.

— Khaul, ne te fatigue pas. Elle est muette, ajoute Ernest.

Le grand brun est troublé, comme s'il savait quelque chose que personne ne soupçonnait.

CHAPITRE 2

KHAULDER

— Elle est muette ?

— Ouais, Douglas nous l'a dit quand tu n'étais pas avec nous. Elle s'appelle Drew et elle ne peut que communiquer avec un bloc-notes, me répond Ernest.

Avec ses yeux bleus, la jeune femme me fixe en silence. Elle se pince les lèvres avant de planter son regard au sol. Alors que je m'apprête à lui demander quelque chose, Ernest me devance :

— Tu étais avec Douglas tout à l'heure ? Pourquoi ça a duré aussi longtemps ? Est-ce que vous étiez en train de préparer quelque chose ?

Ernest raffole des ragots et ne recule devant rien pour obtenir ce qu'il veut. Mais son interrogatoire est voué à l'échec. Il sait pertinemment que je ne lui dirai rien. Pourtant, il reste là, droit comme un piquet, à m'observer avec un regard pétillant.

— Oh, allez ! Donne-moi un indice ! Un seul ? insiste-t-il.

— Non.

Depuis qu'on se connaît, Ernest n'a jamais su garder un secret, c'est une véritable pipelette. J'ai fini par retenir la leçon.

— Drew, aide-moi à le faire parler ! s'exclame-t-il, frustré.

Ainsi, mon regard se pose sur Drew, la sœur jumelle que Douglas a toujours gardée dans l'ombre. J'avais déjà essayé de le piéger pour avoir des photos d'elle, mais mes efforts n'avaient mené à rien. Douglas n'a aucune photo de famille, et il ne prend jamais la peine d'en faire.

Huit longues années se sont écoulées depuis que je connais Douglas. Huit années durant lesquelles j'ai souvent douté de l'existence de sa jumelle. Et aujourd'hui, la voici devant moi, bien réelle ; à première vue, elle ne ressemble pas à son frère.

Sa peau blanche évoque la finesse d'une porcelaine précieuse. Ses cheveux bruns, épais et ondulés, sont rassemblés en une tresse volumineuse qui tombe sur son épaule. Elle a un regard innocent qui contraste énormément avec celui de Douglas. Seuls leurs yeux, d'un bleu saphir remarquable, trahissent leur lien fraternel.

— Est-ce que vous avez parlé de... celui dont on ne prononce pas le nom ? suggère Ernest en faisant expressément référence à son livre fantastique préféré.

Ici, mon père est souvent comparé à Voldemort.

Car ils ont la même voix, et parce qu'il s'agit d'un sujet tabou. Me rappeler son existence me met toujours en rogne. En théorie, les enfants sont censés aimer et respecter leurs parents. Mais ce n'est pas vraiment mon cas. Il n'y a rien au monde que je méprise plus que mon père.

— S'il te plaît, petit prince ? tente Ernest.

Bien que ma discussion avec Douglas ne soit pas forcément confidentielle, je n'ai pas envie de lui dire que nous avons parlé de Drew alors qu'elle est avec nous. Elle pourrait se sentir mal à l'aise, et cela donnerait raison à Ernest d'insister autant.

Jusqu'à aujourd'hui, aucune fille ne devait vivre dans cette maison. Pourquoi ? Car un an plus tôt, Douglas a proposé cette règle et nous l'avons tous acceptée.

Pour être honnête avec vous, Drew ne me dérange pas, c'est Douglas qui me pose problème. Il n'a même pas pris la peine de me prévenir alors qu'il est le créateur de cette règle. Il va donc dormir dehors le temps d'une nuit – ne soyez pas étonné(e), ceci est tout à fait normal, c'est une punition qu'on s'impose entre colocs.

— Ou peut-être que...

— Ernest, arrête, lui dis-je dans un soupir bruyant.

Après un tel échange peu fructueux, Ernest marmonne doucement dans sa barbe imaginaire. J'admets que je suis sur les nerfs. À cause de lui, la tête de mon paternel flotte dans un coin de mon esprit et cela me rend nerveux.

Lorsque je me tourne vers la jumelle de Douglas, quelque chose me surprend : elle n'est déjà plus là. La porte close de la salle de bains me donne une indication concernant sa nouvelle localisation.

— Bon, d'accord. J'arrête de t'embêter avec ça, me dit Ernest avant de reprendre. Au fait, est-ce que tu as lu mon message ?

— Le message où tu me demandes de l'argent ?

— Ouais ! s'exclame-t-il.

— Non. J'ai pas lu.

Ernest s'offusque pendant que je m'empresse de fuir dans ma chambre.

❖

Quelques heures plus tard

Un soir par semaine, Alaric se bat dans une petite arène dissimulée dans un hangar médiocre. La température de cet endroit avoisine probablement zéro degré. De ce fait, je ne sens presque plus mes doigts ni mes oreilles. Ma résistance au froid est assez faible. J'ai toujours tendance à m'emmitoufler dans un large manteau quand mes amis portent seulement des t-shirts. J'ai l'impression d'être le seul à ressentir ce froid polaire. Les gens autour de moi sont obnubilés par le combat. La foule d'hystériques savoure chaque coup qu'assène mon cher colocataire à ce pauvre jeune homme. Le sang gicle et les encouragements du public sont assourdissants. Je déteste ce lieu. L'ambiance y est ridicule. Je regarde une dernière fois Alaric avant de m'éloigner le plus loin possible de ce troupeau d'écervelés.

Un de mes amis, Chad, me rejoint à grandes enjambées. Lui non plus n'est pas un grand fan de ces matchs de boxe illégaux. Nous venons seulement pour encourager Alaric.

— Tiens, prends ça. Ton nez commence à devenir rouge, me lance-t-il en me proposant son écharpe.

Je m'empresse aussitôt de l'enrouler autour de mon cou. La laine douce et chaude me réchauffe instantanément. Chad sourit en sirotant son cocktail sans alcool. Il commence ensuite à me raconter sa journée de travail en tant que responsable de

L'Alchimiste, un des bars les plus populaires de Ravenstein. Ernest s'y rend presque tous les week-ends, c'est d'ailleurs par son intermédiaire qu'on a connu Chad. À l'époque, celui-ci n'était qu'un serveur à temps partiel. Sa polyvalence et son assiduité lui ont permis de gravir les échelons en seulement deux ans.

— Il paraît que la sœur de Douglas est jolie, déclare-t-il avec un sourire narquois que je connais bien.

Je fais mine de ne pas comprendre même si je vois très bien où il veut en venir. Chad a toujours eu la fâcheuse tendance à vouloir me caser avec toutes les filles qui s'approchent de moi. Il veut absolument que je sois en couple alors que lui-même ne l'est pas.

— Elle doit être magnifique pour que Douglas ne veuille pas nous en parler ! J'ai entendu dire qu'elle est gentille et qu'elle n'a pas de petit ami, poursuit-il en me faisant un clin d'œil.

— Si tu t'intéresses tant à elle, marie-toi avec.

— Mais... non, ce n'est pas ce que je voulais dire.

Ainsi, son plan d'entremetteur tombe à l'eau. Son visage se décompose aussi vite que la lumière. Il reprend :

— Est-ce que tu sais ce qu'elle fait dans la vie ? J'ai essayé de soutirer des informations à Douglas, mais il change toujours de sujet...

Je m'efforce de fouiller dans ma mémoire, mais rien ne me revient. Tout ce que je sais, c'est qu'elle n'est pas muette, car j'ai déjà entendu le son de sa voix.

— Non, pas du tout. Douglas n'aime pas me parler d'elle, réponds-je après un temps de réflexion.

Chad me regarde, sidéré.

— Pourquoi ? Il a un problème avec elle ? me demande-t-il.

— Je pense que oui.

Alors que Chad s'apprête à répondre, Douglas surgit de nulle part et s'installe en silence à nos côtés. L'hésitation se perçoit sur le visage de Chad. Je sais qu'il meurt d'envie de poser plus de questions, mais il ne veut pas instaurer de malaise ou éveiller de mauvais souvenirs enfouis. Finalement, Douglas est le premier à prendre la parole :

— Les gars, vous avez un briquet ?

Chad hoche la tête et plonge sa main dans son sac à dos. Il en ressort un briquet bleu, encore dans son emballage. Je présume qu'il est pertinent de préciser que Chad est secrètement Mary Poppins. Il se promène toujours avec un sac rempli de bricoles improbables.

— J'ai des ciseaux pour couper le carton si…

Chad interrompt sa phrase et observe Douglas déchirer le carton avec ses dents, réduisant l'emballage en lambeaux. La nervosité de Douglas est flagrante, et Chad le comprend rapidement puisqu'il décide de nous laisser seuls. Je profite de cette occasion pour engager la conversation :

— Tu as pris tes médicaments ?

— Ouais, grogne-t-il avec une nonchalance que je n'apprécie pas.

Douglas souffre d'instabilité émotionnelle qui le rend violent et anxieux à certains moments. Ses humeurs peuvent varier. Une fois, il s'était déchaîné sur Ernest pour un simple verre de tequila. Les choses avaient tellement dégénéré que nous avions été contraints de le faire dormir dehors trois jours d'affilée.

— J'ai eu la réponse du casting ce matin, déclare Douglas en brisant le silence.

— Et tu as eu le rôle ?

Il secoue la tête, l'air désespéré.

— Non… Je ne l'ai pas eu. Ils m'ont dit que j'avais un beau visage, mais pas assez d'expérience pour le rôle. Ils ne veulent pas de débutants.

La première fois que j'ai rencontré Douglas, c'était lors d'une fête étudiante organisée par l'ex-petit ami de ma sœur. Il s'était trompé d'adresse et s'était retrouvé au milieu d'une foule d'inconnus. De nature sociable, Douglas n'était pas vraiment déstabilisé par la situation. Il avait fini par apprécier l'ambiance et avait passé la soirée à me confier son rêve de devenir acteur. Le monde du cinéma le fascine depuis toujours, et il a attendu de nombreuses années avant de se lancer dans ce domaine. Cependant, Douglas n'a pas prévu que son manque d'expérience lui porterait autant préjudice. Malgré son talent et les auditions qui s'enchaînent, il n'arrive pas à décrocher un seul rôle.

Pourtant, il a un avantage de taille : sa nouvelle petite copine, Vanessa, n'est autre que l'une des actrices les plus influentes de notre génération. Elle a commencé sa carrière à l'âge de cinq ans et chaque nouveau film qu'elle tourne est un succès assuré. On aurait pu croire que leur relation lui ouvrirait toutes les portes, mais pour l'instant, les seules portes qu'il ouvre sont celles du bureau de l'assurance chômage.

— Pourquoi est-ce que tu ne demandes pas à Vanessa de t'aider ?

— J'ai envie de réussir par moi-même, me dire que je peux le faire sans l'aide de personne, me répond-il en créant des nuages toxiques avec la fumée de sa cigarette. Dès que j'aurai reçu ma première paie, je te rembourserai tous les loyers que je te dois ! Et aussi tous les loyers à venir de Drew !

— Tu n'es pas obligé, tu sais.

Son regard en dit long sur son désaccord avec ma façon de gérer mes finances. L'argent est un sujet de discorde entre nous. Aussi loin que je me souvienne, Douglas a toujours veillé à payer ses dettes et à minimiser ses dépenses. Ce n'est pas le cas d'Alaric et d'Ernest, et cela a tendance à l'énerver.

Il a l'impression que nos chers colocataires abusent de ma générosité et me manipulent, mais je ne le vois pas de cette manière. Ernest et Alaric rencontrent souvent des difficultés financières, et je suis content de les aider. Ils peuvent utiliser ma carte de crédit autant de fois qu'ils le veulent, ça m'est égal.

J'ai grandi dans une famille où l'argent a été la cause de nombreux conflits, mon père était tellement obsédé par son travail qu'il négligeait sa famille. Le décès de ma mère a laissé un vide immense dans nos vies. Elle était celle qui nous réunissait, celle qui nous rendait heureux. Quelques mois après sa mort, mon père a refait sa vie et a déménagé avec sa nouvelle compagne. Ma sœur a également fait le choix de partir pour poursuivre ses études à l'étranger. Je me suis donc retrouvé seul dans une maison bien trop grande à mes yeux. Cette colocation avec Douglas, Ernest et Alaric était pour moi un moyen d'apporter de la vie à mon quotidien et de combler le vide que ma mère avait laissé derrière elle.

Je n'ai pas envie qu'ils se sentent obligés de me rembourser ou qu'ils pensent que je fais ça pour gagner de l'argent.

Mais, étant donné que Douglas est fermé à la discussion, je décide de changer de sujet pour éviter un énième débat :

— Pourquoi est-ce que ta sœur jumelle prétend être muette ?

Mes mots sont suivis d'un vent glacial. Douglas se tourne vers moi. Sa réaction est immédiate.

— Attends, quoi ? Comment tu sais ça ?

La nervosité de mon colocataire s'est entièrement évaporée. Il est désormais stupéfait par ma découverte si précoce.

— La semaine dernière, tu étais au téléphone avec elle, lui dis-je alors qu'il marmonne plusieurs jurons. Je pouvais entendre qu'elle te répondait vu que tu mets toujours le son au max. Et puis, c'est pas la première fois que je vous entends en pleine conversation téléphonique.

— Ne le dis pas aux autres ! Je t'en prie, me supplie-t-il en écrasant sa clope par terre.

— D'accord, mais tu dois répondre à une de mes questions.

Il hoche vigoureusement la tête en signe d'approbation.

— Vas-y ! Je t'écoute.

— Pourquoi elle ment ?

Je reconnais que certains aspects de cette fille me troublent, mais ça s'arrête là. Douglas est mon meilleur ami, c'est donc normal que je sois intrigué par une sœur jumelle dont il ne mentionne jamais l'existence.

— Ce n'est pas vraiment un mensonge, révèle-t-il après un moment intense de réflexion. Elle ne parle qu'à moi, ma mère et mon beau-père Jayce. Les médecins appellent ça un mutisme sélectif.

— Vraiment ?

— Ouais... En fait, elle parlait beaucoup quand on était petits. Puis, on a eu plein de problèmes, et elle est devenue... bizarre. Je croyais que ça allait s'arranger avec le temps, mais non, elle est toujours aussi... bizarre. On ne peut même pas lui faire de blagues sans qu'elle se braque.

Douglas marque une pause, le visage crispé par la tension. Ses yeux sont désormais assombris par l'agacement. Il est visiblement irrité par le comportement de sa jumelle. En parler est un bon moyen pour qu'il se défoule.

— C'était quoi vos problèmes ? je lui demande en sachant que c'est un sujet clé dans cette histoire.

Le visage de Douglas se décompose si vite que ça en est hallucinant. Je parviens à déceler une profonde tristesse dans ses iris bleutés.

— Notre sœur aînée est morte dans un incendie.

Il s'accroupit en soupirant un bon coup :

— Tu sais, même si Drew a choisi de ne parler qu'à mes parents et moi, elle fait beaucoup d'efforts pour aller mieux. J'aimerais... qu'elle soit heureuse. Franchement, elle le mérite plus que n'importe qui. Si seulement tu voyais comment elle était avant. Elle était... vraiment mieux.

Mon colocataire ne s'est pas accroupi par hasard. Il renifle doucement dans son coin en espérant que je ne l'entende pas. D'habitude, Douglas ne se préoccupe pas des autres. Dans un moment si intime, Ernest débarque en trombe :

— Putain, mais qu'est-ce que vous foutez ? Je vous cherchais partout !

Douglas se lève comme si de rien n'était. Il se met de dos afin de reprendre ses esprits.

— Qu'est-ce qu'il se passe ?

— Attends, vous êtes sérieux, là ? lâche-t-il d'une manière si brutale que cela sonne comme une insulte. Pensez à regarder vos portables ! Vous êtes chiants !

— Mais explique !

Il murmure des mots incompréhensibles, nous fusille du regard, avant de dire avec beaucoup d'entrain :

— Notre alarme incendie a été activée. Il faut qu'on rentre maintenant !

CHAPITRE 3

DREW

L'intégralité de mon corps est paralysée, c'est comme si j'étais devenue une statue de cire à l'air apeuré. Ma conscience me hurle de fuir, mais j'en suis incapable. Mon envie de partir disparaît aussi vite qu'elle est apparue. Je succombe à une souffrance qui me déchire de l'intérieur. Mon cœur s'emballe dans ma poitrine, tambourinant à un rythme effréné. Je le sens se déchaîner avec tant de hargne que ça me fait mal.

Mes yeux ne se détachent pas de cette flamme ardente. J'ai envie de l'effleurer, de la toucher. Elle se nourrit de la soie des rideaux, suivie de près d'une armoire où se trouve une petite fiole. Sous mon regard impuissant, le feu devient indomptable et impétueux. Mes poumons se remplissent d'une fumée malsaine pendant que mon rythme cardiaque s'affole.

Des souvenirs et des sensations atroces me tourmentent. Ma gorge se serre, encore et encore, tandis que cette flamme continue à se dresser devant moi.

Tout est détruit.

Et c'est entièrement de ma faute. Je n'aurais pas dû allumer ces bougies, ni faire tomber ce briquet.

Je cours dans la cuisine, le souffle haletant. La vision de cette flamme, destructrice et fougueuse, est ancrée dans mon esprit et se répète à l'infini. Je cherche à oublier cette image, mais rien n'y fait. Des flashs de souvenirs de plus en plus funestes m'envahissent. Et l'effet est irréversible.

Les mains dans mes cheveux, un cri assourdissant s'échappe de mes lèvres. Mes genoux s'effondrent sur le parquet alors que des larmes salées roulent le long de mes joues.

Je suffoque doucement. Jusqu'à ce que ma respiration s'arrête brusquement. Ma gorge s'irrite. Elle s'enflamme. J'essaye de humer l'air filtré par le tissu de mon pull, néanmoins le soulagement n'est que partiel.

Mêlée aux crépitements des flammes endiablées, la sonnerie de mon portable retentit. C'est Douglas.

— Qu'est-ce qu'il se passe ici ? vocifère-t-il.

Je ne peux pas prononcer le moindre mot.

— Le détecteur de fumée est allumé. C'est à cause de toi ? Réponds ! renchérit Douglas dans un élan de panique avant de reprendre avec une voix plus posée. Je sais qu'elle est muette, Ernest ! Tu peux fermer ta gueule pour une fois ? On arrive, Drew ! D'accord ? Reste à l'abri.

Et là, mon frère raccroche. Je déglutis en m'adossant contre un des placards. Je tousse une énième fois. L'air est rempli de dioxyde de carbone, cela devient presque irrespirable. L'attente est longue et elle s'achève lorsque la porte d'entrée s'ouvre. J'entends des cris de stupéfaction puis des jets d'extincteur, et un hurlement bestial :

— Drew !

Évidemment, c'est Douglas.

Je me lève, les jambes flageolantes. Il se précipite vers moi à une vitesse folle. Je recule légèrement en jetant un coup d'œil aux alentours. Alaric est en train d'éteindre le feu avec Ernest pendant que Khaulder observe attentivement l'armoire – ou du moins, ce qu'il en reste. Contre toute attente, mon frère me prend dans ses bras.

— Reste derrière moi, ne panique pas. Je m'occupe de tout.

Je laisse échapper un hoquet de surprise. Pourquoi est-ce qu'il ne me réprimande pas ? Il devrait être fou de rage. Il devrait être en train de me faire la morale. Sa réaction est étrange. Mon frère n'aime pas rassurer les gens. Il déteste ça.

Je me perds donc dans l'incompréhension la plus absolue. Il se détache de notre étreinte et se met en face de moi afin que je ne puisse pas voir ses colocataires. Mon cœur tambourine alors à toute vitesse contre ma cage thoracique. C'est seulement par les cris de victoire que je réalise que le feu a été neutralisé.

Un silence pesant envahit la pièce. L'ambiance est accablante, presque oppressante. Douglas brise la glace :

— Crois-moi, Khaul, j'ai autant envie de l'étriper que toi. Mais, s'il te plaît, c'est sa première nuit. Ne fais pas ça.

La voix douce de mon frère me surprend. J'arrive à peine à le reconnaître.

— La fiole est… brisée, déclare Khaulder dans un murmure.

Des mouvements furtifs attirent mon attention. Ernest et Alaric s'approchent, prêts à intervenir. Le dos de Douglas me bloque la vue, mais la curiosité me pousse à me décaler pour mieux comprendre ce qui se passe. Et je ne tarde pas à regretter mon geste.

Khaulder est au milieu du salon et il me regarde.

Ses yeux, d'un noir onyx transcendant, me dévisagent et me grondent. Ses poings sont si contractés qu'une attaque paraît imminente. Je frissonne de terreur face à sa présence menaçante. La colère tire les traits de son visage tandis qu'il dégage une aura sinistre.

Il est si terrifiant que le simple fait de l'observer me procure des millions de frissons sur chaque parcelle de mon épiderme. Une angoisse, intense et invariable, prend possession de mon corps. Je me fige totalement pendant que ses yeux sondent mon âme. Derrière cette haine profonde, je décèle de la tristesse et de la souffrance.

— Douglas a raison. Ça craint pour une première nuit, lâche Alaric.

La tension est palpable. Je doute que prendre ma défense soit une bonne idée. Dans un cas comme celui-ci, leur intervention ne fait qu'aggraver les choses.

— Elle dort dehors, annonce Khaulder.

Et la sentence est irrévocable. Il quitte la pièce en lançant un dernier regard à l'armoire calcinée. Douglas se tourne vers moi avec un air de défaite.

— Mais c'est une bonne nouvelle, ça ! Je m'attendais à pire, se réjouit Alaric avec un enthousiasme renversant. Le jardin est confortable. Il y a un hamac et des transats. Je pensais qu'il allait la dégager de la maison.

— Tais-toi, arrête d'être heureux ! Ta voix me donne des envies de meurtre, lance Ernest.

De toute évidence, ces deux-là ne s'arrêtent jamais. Ils se chamaillent une nouvelle fois à coups d'insultes et de propos déplacés.

Mon frère les ignore. Il me propose que l'on se décale pour me mettre en garde vis-à-vis de Khaulder, car de toute évidence, mon erreur est grave. Et ce n'est pas seulement pour des raisons de décoration.

J'ai détruit quelque chose d'inestimable et Douglas refuse de me dire ce que c'est.

CHAPITRE 4

DOUGLAS

La culpabilité est parfois un sentiment destructeur pour certaines personnes. Elle peut donner des envies suicidaires et créer un mal-être constant. Elle peut également se nourrir de nos faiblesses et anéantir une âme de façon sournoise. La culpabilité touche beaucoup de monde, mais pas moi. Je me sens parfaitement bien.

Pourtant, tout est de ma faute.

Avant qu'on parte, Drew voulait allumer des bougies, et je lui ai donné un briquet. Le souci, c'est que j'ai oublié de la prévenir que mon briquet n'était pas fiable. Depuis peu, il a tendance à s'enflammer sans s'arrêter – c'est assez impressionnant à voir. Elle a sûrement pris peur et balancé le briquet sur les rideaux. La fiole de Khaul serait peut-être toujours intacte si je l'avais mise en garde.

Il est vrai que j'aurais dû prendre davantage sa défense. Néanmoins, une petite voix dans ma tête me répétait que si ce n'était pas elle qui dormait dehors, ce serait moi. Et ça m'a tout de suite refroidi.

Peut-être que je devrais me laver le visage pour avoir les idées claires.

Alors que je m'avance vers la salle de bains, Ernest apparaît sur mon chemin. Il me contourne tel un zombie pour rejoindre les toilettes.

Aucune salutation. Aucun regard.

Rien d'étonnant, c'est Ernest. Il ne respecte personne – du moins, à une exception près. Au sein de cette maison, nous accordons du respect qu'à Khaul.

C'est pour cela que la situation d'hier a été aussi délicate pour nous. Il y a bien des choses que Drew peut faire dans cette maison... En revanche, s'en prendre à Khaul n'en fait pas partie. Drew ne le sait pas, mais cette armoire n'était pas un simple meuble. Khaul y avait rangé toutes ses photos souvenirs, tous ses carnets, toute son enfance et sa précieuse fiole contenant les cendres de sa mère.

— Tu veux du café ? me demande Alaric alors que je m'assois sur le canapé après ma routine matinale.

J'opine de la tête.

Il me prépare un café avant de prendre place à mes côtés. Je saisis la tasse avec gratitude, mes doigts se réchauffant au contact de la céramique tiède. La première gorgée me procure une sensation de bien-être. J'en oublie presque les événements d'hier.

— Tu crois qu'il va bien ? me lance-t-il en faisant référence à Khaul.

— Ouais, il va bien. Il va toujours bien.

— Je sais, mais c'est quand même différent cette fois. Sa fiole est brisée.

Il a raison, même si j'essaye de me convaincre du contraire. Khaul ne va pas bien. Il tenait énormément à cette fiole, à ses photos, à ses souvenirs avec sa mère.

— Dans la nuit, Khaulder est descendu dans le salon, me raconte Alaric en fixant les rideaux calcinés. Il était assis devant son armoire... Et il essayait de trier ses photos.

Je chantonne intérieurement tous les jurons que je connais. Pourquoi a-t-il fallu que ma sœur s'en prenne à lui ? Elle avait une chance sur trois, et elle est tombée sur le pire.

— Ensuite ? Qu'est-ce qu'il a fait ?

— Il est parti... Je crois qu'il a cassé la porte de la salle de bains, d'ailleurs, me répond-il.

— Ah.

— C'est la première fois que je le vois aussi triste. Maintenant, qu'est-ce qu'on fait pour calmer les tensions ?

— C'est simple, lui dis-je comme si c'était évident. Drew et Khaul ne doivent jamais être côte à côte. Aucun couteau ni autre objet tranchant ne doit être à leur portée.

— Et si on échoue ? m'interroge-t-il.

— Ça n'arrivera pas.

Mes paroles sonnent terriblement mal, car quoi qu'on dise, quoi qu'on fasse : notre ami reste est imprévisible et malin. Il suffit que Khaul demande un coup de main à certains de ses amis pour qu'on soit impuissants. Se mettre à genoux ne servirait à rien.

— Drew doit être irréprochable, rétorque Alaric.

Alors que je m'apprête à répondre avec toute mon approbation, Ernest intervient pour manifester son désaccord. Il a l'air de m'en vouloir. J'essaye de lister tous les mauvais tours que j'ai pu lui faire, mais rien ne me vient en tête.

— Oh… toi ! vocifère mon colocataire comme un lion à l'affût de sa proie.

Je propulse mon corps hors du canapé quand je comprends qu'Ernest est sur le point de me bondir dessus. Malgré le fait que ce mec ressemble à un cure-dent, il est bien plus lourd qu'on pourrait le croire. J'en ai déjà fait les frais une fois et mon coccyx ne s'en est toujours pas remis. Je lève les mains en l'air pour déclarer ma défaite :

— Explique-toi. Parle. Fais quelque chose ! Qu'est-ce que j'ai fait pour que tu m'attaques de si bon matin ?

— Je viens de voir par la fenêtre que tu as donné la mauvaise couverture à ta sœur ! grogne-t-il.

— Une couverture ?

— Tu as pris la couverture de Khaul !

Jamais, au grand jamais, cette idée ne m'aurait effleuré l'esprit. Je clame donc mon innocence avec la plus grande vivacité, de même pour Alaric. Nous nous regardons alors dans l'incompréhension la plus totale. Il existe forcément une explication à tout ça. La maison est sécurisée. Bien que des gens malsains vagabondent souvent dans notre ruelle, nous n'avons encore jamais eu de cambrioleurs ni de tentatives d'effraction. Le contraire m'aurait étonné.

Il faut savoir que Khaul a beaucoup d'amis qui assurent la protection de cette maison. Et disons que ces amis-là n'ont rien de banal.

Entre colocs, nous les appelons « les Sept Démons ». Flippants, violents et dangereux, les Sept Démons n'ont jamais été réunis jusqu'à présent. Ils sont dispersés dans le pays et ont pour unique point commun de vouloir protéger Khaul. Au cours de ces trois dernières années, nous les avons tous rencontrés, certains plus que d'autres.

Ici, à Ravenstein, il n'y a que deux démons qui rôdent dans les parages : Pandora et Eliodas. Ce sont, en quelque sorte, des sociopathes. Pandora est le plus jeune des sept. Il n'est pas effrayant. Je dirais même qu'il est beau garçon si on louche un peu. Mais il est sadique. Avec ses yeux gris perçants et ses cheveux blancs d'une étrange singularité, rien ne prouve que ce gars n'est pas un monstre. Il ne ressent aucune douleur physique.

Eliodas est bien pire que Pandora.

Souvent dans l'ombre, il porte constamment une capuche sur la tête et affiche une balafre sous son œil gauche. Certains disent qu'il s'est infligé ça tout seul, d'autres qu'elle provient d'une séance de torture. Toujours est-il qu'Eliodas est un être énigmatique dont l'existence même repose sur une origine mystérieuse.

Ding, dong.

Habituellement, nous n'avons jamais de visiteurs à une heure si matinale – notre cri aigu est donc totalement excusé. Ensemble, nous nous orientons vers le hall d'entrée. Alaric prend les devants tandis qu'Ernest se faufile derrière moi. Il nous faut plusieurs secondes pour trouver le courage d'ouvrir cette porte. À notre plus grande surprise, aucun démon n'est dans les parages.

Drew se tient sur le seuil, une couverture sous le bras.

— Préviens la prochaine fois ! On a failli faire une crise cardiaque, lui dis-je en haussant le ton.

Mon cœur se serre à la vue de sa réaction. Un frisson glacial parcourt mon échine tandis qu'elle tressaille et recule d'un pas, son visage animé par la peur me glace le sang.

Génial... Je l'ai effrayée, encore une fois. Il va falloir que je me fasse à l'idée que Drew ne sera plus jamais comme avant. J'avais espéré que la faire venir dans cette colocation l'aiderait à sortir de sa carapace, à s'ouvrir aux autres, mais la situation a pris une mauvaise tournure. En brisant un objet précieux pour Khaul, elle risque de devenir la nouvelle cible des Sept Démons. S'en prendre à Khaul n'est jamais sans risque, et les représailles de ce groupe de psychopathes pourraient être terribles.

— Drew ! Viens par là. Je vais te préparer un délicieux chocolat chaud, s'exclame Alaric.

— Oh que non, viens plutôt par là. Je vais te préparer une boisson spécialement pour le matin. Tu verras, ce sera meilleur que le chocolat chaud de ce tocard ! riposte Ernest.

Dans cette maison, nous avons un code d'honneur à respecter : les sœurs et les mères sont intouchables. Il est formellement interdit de sortir avec. Alaric et Ernest le savent. Mais je les fusille quand même du regard pour leur rappeler qu'ils ne doivent pas jouer avec le feu.

— Relax, chuchote Alaric pendant qu'Ernest part dans la cuisine.

— N'essaye rien avec elle.

— C'est culotté de ta part de me dire ça vu que tu as déjà essayé de draguer Alex, grommelle-t-il en faisant référence à sa demi-sœur.

Il est vrai que je complimente souvent Alex et que je peux parfois me montrer taquin, mais il n'y a rien entre nous. Notre relation est purement platonique. Alex est dotée d'une beauté exceptionnelle, c'est indéniable. Elle a des yeux en amande, une peau lisse ébène et d'adorables fossettes, son visage est magnifique, mais je garde néanmoins en tête qu'elle est inatteignable. Alaric tient à elle, et je n'oserai jamais le trahir de cette manière. Aussi belle soit-elle, Alex ne rivalise pas avec mon amitié avec Alaric.

— Tu sais bien que je n'essayerai jamais de sortir avec elle. Promets-moi que tu ne tenteras rien avec Drew.

— Je te le promets, m'assure-t-il.

J'acquiesce. Puis, avec le cœur plus léger, je me dirige à l'étage pour récupérer des vêtements propres dans ma chambre. Je me dirige ensuite vers la salle de bains en remarquant que la porte est cassée. J'attrape le panier à linge pour en bloquer l'entrée.

Avant de me glisser dans la baignoire, je jette un dernier coup d'œil à mon téléphone portable en pensant recevoir un message de Khaul. À ma grande surprise, le message que je reçois provient de mon ex-beau-père, Orlando. Pendant une grande partie de mon enfance, cet homme a été comme un père pour moi. Mais, depuis que ma mère a coupé les ponts avec lui, allant même jusqu'à le traîner en justice, Orlando n'a plus jamais donné signe de vie. Il a disparu de la surface de la Terre, laissant un vide immense derrière lui. Il a fallu un moment pour que ma mère passe à autre chose. Si Jayce, son nouveau mari, n'était pas un ami de longue date, elle n'aurait jamais réussi à lui faire confiance. Ma mère a attendu un long moment avant d'accueillir Jayce au sein de notre maison. J'ai déjà essayé de reprendre contact avec Orlando, mais il n'a jamais répondu à mes messages.

C'est donc un choc immense de voir son prénom s'afficher à l'écran. Mon cœur bat la chamade à l'idée de découvrir le contenu de son message :

| Orlando – 9 : 27 | Salut gamin. Je sais que je n'aurais pas dû attendre autant de temps avant de t'envoyer un message. Je t'avoue que je ne savais pas comment m'y prendre. Il y a des choses importantes que je dois te dire, des vérités que tu mérites de connaître. Est-ce que ça te dirait qu'on se voie ? Tu m'as manqué.

CHAPITRE 5

ALARIC

C'est dingue.

Comment est-ce qu'on peut avoir l'air aussi triste ? Je crois que je n'ai jamais vu autant de mélancolie dans un seul regard.

Les mains nouées entre elles, Drew n'ose même pas faire un pas en avant, c'est comme si elle attendait notre accord. Étrange quand même. Douglas nous avait dit que sa jumelle était timide, mais je ne pensais pas à ce point. Là, c'est assez extrême. Il suffirait d'un simple mouvement brusque pour qu'elle prenne peur et qu'elle s'évanouisse sur place. Sa façon d'agir me pousse à imaginer un tas de scénarios. Pourquoi est-ce qu'elle est comme ça ? Il y a forcément une raison.

— Eh, Drew ! intervient Ernest avec un sourire rempli de mauvaises intentions. Est-ce que tu connais le code bancaire de ton frère ?

La muette émet un léger hoquet de surprise avant de secouer la tête. *Dommage.* J'aurais été ravie d'utiliser la carte de Douglas pour m'acheter une nouvelle paire de chaussures.

— Tiens, poursuit-il en lui offrant un nectar fortement alcoolisé. Ne dis pas à ton frère que je t'ai donné de l'alcool.

— Ernest...

Mon grognement n'a aucun effet sur lui puisqu'il pose son verre devant la muette en ignorant ouvertement mes regards menaçants. Cet imbécile prend des risques insensés en lui proposant ce verre.

Si Douglas débarque dans le salon, et qu'il voit qu'on a osé pervertir sa sœur de cette manière, il n'hésitera pas à nous réduire en bouillie. Pourtant, Ernest n'a pas l'air de s'en soucier.

Alors que je m'apprête à le réprimander, Drew s'empare du verre avec une délicatesse renversante. Son geste est à la fois rapide et gracieux. Elle observe le contenant avec des yeux pétillants de bonheur. Puis, d'un coup d'œil furtif, elle vérifie autour d'elle avant de porter le verre à ses lèvres. Sa descente est fulgurante.

— Tu restes combien de temps dans cette maison ? lance-t-il.

Je me précipite pour dénicher un bloc-notes et quelques stylos afin qu'elle puisse nous répondre. Néanmoins, la tâche s'avère plus ardue que prévu puisque notre salon est en partie calciné.

Je parviens tout de même à récupérer un carnet brûlé et un crayon ayant échappé aux flammes. Je les tends à la muette qui les saisit fermement. Elle est gênée. Il est clair qu'elle ne veut pas rester dans le salon, mais nous avons déjà préparé quelques questions pour elle et des réponses seraient plus qu'appréciables. Drew n'a donc aucune échappatoire. Elle baisse la tête et inscrit les mots suivants : « *Six mois.* »

— Ah oui, quand même ! s'étonne Ernest.

— Tu sais te battre ?

Elle secoue négativement la tête en guise de réponse. J'hallucine. Douglas ne s'est même pas donné la peine de lui apprendre la moindre technique de combat. Il est pourtant crucial de savoir se défendre lorsqu'on vit sous le toit de Khaulder.

— Tu as une addiction au feu ? demande mon coloc à son tour.

— Ça s'appelle la pyromanie, espèce d'inculte !

Ernest veut riposter, mais en voyant que Drew a repris son air malheureux, il se rétracte. Il fallait forcément qu'on touche un point sensible. Elle paraît désormais encore plus triste qu'avant. J'essaye donc de rebondir sur une nouvelle question :

— Les Sept Démons, ça te dit quelque chose ?

Une fois de plus, elle secoue négativement la tête en guise de réponse. Je m'étouffe alors avec ma propre salive. Le cri de stupeur d'Ernest résonne dans la pièce tandis que mon estime pour Douglas diminue de plus en plus. Franchement, il ne pouvait pas faire pire.

Les Sept Démons sont la première chose à savoir quand on habite dans cette maison. On ne peut pas vivre chez Khaulder sans les connaître. D'une part, car certains d'entre eux nous rendent souvent visite, et d'autre part, car ce sont, pour la majorité, des meurtriers sanguinaires. Je pensais que Drew les connaissait et que ma question ne serait qu'un prétexte pour qu'on les critique ensemble.

— Elle ne les connaît pas, bredouille Ernest avant de se mettre à paniquer comme un demeuré. Elle ne connaît pas les Sept Démons !

Troublée par le comportement du Mexicain, Drew incline sa tête vers la gauche. J'ai encore du mal à y croire. Comment Douglas a pu négliger une information aussi importante ?

— Est-ce qu'on lui explique ? demande Ernest en buvant plusieurs shots de tequila.

— Et si elle essaye de fuir ? Douglas va nous tuer !

— Pour la centième fois, elle est muette, pas sourde !

La peur est présente dans les yeux de la jeune femme. L'affolement d'Ernest ne fait qu'aggraver la situation. Elle attrape à nouveau sa feuille pour y gribouiller quelques mots : « *Des démons ? Comment ça ?* »

Drew ne comprend rien, et c'est bien normal. Le terme « démon » n'est pas vraiment significatif. Elle doit sûrement s'imaginer que nous sommes entourés par des petits diablotins avec des cornes et une longue queue.

Je décide donc de prendre les choses en main et d'expliquer calmement.

— Les Sept Démons ne sont pas des vrais démons, c'est seulement un surnom qu'on leur a donné pour les désigner. Ils viennent souvent nous rendre visite, mais jamais en même temps. Ils sont éparpillés dans le pays.

Le visage de Drew est toujours aussi tendu. Je poursuis donc mes explications :

— Ce sont les amis de Khaulder, notre colocataire, celui qui a voulu que tu dormes dehors. Les Sept Démons ne sont pas nos alliés. Ils ont déjà essayé de s'en prendre à nous, et ils n'hésiteront pas à faire pareil avec toi. Il ne faut surtout pas qu'ils sachent que tu as foutu le feu aux affaires de Khaulder. Est-ce que tu as bien compris ?

Bien qu'une grimace se soit formée sur son visage, Drew acquiesce vigoureusement de la tête. Elle a l'air de comprendre, c'est une bonne chose. Il faut à tout prix qu'elle mémorise un maximum de données avant qu'elle les rencontre en chair et en os.

— Je vais te les dessiner sur un papier ! Ce sera plus simple pour mémoriser chaque démon ! intervient Ernest en posant une feuille sur le comptoir de la cuisine. Avec Alaric, on a classé les démons en fonction de leur niveau de dangerosité.

Drew se redresse sur sa chaise, comme si elle se préparait à passer un examen. La quantité d'informations qu'elle doit absorber est assez colossale. Nous prenons donc le temps de lui préciser le nom de scène de chacun pour faciliter la mémorisation :

— Commençons par les plus gentils. En septième position, nous avons « Jamaal, le Fantôme ». Il ne te fera rien, tu n'as pas à t'en faire. Il apparaît souvent de nulle part, mais rien d'alarmant. Ensuite, en sixième position, nous avons « Faust, le Serpent venimeux » et...

— Il est sympa ! Je l'aime bien, Faust, me coupe Ernest en poursuivant avec une anecdote. Pendant un voyage, je me suis fait piquer par une araignée venimeuse et Khaulder l'a appelé pour trouver un remède au plus vite ! Il m'a sauvé la vie.

Drew dessine un cœur à côté du nom de Faust en guise de note à elle-même. Je dois reconnaître que, par moments, les Sept Démons se révèlent être d'une aide précieuse. Lorsqu'ils sont dans notre camp, ce sont des atouts inestimables.

— Ensuite, vient le tour de « Pandora, le Démon aux cheveux d'argent ».

— Il est vraiment bizarre, tu verras. Étant donné qu'il habite tout près d'ici, ce sadique vient souvent nous voir, enrichit Ernest sous le regard attentif de la muette.

— En quatrième position, nous avons « Marco, le Psychiatre fou ». On ne connaît pas grand-chose sur lui. Tout ce qu'on sait, c'est qu'il est vraiment beau et qu'il est psychiatre.

Drew hausse les sourcils, surprise par ma remarque.

— Ensuite, pour le top 3, nous avons « Eliodas, le Vengeur sanguinaire ». Il forme un duo avec Pandora, et à mon avis, c'est celui qui a le plus de chances de t'en vouloir. Eliodas a souvent tendance à venger Khaulder pour tout et n'importe quoi. Tu dois faire attention à lui. Est-ce que tu arrives à suivre ?

Elle me répond aussitôt par un hochement de tête. De toute évidence, ce sujet a l'air de la passionner. J'ai rarement vu quelqu'un d'aussi captivé par les Sept Démons. Elle prend des notes et fait des schémas pour mieux visualiser chaque démon.

— En deuxième, nous avons « Xercès, le Persécuteur de glaces ». Il s'agit du frère aîné de Pandora. Et...

— Il a déjà essayé de me tuer ! me coupe Ernest.

— Laisse-moi terminer !

— Oups, désolé. Je me suis un peu emballé, s'excuse-t-il.

— En première et ultime position, nous avons « Zanner, le Diable incarné ». C'est simple. Si tu le vois, tu ne réfléchis pas, tu fuis. Il pourrait te tuer pour un simple pet, donc serre les fesses et n'essaye même pas de respirer le même air que lui. Est-ce que c'est bien compris ?

Au moment où Drew s'apprête à écrire quelque chose sur la feuille, la porte d'entrée s'ouvre comme par magie. Le suspense est à son apogée. Le fracas de la porte contre le mur est si fort que nous sursautons tels des moutons à la vue d'un loup affamé. Ernest se précipite derrière mon dos tandis que Drew le rejoint pour se cacher derrière lui. De toute évidence, ces deux trouillards sont destinés à bien s'entendre.

— Oh, Khaul ! déclare Ernest.

Aussitôt, mes yeux balayent le hall d'entrée à la recherche de la tignasse brune de Khaulder. Lorsqu'il apparaît dans ma ligne de mire, une vague de soulagement me submerge. Certes, les Sept Démons ne sont que des humains, mais ils ont l'ouïe si développée qu'ils auraient pu nous espionner et débarquer avec des armes à bout de bras.

— Est-ce que ça va ?

En réalité, ma question n'a pour but que d'attirer son attention. Avec un esprit aussi vif que le mien, mon plan ne peut que fonctionner à merveille. Khaulder se tourne vers moi avec un visage neutre. Pourquoi n'est-il pas furieux ?

— Ne lui donnez pas d'alcool, dit-il dans un calme terrifiant.

Khaulder a raison : Ernest n'aurait pas dû donner son verre d'alcool à la muette. Si Douglas n'était pas à l'étage en train de prendre sa douche, cela aurait pu tourner au désastre. Mais pour l'instant, les humeurs de Douglas importent peu. Nous avons des problèmes bien plus urgents. L'heure est grave. Drew doit se réconcilier avec Khaulder avant que les Sept Démons n'arrivent à l'improviste pour rendre leur propre justice.

— Drew est vraiment désolée pour la fiole !

Un frisson de crainte me traverse tandis que j'envisage la possibilité que Drew ne parvienne pas à apaiser la colère de notre colocataire grincheux. Si tel est le cas, Eliodas, le démon vengeur, risque de faire son entrée en scène, et cela n'a rien de réjouissant. Drew n'est pas la seule à attirer les foudres des Sept Démons. Ernest et moi-même entretenons également des relations tumultueuses avec eux. On essaye donc de sauver la situation avec les moyens du bord ! Tous les coups sont permis, même les mensonges :

— Elle se sentait tellement mal qu'elle en a chialé toute la matinée, regarde, elle a des cernes ! rétorque Ernest. Elle s'est même évanouie !

— Et elle pleurait tellement que sa respiration s'est bloquée ! Elle a failli mourir !

Khaulder demeure imperméable à nos paroles, comme un rocher face aux vagues. Son regard impassible trahit son manque d'intérêt pour nos arguments.

— Drew ! Lèche-lui les chaussures et il te pardonnera ! plaisante mon crétin de colocataire.

Le temps d'un instant, Drew a une réaction normale : elle regarde le plus stupide de mes colocataires avec dégoût et jugement. Puis, contre toute attente, ses yeux s'arrêtent sur les godasses de Khaulder. Non. Ne me dites pas qu'elle va faire ce que je pense. Elle ne peut pas faire ça, elle ne peut pas écouter les paroles d'Ernest. Mon cerveau essaye d'assimiler ce qu'il se passe – en vain. Khaulder émet un sursaut quand Drew s'avance vers lui.

— N'écoute jamais Ernest. Jamais ! lui dis-je en tirant son bras pour échapper à une situation des plus gênantes.

Évidemment, ici, nous ne pardonnons pas à coups de léchouilles sur nos chaussures.

— Oh, elle allait vraiment le faire ! J'adore ! Eh, on peut la garder ? s'exclame Ernest comme s'il parlait d'une poupée.

Khaulder roule des yeux. Il s'avance vers la cuisine pour mettre un terme à cette conversation. Ernest intervient donc en répétant sa question :

— Attendez ! On peut la garder ?

Khaulder ne répond pas. Il se sert un verre d'alcool en fixant notre colocataire avant de détourner ses yeux vers son portable. Là, clairement, il cherche à nous faire comprendre qu'on l'agace. Ernest n'est pas vexé puisqu'il saute de joie.

Drew réprime un sourire et s'incline vers Khaulder en guise de remerciement tandis que celui-ci se contente de la regarder un instant en silence. Le fait qu'il accepte la présence de Drew est étonnant, mais je vous arrête tout de suite, Khaulder n'éprouve aucune affection pour la muette. Ne vous laissez pas emporter par votre imagination.

Mon intuition me dit qu'Ernest ne va pas tarder à jouer les cupidons. Il fait tout le temps ça quand deux personnes s'opposent en tout point. Un grincheux avec une muette, c'est d'un ennui. Comment est-ce qu'ils vont communiquer ? Avec un crayon ? Khaulder écrit très mal. Leur histoire ne durera que quelques lignes.

— Bon ! Maintenant qu'on a réglé le problème de la muette, parlons des sept putains de démons ! s'exclame Ernest.

— Il va falloir que je te dise combien de fois de ne pas les appeler comme ça ? Ce ne sont pas des démons, ronchonne Khaulder.

— Bah, quoi ? Tu préfères les sept nains ?

— Haha ! Très drôle, Ernest.

Khaulder apprécie énormément les Sept Démons, et il les apprécie peut-être plus qu'il nous apprécie. Notre cher colocataire a des rapports curieux avec cette bande de meurtriers assoiffés de sang. Ils sont unis par un lien plus solide que du béton. Bien entendu, ce n'est pas de l'amour – en revanche, ça y ressemble beaucoup.

— Tes démons sont flippants, avoue !

— Non, ils sont normaux, défend Khaulder.

C'est faux. Ils n'ont rien d'ordinaire, rien du tout. Ils seraient capables de vous crucifier pour un simple pet ou de vous trancher la gorge pour un petit regard ambigu. Bien que je sois un fabuleux boxeur, ces mecs me font froid dans le dos. Je serais capable de battre Pandora, Jamaal et Faust, mais pas les autres.

— Normaux ? Mon cul, ouais ! Je te signale qu'ils ont essayé de m'étrangler deux fois à cause d'un pet ! lâche Ernest avec beaucoup de rancœur dans sa voix.

— Bon, d'accord, ils ont peut-être un peu dérapé sur ce coup-là, mais c'était juste une blague. Ils te taquinaient.

— Ils me taquinaient ? répète Ernest. Mais c'était une tentative de meurtre ! Ils voulaient me tuer !

— Arrête de crier ! Tu me donnes mal à la tête.

— Ah !

— Putain, Ernest ! Tu vas me rendre dingue, marmonne Khaulder en se massant les tempes.

Bien qu'elle soit discrète, nous avons tous remarqué que Drew s'est réfugiée à l'étage. Un malaise s'installe, mais Ernest, fidèle à lui-même, tente de détendre l'atmosphère en brisant le silence :

— Promets-moi que tes démons ne vont jamais se réunir autour d'un repas.

Si mes souvenirs ne me font pas défaut, les Sept Démons ont toujours fait partie de notre quotidien. Khaulder les connaissait bien avant qu'on se rencontre. Pourtant, malgré toutes ces années, les Sept Démons n'ont jamais été réunis. Ils viennent toujours nous rendre visite individuellement, jamais en groupe. L'idée même de les voir réunis me glace le sang.

— Pourquoi est-ce qu'ils mangeraient ensemble ? Ils ne se connaissent même pas, répond Khaulder.

— Oh, mais il fallait me le dire plus tôt ! Vas-y ! Sers-moi aussi un verre !

— Les gars, il est 9 heures du matin.

Ils me dévisagent pour me faire comprendre que ma remarque n'était pas nécessaire et m'ignorent alors que je suis la voix de la raison. Ils m'énervent, mais je ne peux pas m'empêcher de rester dans cette cuisine pour passer du temps avec eux. J'avoue qu'ils sont plutôt divertissants.

— Au fait, est-ce que t'as lu le message d'Hyder ? demande Ernest.

— Pas encore, répond Khaulder.

— Il veut qu'on vienne à son brunch, ajoute le Mexicain.

Soudain, une sonnerie stridente résonne. Je fouille dans mes poches, pensant qu'il s'agit de mon smartphone, mais ce n'est pas le cas. Je n'ai reçu aucun appel.

— Ce n'est pas le mien, affirme Khaulder.

— Pas le mien non plus.

Intrigués, mes deux colocataires se dirigent d'un pas concerté vers le salon et se penchent ensemble au-dessus du canapé. Ainsi, Khaulder en extrait un téléphone portable caché dans un coin. La coque est vert pâle et elle est décorée par de petites marguerites. Je ne l'ai jamais vu auparavant.

— C'est celui de Drew ! signale Ernest.

— Et qui est en train de l'appeler ?

— C'est un numéro masqué, remarque Khaulder.

— Ah bon ?

— Tiens, donne-lui.

Khaulder n'attend pas une seconde de plus pour me refiler le smartphone. Je manque de le faire tomber tant son geste est inattendu. Il est clair qu'il n'a pas envie d'être à nouveau face à la muette. Je soupire donc en acceptant sa demande.

Je monte à l'étage et Ernest me suit de près. Il reste silencieux pendant les premières marches puis, dès que Khaulder n'est plus dans notre ligne de mire, il s'empresse de sautiller de joie.

— N'y pense même pas ! lui dis-je en devinant ce qu'il a derrière la tête.

— Tu ne trouves pas qu'ils iraient bien ensemble ?

Et voilà, comme prévu, il veut caser la muette avec le grincheux.

— Non, non. Arrête avec tes plans foireux ! Pourquoi est-ce que je t'aiderais ? dis-je sèchement.

— J'ai besoin de ton cerveau.

Ernest sait bien que je suis le meilleur cupidon de Ravenstein – contrairement à moi, il n'est pas du tout subtil. Sans mon aide, il ne pourra jamais créer une seule étincelle entre ces deux-là. Pas de chance, ma décision est prise : il est hors de question que je joue les entremetteurs. Nous avons conclu un accord commun pour protéger nos mères et sœurs des tentatives de séduction, et je compte bien le respecter aussi longtemps que possible. Je ne veux surtout pas qu'ils s'approchent de ma petite sœur. Il n'y a qu'Ernest qui se fiche royalement de cet accord puisqu'il déteste sa sœur plus que tout au monde.

— Khaulder en a marre que tu joues les cupidons. Laissez-le tranquille.

— Mais...

Je me tourne d'un pas déterminé et, quand je toque à la porte de la muette, elle ne me donne aucun signe de vie.

— Mince alors, ma main a glissé, souffle Ernest en ouvrant la porte sans autorisation.

Il nous faut quelques secondes pour réaliser le désastre qui s'offre à nous : Drew est là, allongée sur le parquet de sa chambre, le corps complètement paralysé.

CHAPITRE 6

DREW

Trente minutes plus tard

Pourquoi est-ce si douloureux ?

Les minutes passent, pourtant je n'arrive pas à bouger, c'est comme si mes mains n'existaient plus. J'essaye de remuer mes jambes, mais là non plus, ça ne répond pas. Mon corps tremble tellement que tous mes mouvements en sont brouillés. Ma poitrine, quant à elle, continue de se serrer encore et encore. La douleur s'accentue et un sifflement aigu résonne dans mes tympans. Je n'entends plus rien. Mon souffle est si haletant que je suis en hyperventilation, et je déteste ça : c'est atroce. Je n'ai plus aucun repère, le temps semble suspendu.

Quand je parviens à reprendre mes esprits, ma respiration est toujours irrégulière. Je sens une source chaude sur mon front.

Où suis-je ?

Des éclats de voix résonnent dans ma tête, mais impossible de les reconnaître, elles sont si fortes que mon crâne menace d'imploser de façon imminente. La douleur thoracique s'atténue au moment où un rayon de lumière me brûle légèrement la rétine. Ma vision devient de plus en plus nette. Ainsi, des ombres se forment, puis des silhouettes se présentent dans ma ligne de mire.

— Est-ce que ça va ? lance Ernest.

Mon cœur bat à un rythme effréné, comme une bombe à retardement. Douglas se tient devant moi, les cheveux trempés et une serviette de bain sur les épaules. Il ne réagit pas. Sa posture ne montre aucune once de vulnérabilité, il est aussi immobile qu'une statue. Je commence à penser qu'il m'en veut encore pour ce que nous avons vécu autrefois.

— Attends. Je te change ça, intervient Alaric en brisant le silence qui s'est instauré entre Douglas et moi.

Avec une délicatesse déconcertante, mon nouveau colocataire retire la serviette chaude de mon front et se lève pour quitter ma chambre.

— C'était quoi ça ? me demande Douglas.

Son ton de voix est si oppressant, si accablant, que mes paupières papillonnent plus vite que mon pouls. Mes entrailles sont nouées, mon regard s'arrête sur mes mains pâles et fébriles. Mes poings étaient si serrés que mes ongles ont laissé des traces sur ma peau.

— Réponds au moins, poursuit-il de manière intransigeante.

Ernest n'attend pas une seconde de plus pour prendre ma défense.

— Tu vois bien qu'elle se sent mal, non ? Arrête de forcer et laisse-la respirer un peu. Je te signale qu'elle vient de se réveiller ! Si elle veut te répondre, elle le fera. Pas besoin d'insister comme ça.

Il n'est peut-être pas autoritaire, mais il est suffisamment persévérant pour énerver mon frère. En voulant se détacher de Douglas, mes yeux convergent vers ceux de Khaulder. Il paraît préoccupé. C'est étrange, mais sa présence me réconforte. Peut-être parce que mon ex-beau-père, Orlando, paraît beaucoup moins menaçant face à lui et ses Sept Démons. Je déglutis mon excès de salive et me prépare psychologiquement au jugement de mon frère qui me martèle de questions :

— C'est encore une de tes crises d'angoisse ?

Aucune réponse ne sort de ma bouche. Douglas ne peut pas comprendre – il n'a jamais pu.

— Tu veux en discuter ? me propose Alaric.

Je refuse silencieusement et, contre toute attente, Alaric n'insiste pas. Il acquiesce en m'offrant un sourire attendrissant – c'est la première fois qu'on me fait ça. D'habitude, mes parents me posent un tas de questions et ça se finit toujours de la même manière : ma mère hausse le ton et mon beau-père Jayce essaye d'arranger les choses. Ma famille souffre beaucoup de mon silence.

Ils veulent que je guérisse vite et que je profite de la vie. Leurs intentions ne sont pas mauvaises alors je ne peux pas leur en vouloir : c'est ce que me disait ma grande sœur quand on était jeunes.

— Où est-ce que tu vas ? vocifère Ernest en s'adressant à mon frère.

Douglas ne répond pas et quitte les lieux dans le plus grand calme. Ernest tente une nouvelle approche – en vain. Douglas claque la porte sur son passage. Alaric est le premier à prendre la parole :

— Euh... c'était quoi ça ?

— Il est trop bizarre ! Pourquoi est-ce qu'il réagit comme ça ? s'interroge Ernest.

— Il est souvent comme ça. Laisse tomber.

Les paroles d'Alaric me procurent un soupçon de soulagement. Peut-être que Douglas est seulement de mauvaise humeur, peut-être qu'il ne m'en veut pas, cette possibilité me rassure.

— Il avait quelque chose de prévu, déclare Khaulder.

— Mais on est censés manger chez Hyder et Chad. Il devait rester avec sa sœur pour éviter qu'elle soit toute seule ! intervient Alaric.

Une fois de plus, ma présence pose un problème. Douglas devait jouer les baby-sitters et, maintenant qu'il n'est plus là, mes colocataires ne peuvent pas s'empêcher de manifester leur contrariété. Je m'en veux d'être un obstacle.

— Bon, tant pis pour Douglas. On l'emmène avec nous ! déclare Ernest.

— Peut-être qu'elle ne veut pas venir, qu'est-ce que tu en sais ? renchérit Alaric.

Sans mon frère, je me sens comme un petit poisson perdu dans un immense océan. Cette invitation de dernière minute me laisse perplexe. D'un côté, je n'ai pas envie de m'incruster à leur repas, mais de l'autre, je ne veux pas rester enfermée seule dans cette maison.

— Ne perdons pas de temps. Drew ! Suis-moi, me dit Ernest en attrapant mon bras.

Alaric, désespéré, n'interrompt pas son ami sur sa lancée. Je suis donc amenée de force vers une voiture garée en face du portail.

— Allez, viens ! Assieds-toi sur la banquette arrière, m'indique Alaric pendant que Khaulder s'installe sur le siège conducteur.

J'acquiesce en pressant le pas. Ainsi, nous sommes prêts à décoller sans plus attendre. Au moment où le moteur grogne, Alaric plante ses yeux dans les miens pour me poser la question suivante :

— Douglas t'a déjà parlé de Chad et Hyder ?

Je secoue négativement la tête en me rappelant toutes les fois où ma mère a essayé de récolter des informations sur les amis de Douglas, sans jamais y parvenir.

— Même pas une fois ? s'écrie Ernest.

J'essaye de fouiller dans mes souvenirs, mais rien ne me vient en tête. Ça fait bien longtemps que Douglas ne me parle plus de sa vie. Pourtant, il fut un temps où nous étions proches – ma sœur était encore vivante à cette époque. Je me souviens qu'on formait un beau trio, mais il a fallu qu'Orlando débarque et qu'il détruise tout sur son passage.

— Rassure-toi. Ils sont beaucoup moins flippants que les Sept Démons, s'exclame Alaric.

— Arrêtez de les appeler comme ça. Ce ne sont pas des démons ! s'emporte Khaulder.

— Ne l'écoute pas, Drew ! Les Sept Démons ressemblent à des démons. Chaque soir, avant de dormir, tu dois réciter une prière dans ta tête pour qu'ils ne viennent pas te rendre visite !

Ernest a le regard braqué sur moi. Il me paraît tellement sincère que je me mets à paniquer intérieurement. Pourquoi est-ce que Douglas ne m'a jamais parlé des Sept Démons ? Je sais bien que notre relation est assez tumultueuse ces dernières années, mais il aurait quand même pu mentionner l'existence de ces gens qui ont l'air d'occuper une place primordiale dans cette colocation.

— Arrêtez de dire des conneries ! souffle Khaulder en montrant son agacement.

Ernest roule des yeux et s'enfonce dans son siège. Il attend une dizaine de secondes avant de s'avancer vers moi pour me chuchoter quelques mots :

— Contrairement aux Sept Démons, Chad et Hyder sont des gars gentils et l'un des deux a un chien trop mignon. Tu vas adorer ! Bon, c'est vrai que parfois, Hyder parle tout seul, mais il est inoffensif !

Ernest m'adresse un clin d'œil complice. Il arbore ensuite une expression qui me soulage et me rend moins nerveuse. Mon rythme cardiaque devient nettement plus régulier. Je bascule mon regard vers le rétroviseur et remarque, avec étonnement, que les iris onyx de Khaulder sont posés sur moi.

L'espace d'un instant, nos yeux se rencontrent, s'entrelacent, sans rien dire.

CHAPITRE 7

ALARIC

Hyder et Chad sont des amis de longue date. On les connaît depuis tellement longtemps que je n'arrive même pas à me souvenir de notre première rencontre. On s'est peut-être connus dans un bar ou dans une boîte de nuit. Je n'en sais rien. Tout ce que je sais, c'est que ces deux-là forment un duo inséparable : il n'y a pas d'Hyder sans Chad, et vice versa.

— Attends une seconde. Drew est vraiment muette ? s'étonne Hyder pendant que je mange quelques gaufres.

— Oui, pourquoi ? Tu ne savais pas ?

— Je pensais que c'était une blague ! s'exclame-t-il.

— Elle ne communique qu'avec un bloc-notes

— Maintenant que j'y pense, Douglas n'était pas censé rester chez vous pour veiller sur elle ?

Hyder balaye les alentours du regard à la recherche de mon colocataire, mais je le stoppe :

— On a eu un changement de programme.

— Ah oui, pourquoi ?

J'ouvre la bouche puis la referme aussitôt. Je ne pourrais même pas expliquer la raison pour laquelle Douglas est parti. Il a été bizarre, bien plus bizarre que d'habitude. On aurait presque pu croire qu'il en voulait à sa sœur d'avoir fait une crise d'angoisse.

— Drew s'est évanouie et Douglas a l'air de l'avoir mal pris.

— Quoi ? s'écrie Hyder en s'étouffant avec son jus d'orange.

— Et tu sais quoi ? Il n'a même pas pris la peine de parler des Sept Démons à sa sœur !

— Comment est-ce possible ? s'offusque Hyder.

— Il est complètement con, lui dis-je dans un soupir.

— Ernest m'a raconté pour la fiole. Aucun démon n'est venu se venger ou mettre un coup de pression à Drew ?

Je secoue la tête :

— Non, aucun. Et c'est très inquiétant. Je m'attendais à les voir débarquer dans la nuit.

Le visage d'Hyder se décompose aussitôt. Il sait aussi bien que moi que les Sept Démons ne sont pas à prendre à la légère. Bien que je sois un boxeur expérimenté, mon niveau n'égale pas celui d'Eliodas ou de Xercès. Ils savent tuer, manipuler et empoisonner leurs victimes.

— Vous avez prévenu Drew ? demande Hyder.

— Ouais, mais je ne pense pas qu'elle réalise à quel point ils sont dangereux.

J'ai beau essayer de me convaincre du contraire, mon intuition me dit que les démons ne devraient pas tarder à entrer en scène.

— Je trouve que la sœur de Douglas est adorable ! intervient Chad en débarquant avec son jus de fruits dans les mains.

— Ah oui ? s'interroge Hyder, troublé.

— Ça se voit qu'elle en a marre d'Ernest et de ses danses pourries, mais elle continue d'applaudir ! Regardez ! nous lance-t-il en les désignant.

À l'autre bout de la pièce, Drew tape dans ses mains pour encourager Ernest qui danse avec Pacco, le chien de Chad. Assise sur le canapé aux côtés de Khaulder, elle observe la scène avec un grand sourire. Bien que je ne perçoive aucune animosité pour le moment, je ne suis pas certain que ce soit une bonne idée que Drew et Khaulder soient aussi proches. Il y a des objets qui peuvent s'avérer tranchants sur la table basse. Si les choses s'enveniment, la muette peut être en danger.

Je décide donc de rejoindre mes colocataires afin de retirer tous les objets tranchants à leur portée. Étant donné que Douglas n'est pas présent, il va falloir que je prenne le relais pour faire en sorte que Drew et Khaulder n'aient pas d'interaction.

Pendant trois heures de repas et de discussions, le brunch chez Hyder et Chad s'est déroulé presque sans accroc. Khaulder a dû partir au bout d'une vingtaine de minutes pour aider un de ses démons, Drew a fait une réaction allergique en mangeant une orange et Ernest a réussi à boucher les toilettes de leur appartement. Il a eu tellement honte qu'il a attendu une heure pour nous avouer sa bêtise. L'odeur était nauséabonde, un humain ne devrait pas être capable de dégager une telle odeur ! J'ai dû asperger la pièce de désodorisant, c'était horrible.

Une fois rentrés à la maison, Ernest, Drew et moi poursuivons la journée ensemble. Khaulder n'est arrivé que tard dans la nuit et, en ce qui concerne Douglas, il ne nous a donné aucun signe de vie. Peut-être qu'un des Sept Démons a réussi à le kidnapper, on l'ignore mais cela reste possible...

Le lendemain, Douglas n'a pas daigné tenir compagnie à sa sœur. Certes, il a l'habitude de disparaître plusieurs jours, mais il aurait pu faire un effort pour ne pas laisser sa jumelle seule avec des gens qu'elle ne connaît pas. Heureusement, Ernest est là pour la mettre à l'aise. Ces deux-là ont passé la journée ensemble. Ils n'ont pas eu de mal à s'entendre.

Ernest parle et Drew écoute.

Je descends les dernières marches de l'escalier et m'assois sur le canapé, à côté de Khaulder le grincheux. Il est en train de lire un bouquin, un verre à la main. Je décide de l'interrompre dans sa lecture :

— Douglas n'est toujours pas rentré ?

— Toujours pas.

— Et tu sais où il est ?

Il hausse les épaules.

— Aucune idée. Il est sûrement chez Vanessa, sa nouvelle petite amie.

En entendant ces mots, Drew sursaute et se tourne vers nous. Elle n'a pas l'air de connaître Vanessa. C'est assez aberrant de voir à quel point la communication ne passe pas bien dans leur famille. Drew incline sa tête sur le côté, comme un chiot qui essayerait de traiter une information. Khaulder réprime un sourire en voyant sa réaction.

— Elle s'appelle Vanessa Bridge, c'est une actrice. Il ne t'en a pas parlé ? lui dis-je.

Drew secoue la tête. Ernest renchérit :

— Tu ne rates pas grand-chose. Ton frère sort avec elle seulement parce qu'elle est connue.

La muette paraît encore plus troublée qu'elle ne l'était déjà. Douglas n'est clairement pas une personne exemplaire. Il a le don de prendre des décisions stupides et égoïstes. C'est évident que Vanessa est amoureuse de lui, et c'est également évident que Douglas ne l'est pas.

Drew acquiesce en silence et presse sa main sur son ventre pour en atténuer les gargouillements. En y repensant, nous n'avons toujours pas mangé alors qu'il est déjà plus de 22 heures. Elle a probablement faim. Je retrousse donc mes manches pour lui préparer un bon petit plat.

— Qu'est-ce que tu fous ? demande Ernest lorsque j'attrape Drew par les épaules pour qu'elle s'assoie sur l'une des chaises du comptoir.

— Je vais lui préparer un repas, ça ne se voit pas ? Elle crève la dalle !

La brunette secoue la tête et me fait de grands signes avec ses mains pour me stopper sur ma lancée. Une seconde plus tard, elle émet de nouveaux gargouillements qui entachent sa crédibilité.

Lorsque Khaulder réapparaît dans ma ligne de mire, j'ai aussitôt un déclic, une étincelle, une idée de génie. Comment n'y ai-je pas pensé plus tôt ? Il faut savoir que notre cher colocataire a un talent indéniable pour la cuisine. Si, à tout hasard, vous avez la chance de goûter à son saumon mariné, vous tomberez certainement sous son charme. La sauce secrète qu'il prépare est un véritable délice.

— Khaul, est-ce que...

— Je suis occupé, désolé, me coupe-t-il en désignant son foutu bouquin.

Mes poings se serrent tandis que je le dévisage. Depuis que Douglas lui a offert un livre dédié au développement personnel, Khaulder s'est découvert une nouvelle passion pour la lecture. Il est tellement impliqué qu'il est devenu impossible de l'interrompre dès qu'il commence un nouveau livre. Je me rends donc à l'évidence que je ne peux pas compter sur son aide. Alors que je grommelle des injures, Drew s'empresse de me montrer son bloc-notes :

« *Je peux cuisiner. Ne t'en fais pas.* »

Elle est gênée que je fasse autant d'efforts pour elle. C'est surprenant qu'elle veuille prendre la relève, en sachant que Douglas nous a souvent raconté que sa sœur était une cuisinière catastrophique. Vous connaissez Douglas, vous savez aussi bien que moi qu'il n'aime pas parler de sa famille. En revanche, lorsqu'il s'agit de Drew et de ses mésaventures en cuisine, celui-ci n'hésite pas à entrer dans les détails. Il s'agit bien de la seule chose qu'on sait d'elle.

C'est donc avec curiosité et amusement que je cède ma place de cuistot à la muette. Je m'installe derrière le comptoir pendant que Drew prend place devant l'îlot central. Ernest ne tarde pas à me rejoindre pour admirer le spectacle. De toute évidence, je ne suis pas le seul à me rappeler les anecdotes de Douglas.

Je sais que ce n'est pas gentil, mais j'ai hâte de la voir brûler des casseroles. Ernest et moi sommes déjà pliés de rire en la voyant tâter tous les boutons pour essayer d'allumer la plaque chauffante. Regardez-la, c'est hilarant !

— Appuie sur ce bouton, lance Ernest.

Elle obéit, et c'est alors qu'une sonnerie retentit en même temps que la vibration d'un portable. Drew sursaute de peur et recule d'un pas. Ses réactions sont si prévisibles, c'est justement ça qui est marrant.

Elle me rappelle ma demi-sœur, Alex. J'adorais l'embêter quand nous étions petits, c'était mon passe-temps favori. Alex ne manquait aucune occasion de me crier dessus, et on finissait toujours par éclater de rire. Ce sont probablement mes meilleurs souvenirs d'enfance. Alex et moi avons toujours eu une relation fusionnelle.

Parmi tous mes colocataires, je crois bien être le seul à m'entendre avec ma sœur. Ernest passe son temps à insulter la sienne. Khaulder, de son côté, est constamment en conflit avec sa grande sœur. Quant à Douglas et Drew, leur relation est désastreuse. Ils ne se parlent jamais.

— Il y a un problème ? demande Ernest.

La muette est en train de paniquer devant son portable.

Je me lève aussitôt pour la retenir afin qu'elle ne tombe pas. Douglas nous a prévenus que sa sœur avait une santé fragile, mais je ne savais pas que c'était à ce point ! Elle a reçu une facture à régler ou quoi ?

— Putain, merde ! Ça va ?

Elle acquiesce avant de se mettre à suffoquer en silence. J'analyse ses faits et gestes avant de réaliser que la cause de son état n'est pas la blague d'Ernest, mais plutôt un message qu'elle a reçu sur son portable.

Drew recule et titube contre l'îlot central. Elle est complètement sous le choc. Je me dépêche de saisir son téléphone, sous l'incompréhension d'Ernest.

| Numéro inconnu – 22 : 27 | Je suis de retour en ville, mon petit cœur.

CHAPITRE 8

DREW

Orlando.

Son prénom se répète dans ma tête. Son omniprésence me hante et me plonge dans un état émotionnel instable. Je ressens un fracas dans ma poitrine.

Tous mes espoirs.

Tous mes rêves.

Tous mes efforts.

Il ne reste plus qu'un tas de poussière logé au fond d'un gouffre. Une partie de moi est complètement anéantie, brisée, morcelée en mille morceaux sous mon regard impuissant. *Orlando est de retour en ville.* Je ne peux pas m'empêcher de ressasser mes pires souvenirs et d'imaginer le pire des scénarios. Mes larmes me brouillent la vue, ça ne s'arrête plus. Je m'étais toujours dit qu'il ne reviendrait jamais.

Denver me l'avait promis.

— Je suis désolé, ne pleure pas, s'écrie Ernest, affolé. Les gars, aidez-moi, qu'est-ce qu'on doit dire à une personne qui pleure ?

D'un revers de la main, mes larmes chaudes s'effacent.

— Tu veux un mouchoir ? suggère Alaric alors que mon regard est braqué au sol.

J'acquiesce d'un hochement de tête. Il me tend un mouchoir, et je lève la tête en souriant. Je recule d'un pas étourdi, à la recherche de mon carnet de notes, mais je ne le trouve pas. À la place, mon regard est attiré vers une silhouette au loin. Khaulder nous observe. Il est toujours assis sur le canapé, un livre à la main. Une lueur d'incompréhension réside dans ses yeux ébène. Il me jette un regard que je ne parviens pas à déchiffrer.

— Tu devrais aller te reposer sur le canapé, me propose Ernest.

— Il a raison, tu devrais t'allonger un peu. Je vais t'apporter un verre d'eau, ajoute Alaric.

L'inquiétude qu'ils manifestent me paraît sincère, authentique. Ils me regardent avec la même bienveillance qu'aborde toujours mon beau-père Jayce. Je réprime donc un léger sourire en hochant la tête.

— Khaul, tu peux te décaler vite fait ? lance Alaric.

Mon sang ne fait qu'un tour. Je secoue immédiatement les mains pour qu'il ne se déplace pas, mais rien n'y fait. Le solitaire du groupe se met dans un coin du canapé pendant qu'Ernest glousse comme une dinde. Pourquoi est-ce qu'il sourit comme ça ? Je n'ai pas le temps d'y songer davantage que mon corps est projeté sur le canapé.

— Allez, allez ! Installe-toi ! sourit Ernest.

Il me pousse une nouvelle fois et ce geste me donne la force nécessaire pour m'installer sur le canapé. Alors que le duo me regarde d'un air attendri, Khaulder me tend une couverture. Je suis surprise, mais pas autant qu'Ernest qui émet un cri de joie.

— Arrête de crier ! T'es gênant, crache Alaric en s'adressant à son colocataire.

— Mais putain, tu veux quoi ?

— Je veux manger donc dépêche-toi de cuisiner quelque chose !

— Quoi ? C'était toi qui devais cuisiner et je te rappelle que ma cuisine est nulle, vocifère Ernest avec plus de hargne qu'il n'en faudrait.

Forcément, cette provocation en entraîne une autre. Ils se chamaillent de plus belle, mais cette fois, en chuchotant. Je n'ai ainsi aucun mal à m'enfouir sous la couverture et à me reposer quelques instants. Orlando me hante, mais la musique émise par les enceintes du salon m'apaise. Mon ouïe est tellement captivée par la mélodie que mon esprit se vide entièrement. Je repense à des jours heureux, des jours meilleurs, des jours où ma sœur Denver était encore parmi nous. Je ne me souviens plus de son visage, mais je me souviens de sa voix cristalline. Denver me manque.

— Le dîner est prêt. Khaul, tu peux dire à Drew de se réveiller ? demande Alaric alors que ma tête est plongée sous la couverture.

Mes larmes inondent mes joues. Je ne veux pas qu'ils voient ça. Mon maquillage doit être dans un sale état.

— Elle dort.

— Bah, réveille-la, se moque Ernest.

Je m'efforce de stopper les spasmes qui m'animent et tâche de rester le plus silencieuse possible. Alaric rejoint les propos d'Ernest à mon plus grand désarroi.

— Non. Elle dort, signale Khaulder.

— Et alors ? s'étonne Alaric.

— Douglas m'a dit qu'elle avait souvent du mal à dormir, rétorque-t-il en se levant du canapé. Donne-moi une assiette, s'il te plaît.

Mon jumeau est de nature distraite. Le fait qu'il se souvienne de mes problèmes de sommeil me réchauffe le cœur – ce n'est peut-être pas un exploit, mais ce simple détail me réjouit.

— Oh, mais il fallait le dire plus tôt ! s'étonne Ernest avant de reprendre. Dis donc, petit prince, depuis quand es-tu si attentionné ?

— Ton poulet est vraiment dégueulasse.

— OK. Je retire ce que je viens de dire. Tu es un homme cruel.

— Eh, parlez moins fort ! s'exclame Alaric.

Je profite de cet instant pour me focaliser sur la mélodie que les enceintes émettent. Il n'y a pas de paroles, la musique est seulement rythmée par les accords d'un piano. Je suis tellement plongée dans cette mélodie que je n'entends plus mes colocataires. Je m'enfonce davantage sous ma couverture en savourant cet étrange sentiment qui trotte dans mon esprit. Mon corps s'alourdit sous la fatigue. Je parviens à m'endormir malgré les bribes de conversations provenant de la cuisine.

Lorsque je me réveille, mes yeux se posent aussitôt sur un plateau-repas posé sur la table basse. Je me redresse en observant les alentours désertiques et me pince les lèvres pour réprimer un sourire. Il y a un petit mot qui l'accompagne :

« *Mets-le au micro-ondes pendant trois minutes. Bon appétit.* »

Je m'empresse d'enfourner le plat dans le micro-ondes. Dès la première bouchée, mes yeux s'écarquillent brusquement, tant l'explosion de saveur est époustouflante. Ce saumon mariné est assaisonné à la perfection. Chaque morceau avalé parvient à exalter mes papilles.

❖

Deux semaines se sont écoulées depuis mon emménagement chez Douglas. Et, contre toute attente, nous n'avons pas rencontré de problèmes alarmants. Pas d'incendie. Pas de démons. Pas de crise d'angoisse. Les journées de mes colocataires sont devenues beaucoup plus calmes. J'admets que c'est assez gratifiant de ne pas être une source d'ennuis.

Afin d'apporter un soutien financier et d'animer notre quotidien, Ernest m'a proposé une collaboration : il cherche des clients et je me charge de réaliser les illustrations qu'ils souhaitent. Nos bénéfices sont encore modestes, mais ils devraient rapidement s'accroître, selon Alaric. En parallèle, mon frère m'a confié la mission de nettoyer chaque recoin de la maison pour faire bonne impression auprès de Khaulder. J'ai également participé au réaménagement du salon en apportant une petite touche de décoration. J'ai largement été aidée par Ernest et Alaric pour les corvées ménagères. Mais, comme ils ne sont pas habiles de leurs mains, une dizaine d'assiettes ont rendu l'âme – c'est l'intention qui compte.

La maison brille de mille feux, et Douglas en est ravi. Il est tellement content qu'il m'a déposée en ville pour que je puisse m'acheter des vêtements avec sa carte de crédit. L'idée est adorable, mais le souci, c'est que je ne sors jamais. Cela fait donc des heures que je me promène seule en ne sachant pas où aller : la nuit approche et j'ai les jambes en compote.

Le chemin jusqu'à la maison me paraît interminable.

Les sacs que je tiens à bout de bras ne m'aident pas. Lorsque j'arrive à destination, une vague de soulagement me submerge. Je frotte mes chaussures sur le paillasson et j'entre dans la maison à toute allure. Les lumières sont éteintes et un calme absolu y règne. Je me débarrasse de mes sacs, de mes chaussures et, quand je m'apprête à retirer mon manteau, mon corps se retrouve complètement figé. Une personne se tient dans le salon. Et ce n'est pas un de mes colocataires.

Je peux deviner qu'il est grand et robuste malgré la pénombre qui règne dans la pièce. Mon cœur cogne violemment contre ma cage thoracique alors qu'un long frisson parcourt chaque parcelle de mon épiderme. Lorsqu'il avance d'un pas, son visage est révélé par les rayons du clair de lune. Il a une énorme balafre sous son œil gauche.

— Mon nom est Eliodas.

Sa voix fait écho dans ma tête : elle est enrouée et si autoritaire que je me mets à trembler comme une feuille sous un vent d'automne.

— Et tu vas regretter de m'avoir rencontré, la pyromane.

CHAPITRE 9

ERNEST

Soyez prêts.

Je crois que vous allez assister à un meurtre.

Un abruti est en train de foutre le bordel dans le salon et c'est forcément Alaric. Son QI est tellement bas qu'il croit pouvoir égaler la force des Sept Démons s'il s'entraîne sans relâche. Face à un démon, Alaric est une fourmi. Autrement dit, moche et faible.

— Ernest… commence à dire Alaric en ouvrant la porte de ma chambre.

Parfait ! Je peux le frapper sans… Attendez une minute. Pourquoi les bruits persistent ? Drew est censée être en ville, Douglas ronfle comme un sanglier dans sa chambre et Khaul n'est pas encore rentré du travail. Si Alaric n'est pas la cause du chaos qui règne dans le salon, alors qui est-ce ?

— Je crois qu'un démon est dans le salon, poursuit mon colocataire.

— Quoi ?

— Viens, dépêche-toi ! s'impatiente-t-il.

— Mais…

— Allez, Ernest !

Alors que je m'apprête à répondre, un énorme fracas de verre retentit. Et merde, c'est notre table basse ! Je soupire un bon coup et rejoins Alaric sur sa lancée. Mon colocataire dévale les escaliers à toute vitesse en essayant de faire le moins de bruit possible.

Je pourrais faire pareil, mais ce serait imprudent de ma part. Il faut quand même respecter les gestes barrières, non ? Je préfère attendre que le passage soit libre avant de m'aventurer dans cet escalier périlleux.

— On est dans la merde ! s'exclame-t-il en remontant les marches aussi vite qu'il les a descendues.

— Pourquoi ?

— Khaul, appelle Khaul ! Vite !

Si Alaric affiche cette vilaine grimace, c'est mauvais signe. Il le fait seulement en cas d'extrême urgence.

— Mai, c'est quoi le bordel ? Explique.

— Eliodas est dans le salon, me répond-il.

Dans le clan des Sept Démons, nous avons classé Eliodas en troisième position. Ce qui le distingue des autres, c'est son obsession pour la vengeance. Il est animé par un désir insatiable de punir tous ceux qui osent s'en prendre à ses alliés. J'en ai moi-même fait l'expérience, car j'ai eu le malheur de taquiner Khaul avec une blague de mauvais goût. Ce jour-là, j'ai vraiment cru que ma dernière heure était arrivée.

— Et il est seul ?

— Je crois que oui… déclare mon colocataire en étant peu certain de ses paroles. Qu'est-ce qu'on fait ?

— On attend que Khaul débarque.

Alaric acquiesce. Il ne faut surtout pas que Drew rentre maintenant. Si Douglas découvre que sa jumelle est en danger ou blessée, il sera fou de rage. Il vaut mieux qu'il reste endormi pour le moment.

— C'est bizarre, intervient Alaric avant de reprendre. Pandora n'est pas avec lui.

— Ah bon ?

Je me penche en avant, près de la rambarde des escaliers, afin de repérer les cheveux argentés du démon. La lumière tamisée m'empêche de voir clairement la pièce. Je plisse donc les yeux en essayant d'examiner chaque ombre, chaque recoin, chaque meuble. J'en conclus que Pandora n'est pas dans les parages.

Pourtant, Eliodas et Pandora ont pour habitude d'agir en duo.

— Merde ! Drew est rentrée plus tôt que prévu, signale Alaric en me désignant le fond du salon.

Je sursaute en voyant que la petite muette est dans une mauvaise posture : elle rampe doucement vers la télévision et essaye de s'échapper des mains du Vengeur sanguinaire. Je crois qu'elle saigne, mais je n'en suis pas certain.

Que quelqu'un fasse quelque chose ! Alaric ne bouge pas d'un poil. Son cerveau est long à la détente. Je saute donc pour descendre les escaliers. Il me devance en sautant sur le dos d'Eliodas pour lui serrer le cou avec son bras. Je profite de cette attaque pour venir en aide à Drew et appeler Khaul.

Contre toute attente, mon coloc préféré répond presque instantanément :

— Allô ?

— Où es-tu ? Un de tes sept nains est à la maison ! Il est en train de foutre le bordel ! Dépêche-toi de venir !

— Parle moins vite. Je ne comprends rien.

— Eliodas est à la maison !

— J'arrive. Ne lui saute pas dessus.

Khaul met aussitôt un terme à notre appel téléphonique. Il est sûrement déjà en route.

— Pathétique ! crache Eliodas en attrapant mon colocataire par le col.

Eliodas est doté d'une force surhumaine, c'est un fait. Il arrive à tordre le bras de mon colocataire si facilement que ça en est flippant. Alaric ne peut pas gagner contre Eliodas, mais sa lutte n'est pas inutile puisque je parviens à me faufiler dans le salon sans qu'il puisse me voir. Eliodas est tellement concentré à donner des coups, plus puissants les uns que les autres, qu'il en a oublié sa cible. Drew n'est plus qu'à quelques centimètres de moi.

— Tu peux bouger ?

Étonnant. Son visage est intact. Elle ne saigne pas. Pourtant, quand Eliodas se venge, le sang coule toujours à flots.

— Viens, suis-moi.

Bien qu'elle soit un peu sonnée, Drew parvient à se relever et à me suivre jusqu'à la cuisine.

— Reste cachée. D'accord ?

Elle hoche la tête et s'accroupit contre le comptoir de la cuisine. Alaric a déjà perdu son avantage. Eliodas n'offre aucune clémence quand il tape. Je dois donc m'interposer avant que Khaul revienne. Aussitôt dit, aussitôt fait; je bondis sur le dos d'Eliodas en frottant mon poing sur le haut de sa tête. Alaric, pendant ce temps, lui balance dessus tout ce qu'il trouve: coussin, porte-clés, chaussures, caleçon sale... Tout.

— Vous allez le payer, bande de...

Eliodas n'a pas le temps de poursuivre sa menace qu'Alaric lui enfonce une pomme dans la bouche. Il le fait exprès? On a pourtant plein d'objets tranchants dans le salon. À ce rythme, ce combat risque de durer une éternité. Le démon vengeur crache la pomme et nous fusille du regard.

— Eliodas! crie Khaul en claquant la porte d'entrée afin de signaler son arrivée. Mais qu'est-ce que tu fous?

— Je me venge.

— Pourquoi tu t'en prends à Alaric? s'énerve mon colocataire.

— Il m'a attaqué et je me suis défendu, affirme le démon pendant qu'Alaric est dans les vapes.

— Tu plaisantes, là?

Le regard d'Eliodas est fuyant, comme s'il se faisait gronder par sa maman. Nous savons tous qu'Eliodas serait capable de mettre à terre Khaul, mais il ne le fait pas, et il ne le fera jamais. Aucun démon ne serait assez fou pour agir ainsi. Ils ne veulent pas mettre en péril leur amitié avec Khaul.

— Je suis venu pour Drew et ton coloc m'a sauté dessus, vocifère Eliodas.

— Mais je t'avais pourtant dit de ne pas t'en mêler! Pourquoi est-ce que tu fais tout le temps ça? On en avait parlé et tu me l'avais promis.

— Je sais...

— Alors pourquoi Alaric est dans cet état?

— Tout ça, je l'ai fait pour toi. Elle n'aurait jamais dû brûler ton armoire et ton coloc n'aurait jamais dû me sauter dessus. J'ai fait ça pour te venger!

— Je n'ai pas besoin qu'on me venge.

Jusqu'à présent, Khaul ne s'était jamais disputé avec un membre des Sept Démons. Malgré leurs nombreuses différences, ils ont toujours eu une relation indestructible. Ils éprouvent une grande loyauté envers Khaul, et vice versa.

— Mais... je... je pensais que ça te ferait plaisir... bégaye Eliodas.

— Non, pas du tout, lâche Khaul avec une violence qui me surprend.

Au même moment, le corps d'Alaric s'effondre brutalement sur le sol, provoquant un cri perçant de ma part. Je me précipite vers lui, paniqué, tandis que Khaul se crispe. Douglas débarque soudain des escaliers pour se précipiter à son tour vers Alaric.

— Hé, réveille-toi ! Qu'est-ce qu'il s'est passé ? interroge-t-il avec affolement. Pourquoi Alaric est inconscient ?

Silencieux, Khaul et Eliodas ne se lâchent pas du regard. Leurs visages sont figés dans une expression de colère et de frustration.

— Tu penses que je vais te remercier d'avoir tabassé Alaric ?

— Je n'avais pas l'intention de le frapper. Il ne m'a pas laissé le choix.

— Il ne t'a pas laissé le choix ? répète Khaul en haussant le ton.

J'en ai des frissons, c'est si satisfaisant de voir un démon se faire réprimander d'une telle façon. Eliodas serre ses poings jusqu'à ce que ses phalanges en pâlissent. La colère le démange. Il se retient et tente de se défendre :

— Il m'a sauté dessus.

— Dégage de chez moi !

Le démon se fige, comme s'il avait du mal à assimiler cet ordre, avant de quitter les lieux. Après quelques instants, Khaul décide de s'accroupir près d'Alaric pour inspecter son état.

À ses côtés, Douglas est estomaqué – d'ailleurs, c'est aussi mon cas.

— Je vais l'emmener à l'hôpital ! On ne peut pas le laisser dans cet état, informe Douglas en soulevant Alaric. Dites à ma sœur que je reviendrai demain. Je vais sûrement passer la nuit là-bas.

Khaul acquiesce bien qu'il ignore que Drew est dissimulée derrière le comptoir de la cuisine. Très vite, Douglas saisit Alaric par le bras et l'escorte vers sa voiture, vérifiant au passage qu'il n'ait rien oublié. Lorsque ces deux-là se tiennent officiellement hors de notre ligne de mire, Khaul se tourne vers moi :

— Où est-ce qu'elle est ?

Je sursaute, pour la énième fois, et grimace en dévoilant mon double menton. Comment est-il au courant ? Je louche vers la cuisine sans m'en rendre compte et, bien entendu, le petit prince ne tarde pas à faire le lien. Merde ! Il s'oriente vers Drew à grandes enjambées, mais je le stoppe sur sa lancée en me mettant devant lui.

— Hop hop hop ! Le meurtre est puni par la loi !

Avec son regard menaçant, Khaul me dévisage et me contourne. Non, mais j'hallucine ! Il vient de me contourner ! Je tente de le rattraper, mais c'est déjà trop tard.

Drew est là, adossée contre l'îlot central, les paupières closes.

Devant elle, Khaul se tient accroupi.

Il détaille attentivement son visage à la recherche d'une égratignure avant de me confirmer qu'elle va bien. Contre toute attente, il semble sincèrement se soucier d'elle. Dans ses yeux, je ne vois aucune haine, aucun dégoût, seulement de la tendresse à l'état pur.

Lorsqu'il porte Drew dans ses bras, une part de moi est persuadée d'une chose : cette fille est capable de guérir un cœur meurtri par les années, un cœur brisé par l'accablement et l'amertume, un cœur solitaire, un cœur qui n'appartient pas à un des Sept Démons, mais à Khaul.

CHAPITRE 10

DOUGLAS

Les Sept Démons sont de véritables monstres, ce sont les pires de tous.

À cause d'Eliodas, Alaric ne pourra plus pratiquer la boxe pour une durée indéterminée. Lorsqu'il a appris la mauvaise nouvelle, mon colocataire a été anéanti, c'était comme si on venait de lui planter un poignard dans le cœur. S'il y a une chose qu'il aime plus que tout au monde, c'est bel et bien ce sport, c'est sa façon à lui de se défouler, d'exister. La boxe lui permet d'oublier tous ses problèmes. Elle est l'une des raisons pour lesquelles il vit.

Mon cœur s'est déchiré en le voyant dans cet état. Je m'étais habitué à ces moments de joie, mais je ne pourrai jamais m'habituer à de tels moments de tristesse. Je n'ai rien pu faire à part insulter Eliodas de tous les noms.

— Alors, comment est-ce qu'il va ? me demande Ernest quand je franchis le seuil de la porte après avoir passé la nuit à l'hôpital.

— Très mal.

Je ferme la porte derrière moi et croise le regard de Khaul, adossé contre le mur, les bras croisés sur son torse. Il suffit de quelques secondes pour qu'il comprenne. Je n'ai pas besoin de lui dire un mot de plus. Dommage qu'Ernest ne soit pas aussi perspicace que Khaul :

— Tu pourrais être plus précis ? Ça fait longtemps qu'on attend des nouvelles…

— Alaric ne peut plus faire de boxe. C'est bien ça que tu insinues ? lance mon meilleur ami.

J'acquiesce en signe d'approbation et renchéris :
— Il doit rester quelque temps à l'hôpital.
Un silence pesant s'abat soudain sur la pièce. Khaul déglutit tandis qu'Ernest s'assoit sur le canapé, l'air anéanti. Bien qu'ils ne disent rien, leur façon de regarder dans le vide, comme s'ils étaient dépourvus d'âme, me prouve qu'ils ressentent une peine immense. Je décide donc de changer de sujet :
— Où est ma sœur ?
— Elle est dans sa chambre.
Le fait d'entendre cette réponse de la bouche de Khaul me surprend. Tout simplement, car depuis la nuit de l'incendie, ce dernier n'a plus jamais été mêlé à ma jumelle. À vrai dire, c'est assez impressionnant à quel point mon colocataire parvient à éviter la moindre interaction avec elle. Dès que Drew entre dans une pièce, il s'en va ou il fait comme si elle n'existait pas. Et c'est très bien comme ça.
Ernest triture ses cheveux en bataille et traîne les pieds vers les escaliers. Khaul le fixe attentivement et, dès que notre colocataire disparaît de notre champ de vision, il s'avance dans ma direction.
J'avale une gorgée d'eau à l'instant où il prend la parole :
— Tu sais qu'Orlando est en ville ?
Je m'étouffe littéralement. Il me dévisage alors que je crache mes poumons.
— Comment est-ce que tu es au courant ? lui demandé-je après m'être remis de ma toux.
— Tu le savais déjà ? s'étonne-t-il.
— Bah oui ! Il m'a envoyé un message pour qu'on se voie. C'est plutôt toi, comment est-ce que tu sais ça ?
— Qu'est-ce que tu lui as dit ? m'interroge-t-il en ignorant ouvertement ma question.
— Il voulait avoir de mes nouvelles, c'est tout.
De toute évidence, Khaul n'est pas emballé par ce que je viens de dire. Il n'a jamais été un grand fan de mon ex-beau-père. Ils se sont rencontrés une fois – une seule fois – et disons qu'ils n'ont pas eu la meilleure première impression. Ils ont failli se battre. Bien que cette dispute remonte à plus de sept ans, Khaul n'est plus jamais revenu chez moi. Ernest et Alaric non plus, d'ailleurs.

J'ai souvent eu envie de les inviter pour prouver à ma mère que ce sont des gars bien, mais la rencontre de Khaul et Orlando me revient toujours en tête, et je ne veux pas que ça recommence. Si une dispute éclate à nouveau, je me retrouverai face à un choix impossible : prendre parti pour ma famille ou pour mes amis.

— Orlando est dangereux, me lance-t-il comme s'il me faisait un reproche.

— Pas autant que tes Sept Démons ! Et puis, de toute façon, qu'est-ce que ça peut te faire ? Ton argent ne l'intéresse pas. Il ne s'en prendra pas à toi, alors laisse-le tranquille.

Je sais que je ne devrais pas autant défendre Orlando, mais je ne peux pas m'en empêcher. La relation que j'ai avec mon ex-beau-père est complexe. Elle ne peut pas se résumer en quelques lignes. Je l'apprécie autant que je le déteste. Il est parfois violent et agaçant, mais je sais qu'il a un bon fond.

— Je sais bien mais... poursuit-il, mais je le coupe.

— Tu ne connais pas Orlando comme je l'ai connu. N'essaye pas de te mêler de mes histoires de famille.

Certains diront que mon ex-beau-père est un monstre, un homme toxique, mais ça m'est égal. Ce salaud, aussi détestable soit-il, a été un véritable réconfort après la mort de mon père biologique. Il m'a appris à faire du vélo, à profiter de la vie et à jouer aux jeux vidéo. Malgré le fait qu'il soit infernal sur les bords, Orlando a réussi à combler l'absence d'un père et à me rendre heureux quand j'en ai eu besoin. Ses humeurs changeantes sont dues à sa consommation d'alcool. Cette addiction l'a bouffé de l'intérieur, le rendant cruel et dangereux. Personne n'arrivait à voir les bons côtés d'Orlando.

Drew a toujours ressenti une haine exagérée envers lui. Elle consacrait ses journées à pleurer et à s'inquiéter pour Denver, notre sœur aînée. Drew avait quinze ans, et elle inventait tout et n'importe quoi pour attirer l'attention de ma mère. Alors Orlando la punissait, son choix était totalement compréhensible.

Quand notre maison a brûlé, avec Denver à l'intérieur, ma jumelle a été retrouvée avec un briquet à la main, Drew n'a jamais cessé de proclamer son innocence alors qu'elle avait été prise en flagrant délit. À cette époque, sa présence me répugnait à un point inimaginable.

Par chance, ma rancœur s'est atténuée au fil des années et je ne ressens plus aucune haine à son égard, mais je ne la crois toujours pas quand elle persiste à dire que Denver lui a demandé de brûler notre maison.

J'ai fini par lui pardonner son crime.

CHAPITRE 11

DREW

Douglas, où es-tu ?

Un frisson glacial me parcourt doucement la peau alors que je me recroqueville davantage sous ma veste. Il est à peine 22 heures, pourtant l'obscurité enveloppe déjà la ville de Ravenstein. Douglas n'est toujours pas rentré et plus les heures passent, plus je me rends à l'évidence qu'il m'a oubliée, une fois de plus. Je reste donc là, assise sur le trottoir d'un parking désert.

Il ne viendra pas, proteste ma conscience.

Je secoue vigoureusement la tête afin d'éloigner cette pensée avant de frotter mes paumes l'une contre l'autre. Il est possible que je me trompe, mais j'ai cette impression que Douglas cherche à maintenir une distance entre nous. Depuis qu'on vit ensemble, il m'adresse à peine la parole. Il n'est quasiment jamais à la maison. J'avais espéré que cette cohabitation nous rapproche et nous permette de retisser nos liens, mais les résultats ne sont pas glorieux. Mon frère ne m'a jamais paru aussi froid.

Si ma mère n'avait pas rencontré Orlando, peut-être que la relation entre Douglas et moi aurait été différente. Tout a dégénéré quand il est arrivé dans nos vies. Au départ, cet homme paraissait être le beau-père parfait. Il était gentil, généreux et, avant toute chose, il rendait ma mère heureuse. Orlando a su lui apporter le soutien nécessaire pour qu'elle parvienne à surmonter le deuil de mon père biologique. Mais c'est au fil des semaines qu'une sombre facette de lui est apparue. Violente, mauvaise, malsaine. Ma mère était tellement aveuglée par l'amour qu'elle ne voyait pas son véritable visage. Personne ne le voyait à part ma sœur Denver et moi.

Orlando est un homme cruel. Il était comme une ombre qui planait au-dessus de nous. Je me souviens de tout, dans les moindres détails. Je me souviens de cette angoisse intense et constante, de ses coups plus douloureux les uns que les autres, de ses paroles difficiles à entendre, de sa façon de nous sentir et de nous toucher. La vie aux côtés d'Orlando était semblable à un cauchemar sans fin. Je ressens toujours la même peur, qui ne m'a jamais quittée depuis mon adolescence. Je suis incapable de m'en défaire. Denver était la seule à comprendre ce sentiment. La plupart du temps, elle se portait volontaire pour prendre ma place, elle voulait me protéger et me garder loin d'Orlando.

Dans cette histoire, Denver a bien plus souffert que moi.

Pendant longtemps, ma mère n'a pas voulu y croire, ne voulant pas quitter cet homme qui la rendait si heureuse. Elle refusait d'affronter la réalité, elle ne voulait pas réaliser qu'elle avait fait entrer un monstre dans nos vies. J'ai essayé de la raisonner, mais je n'ai fait qu'empirer les choses. À mesure que je parlais, Orlando devenait de plus en plus impitoyable. Denver a fini par mettre fin à ses jours.

Ce soir-là, elle m'avait parlé d'un monde prospère, un lieu merveilleux caché derrière les flammes ardentes. J'avais seize ans lorsqu'elle s'est donné la mort. Orlando m'en a voulu de ne pas l'en avoir empêchée.

Il voulait me détruire.

Il voulait que je souffre jusqu'à ce que je n'en puisse plus.

Il voulait que je me taise et c'est ce que j'ai fait.

Orlando vouait un amour inconditionnel à ma sœur aînée, une obsession qui dépassait les limites du raisonnable. Elle était son trésor, sa perle rare, son jouet favori. Il désirait tellement que je sois comme ma sœur qu'il a fini par penser que j'étais elle. Ma mère a mis du temps avant de voir sa véritable nature. Elle était folle de rage, si bien qu'elle a brûlé toutes ses affaires et a failli le poignarder en plein ventre. Pour ces raisons, les juges ont pensé qu'elle n'était pas stable, réduisant alors la condamnation d'Orlando. Certains de ses chefs d'accusation n'ont pas été pris en compte, faute de preuves. Nous avons tout de même obtenu une mesure d'éloignement de six ans ainsi que des dommages et intérêts.

Ainsi, Orlando n'a pas eu d'autre choix que de s'éloigner de notre famille. Douglas était dans un internat à cette époque, et tout se passait bien de son côté, ma mère ne voulait pas qu'il soit mêlé à cela. Elle savait que Douglas en serait traumatisé, qu'il essayerait de retrouver Orlando et qu'il ferait sa propre justice. Ma mère voulait que mon frère se concentre sur ses cours, qu'il n'échoue pas dans ses études comme moi, c'est pour cette raison qu'il ne connaît pas tous les détails. C'est peut-être mieux ainsi.

Malgré le départ d'Orlando, je n'ai jamais réussi à me défaire de ses injonctions. Il voulait que je sois muette, et je le suis restée.

— Drew ! Allez, monte. Tu vas tomber malade, m'interpelle Ernest.

Je suis si absorbée par mes pensées déprimantes que je n'ai pas remarqué la voiture en face de moi. Ernest me fait de grands signes pour que je le rejoigne. Je hoche la tête, ouvre la portière, et m'installe sur l'un des sièges passagers.

— Je t'avais bien dit qu'elle serait là ! Maintenant, dis-le, c'est qui le plus fort ?

Khaulder le fusille du regard avant de faire converger ses yeux sombres vers le paysage environnant. Ernest se tourne vers moi et me dit :

— Ton frère est introuvable. Je savais que cet abruti allait oublier de te ramener à la maison. Il ne tient jamais ses promesses.

J'ouvre la bouche, puis la referme aussitôt. J'espérais que la vérité soit moins douloureuse à entendre. Mon cœur se serre.

— Tu attends depuis longtemps ? me demande Ernest.

Mon premier réflexe est de secouer la tête pour dire non. En vérité, j'ai attendu pendant plus de deux heures sur ce parking. Douglas m'avait promis qu'il viendrait. Et j'ai été idiote d'y croire. Je ne sens même plus mes mains, ni le bout de mes doigts de pieds.

— Tant mieux.

Assis également sur un des sièges passagers, Khaulder me scrute à travers le rétroviseur. Bien que le véhicule soit quasiment plongé dans le noir, je parviens à déceler son regard compatissant. J'ai l'impression qu'il est désolé, comme s'il savait que j'ai menti. Ernest redémarre le véhicule alors que Khaulder allume le chauffage. Le trajet n'est pas long, pourtant Ernest a le temps de nous raconter son enfance avec sa sœur diabolique, Maria.

— Douglas n'est toujours pas rentré, constate Ernest en voyant qu'il n'y a aucune voiture garée dans l'allée de la maison.

Nous avançons jusqu'à la porte principale. Je n'ai qu'une hâte, prendre un bain bien chaud. Lorsqu'Ernest glisse la clé dans la serrure, Khaulder prend la parole :

— Douglas m'a dit qu'il rentrerait dans la soirée.

J'écarquille les yeux, étonnée.

— Quoi ? s'étonne Ernest. Il t'a répondu ?

— Il vient de le faire.

Une fois de plus, mon cœur se serre. Pourquoi est-ce que Douglas ne m'a pas répondu ? Je déglutis en essayant de garder mon sang-froid. Ernest ouvre la porte d'entrée et je m'empresse aussitôt de rejoindre ma chambre. J'ai besoin de boire. Et vite. Je fouille dans le fond de mon armoire et attrape la bouteille de vin que je garde en cas d'extrême urgence. Il ne m'a pas fallu longtemps pour que je boive quatre à cinq gorgées. L'effet est presque immédiat. Je repose la bouteille dans ma petite cachette pendant qu'un mélange de frustration et d'incompréhension me submerge. Il m'a fallu une dizaine de minutes pour me motiver à me lever pour prendre un bain. J'ouvre doucement la porte de ma chambre afin de m'assurer que personne n'est dans le couloir.

Ça y est : la voie est libre.

Je sors de la chambre en tenant mes affaires à bout de bras et m'empresse de m'enfermer dans la salle de bains. Comme d'habitude, je galère à fermer la porte. Je fais couler un bain avec une boule effervescente et me déshabille dès que l'eau atteint la bonne hauteur. Lorsque mes pieds entrent en contact avec l'eau chaude, le choc de la différence de température est brutal, mais agréable. J'y plonge l'intégralité de mon corps en essayant de me vider l'esprit. J'ai toujours aimé les bains, mais je n'ai que rarement eu l'occasion d'en prendre. Le fait d'être plongée dans cette eau chaude est une sensation tellement relaxante que j'ai envie de dormir. Je pourrais y rester des heures. Alors que tous mes muscles commencent à se détendre, un bruit me parvient. Je crois qu'une personne vient d'entrer dans la salle de bains.

Mes yeux s'ouvrent, je ne bouge pas.

— Putain, la tache de sang ne part pas ! affirme une voix inconnue.

L'eau du robinet coule à flots. Mais qui est cette personne ? Le rideau de douche est occultant. Il m'est impossible de reconnaître la silhouette qui se tient au centre de la pièce.

— Laisse-moi faire.

Cette voix, je la reconnais, c'est celle de Khaulder. Je n'ose plus respirer ni émettre le moindre mouvement. Il suffit que je fasse un seul geste pour qu'ils entendent le bruit de l'eau et qu'ils tirent le rideau de douche. Je ne peux pas prendre ce risque. Je suis toute nue.

— Je déteste tes colocataires, grogne une voix d'homme.

— Désolé. D'habitude, Ernest ne saigne jamais du nez. Ça lui arrive seulement quand tu es là ou quand ton frère me rend visite.

— Il le fait exprès ! Je vais le tuer !

— Calme-toi, Pandora.

Pandora ? J'ai déjà entendu ce nom. Je crois qu'il fait partie des Sept Démons. Ernest me parle souvent d'eux.

— Mon t-shirt est foutu.

— Il suffit que tu mettes du bicarbonate de soude pour que ça parte, renchérit Khaulder pendant que mon cœur bat la chamade. S'il te plaît, sois gentil avec Ernest.

— Tu veux que je sois gentil avec cette chose ?

— Il a déjà été assez traumatisé par Eliodas et ton frère. N'en rajoute pas une couche.

L'eau du robinet coule toujours. Je suis si embarrassée que je sens mes joues devenir écarlates. J'étais pourtant persuadée d'avoir fermé la porte correctement. Comment ont-ils réussi à entrer ?

— D'ailleurs, en parlant d'Eliodas, il me demande souvent de tes nouvelles, poursuit Pandora. Tu lui en veux encore pour la dernière fois ?

— Oui, répond sèchement Khaulder.

— Ah, d'accord.

— Tu viens me rendre visite pour que je pardonne Eliodas ?

— Non, non ! Je voulais te parler des BlackPills !

BlackPills ? Je sais que je ne devrais pas écouter leur conversation, mais je ne peux pas m'en empêcher. Si j'essaye de me boucher les oreilles, l'eau du bain risque de faire du bruit et ces deux-là sauront aussitôt que je suis là. Cette situation n'est pas envisageable. Je suis restée silencieuse trop longtemps pour pouvoir manifester ma présence maintenant. Je dois rester aussi immobile qu'une statue.

— Y a du nouveau ? demande Khaulder alors que je prie intérieurement pour qu'ils partent.

— D'après les données que j'ai pu récolter avec Xercès, vous allez bientôt être pourchassés par deux mercenaires. Ils font partie d'un organisme affilié au gouvernement et leur mission est d'obtenir des informations sur les BlackPills.

— Comment est-ce qu'ils sont au courant que je suis lié aux BlackPills ? demande Khaulder.

— Eh bien, ce n'est pas difficile de le savoir. Tu t'es rendu à l'hôpital psychiatrique Harkeem à plusieurs reprises. Ils ont dû faire le lien. Ils savent que tu es au courant de ce qu'il se passe dans les sous-sols de cet hôpital et de toutes les expériences qu'ils font sur leurs patients pour recréer les BlackPills, répond Pandora.

Mon cerveau a du mal à assimiler toutes les informations que j'entends. Tout cela paraît invraisemblable. J'ai besoin de comprendre le contexte. Mon esprit est envahi par un tourbillon de questions.

— Ils savent que tu connais un des patients de cet hôpital, poursuit Pandora.

— Zanner, précise Khaulder.

— Exact. Ils savent que tu es proche de Zanner. Si tu es encore en vie aujourd'hui, c'est certainement grâce à lui. Les mercenaires savent que tu es au courant de tout, mais ils savent également que tu es sous la protection de Zanner. Ils attendent qu'il s'éloigne pour entrer en scène.

Zanner, Zanner, Zanner.

Ce nom tourne en boucle dans ma tête. Je l'ai déjà entendu, c'est certain, mais où et quand ? Je fouille dans ma mémoire, et la conversation avec Ernest et Alaric me revient en tête.

Les Sept Démons ! C'est vrai, Zanner fait partie de ce clan. Il serait apparemment le plus puissant et le plus cruel des sept, cela lui a valu le titre de « Diable incarné ». Alors que les deux hommes poursuivent leur discussion, la voix d'Ernest retentit soudainement :

— Drew a disparu !

— Ah bon ? s'étonne Pandora.

— Elle n'est pas dans sa chambre ? demande Khaulder pendant que mon rythme cardiaque augmente à une vitesse fulgurante.

— Non, non. Elle n'est pas dans la maison.

— Et dans le jardin ? renchérit Khaulder.

— Non. J'ai déjà cherché.

Une vague de panique me paralyse. Dois-je révéler ma présence ? Si je fais irruption dans la conversation, Pandora et Khaulder sauront que j'ai tout entendu. Je sais désormais que les BlackPills représentent un niveau de dangerosité très élevée, et je doute qu'ils aient envie que je sache autant de choses. Les pensées s'entrechoquent dans ma tête à un rythme effréné. Le silence reste l'option la plus sûre. Je n'aurai aucun mal à faire comme si je n'avais rien entendu, évitant ainsi de les affronter et...

— Euh, les gars... Il y a quelqu'un dans la baignoire, s'exclame Ernest sans que je m'y attende.

— Comment ça, il y a quelqu'un dans la baignoire ? s'inquiète Khaulder.

— Vous êtes là depuis tout ce temps et vous n'avez pas remarqué les gouttes d'eau sur le rideau de douche ?

Aucun son ne sort de ma bouche. Comment ai-je pu atterrir dans une situation aussi délicate ? Mon cœur bat si rapidement que ça me fait mal. Je dois réagir et vite. Je me redresse pour manifester ma présence, mais un homme aux cheveux blancs me devance en tirant le rideau de douche. J'ai envie de mourir – là, tout de suite, maintenant.

Aussitôt, je cache mes parties intimes en m'accroupissant. Pitié, tuez-moi.

— Drew ? s'égosille Ernest. Mais qu'est-ce que tu fous là ?

CHAPITRE 12

ERNEST

Drew est complètement nue.

Sous le choc, Khaul s'empresse d'arracher le rideau des mains de Pandora afin qu'on ne puisse plus voir la petite muette. Un silence embarrassant envahit la pièce jusqu'à ce que le Démon aux cheveux d'argent intervienne :

— Oh, donc c'est elle, la pyromane ? J'aime beaucoup.

Khaul m'attrape par le bras et fait de même avec Pandora. Il nous attire dans le couloir et ferme la porte de la salle de bains. De cette façon, Drew peut finir de se préparer.

— Elle a entendu notre discussion, déclare Pandora en s'adressant à mon colocataire. Est-ce que tu veux que je la fasse taire ?

Bien que la question ne me soit pas adressée, je ne peux pas m'empêcher d'intervenir :

— Quoi ? Non ! Ne la tue pas.

— Je ne la tuerai pas. Il y a plein de manières différentes de faire taire une personne, tu le sais, ça ? Et j'ai déjà des tas d'idées excitantes en tête, rétorque le Démon aux cheveux d'argent.

J'en ai la chair de poule. Pandora n'a pas un physique aussi terrifiant qu'Eliodas. En revanche, dès qu'il commence à parler et à dire le fond de sa pensée, il ressemble réellement à un monstre.

— Ne fais rien. Elle aurait été au courant dans tous les cas, affirme Khaul.

— Tu comptes le dire à tous tes colocataires ? se moque Pandora en pouffant de rire.

— Attendez, mais de quoi est-ce que vous parlez ? déclaré-je, troublé.

— Je te dirai au moment venu, annonce Khaul.

— Intéressant. Pas sûr que mon frère soit ravi d'apprendre que tes stupides colocataires soit au courant.

Le frère de Pandora n'est pas un homme ordinaire, c'est un démon. Il fait partie des Sept et, dans le classement des démons les plus redoutables, Xercès occupe la deuxième place, surpassant ainsi Eliodas. Contrairement à son frère, Xercès est calme. Il est robuste, terrifiant et menaçant. Les seules choses qu'ils ont en commun, ce sont leurs cheveux blancs comme la neige et leur peau d'une pâleur extrême. Xercès a des cheveux beaucoup plus longs et des épaules bien plus larges. Je me sens comme une petite fourmi à ses côtés.

— Viens, j'ai encore quelques questions concernant Zanner et ton frère, suggère Khaul à Pandora.

J'émets un hoquet de surprise. Le simple fait d'entendre le nom de Zanner me rend nerveux, car ce n'est pas un démon ordinaire. C'est le plus mystérieux et le plus terrifiant des Sept. Il est en première position. Même les autres démons redoutent cet homme. Pour ma part, je ne connais pas grand-chose de lui.

Khaul n'est pas le genre de personne à raconter la vie de ses démons. Il a toujours été discret à leur sujet.

Je décide donc d'être silencieux alors qu'ils marchent vers la chambre du petit prince, me laissant ainsi seul au beau milieu du couloir. Je m'assois contre la porte de ma chambre en attendant que Drew sorte de la salle de bains. Il faut une bonne vingtaine de minutes pour qu'elle sorte sa petite tête. Lorsqu'elle me voit, elle sursaute immédiatement. Elle voulait sûrement s'assurer que le couloir était vide avant de sortir.

— Il n'y a que moi. Pandora et Khaul sont dans la chambre, lui dis-je en étant amusé par sa réaction.

La petite muette paraît soulagée. Elle s'avance vers moi, mais ses pas sont lents, marquant une certaine réticence, et son regard est fuyant. Elle n'ose pas me regarder dans les yeux.

Je tente donc de lui remonter le moral :

— Ne t'inquiète pas ! Ça arrive ! J'ai déjà été dans la même situation que toi. Je me suis retrouvé tout nu, mais devant une trentaine de personnes. C'était pour les cinquante ans de ma mère. Je dois avouer que j'avais un peu abusé sur la tequila. Mais chut, n'en parle à personne, c'est un secret.

Drew réprime un sourire timide.

— Pour te remonter le moral, j'ai une bonne nouvelle pour toi ! J'ai trouvé une cliente pour notre petit business. Elle recherche une dessinatrice pour réaliser une bande dessinée en ligne.

Dans la maison, Drew et moi sommes les seules personnes qui ne travaillent pas. Khaul est directeur financier dans l'une des filiales de son père, Douglas passe des auditions pour devenir acteur et Alaric est livreur indépendant. Nous avons donc commencé une collaboration pour combler le vide de nos journées. J'ai eu beaucoup de mal à trouver des clients fiables, c'est donc avec une grande fierté que je lui annonce cette bonne nouvelle. Drew se dirige avec empressement vers sa chambre pour saisir son bloc-notes et écrire quelques mots : « *Une bande dessinée, vraiment ? J'adore ça ! Quelle est l'intrigue ?* »

— Parfait, alors ! L'histoire tourne autour de la romance, avec un peu de fantastique. La cliente serait libre dans la semaine pour nous en dire davantage.

Drew gribouille sur son carnet et me le montre aussitôt : « *Comment est-ce qu'elle s'appelle ?* »

— Avery Eastwood.

La petite muette a l'air troublée. Ce n'est pas étonnant puisque ce nom de famille n'est pas inconnu.

— Oui, c'est la grande sœur de Khaul.

CHAPITRE 13

DREW

Un mois s'est écoulé depuis que ma mère et mon beau-père ont commencé leur voyage aux quatre coins du monde et, durant cet intervalle, Douglas et moi n'avons jamais eu une seule conversation approfondie. Dès que nous sommes seuls dans la même pièce, soit nous sommes interrompus, soit mon frère s'échappe en prétextant un empêchement. Il ne paraît pas emballé à l'idée de passer du temps avec moi. J'ai l'impression qu'il s'ennuie à mes côtés. Je m'accroche cependant à l'espoir que les choses s'améliorent entre nous, même si je sais que je ne devrais pas m'investir autant. Quand cette colocation sera finie, je n'aurai plus l'occasion de le voir aussi souvent.

— Est-ce que tu m'écoutes au moins ? je lui demande, alors que Douglas se lève de son lit.

— Oui, oui.

Il ment, c'est évident. Il est tellement scotché à son portable qu'il ne me prête aucune attention. Une boule de frustration se coince dans ma gorge. J'ai envie de lui crier dessus, mais je ne veux pas qu'il parte. Il me reste tant de choses à lui dire.

— Tu parles à ta copine ? insisté-je en supposant qu'il envoie des SMS.

— Non.

Il lève les yeux vers moi et poursuit :

— Je parle à Orlando.

— Orlando... ?

Le choc est brutal.

Jamais je n'aurais imaginé qu'il puisse prononcer ce prénom à haute voix comme si de rien n'était. Orlando est un monstre. Il a été la source de tous nos ennuis. Bien que Douglas ne connaisse pas tous les détails, il n'ignore pas totalement la situation. Il sait qu'Orlando a déjà levé la main sur ma sœur et moi, qu'il nous a humiliées et insultées à maintes reprises. Il était présent durant toutes les vacances scolaires pour en témoigner. Dès que le nom de mon ex-beau-père résonne, une vague de colère m'envahit.

— Je vais aller manger au restaurant avec lui, signale Douglas avec une nonchalance qui me désespère.

— Tu y vas ce soir ?

— Ouais, me répond-il simplement.

Ma déception est à son apogée. Orlando est en train de manipuler Douglas, c'est ce qu'il fait de mieux. Je suis persuadée qu'il essaye de me faire passer pour la méchante. Orlando sait parfaitement comment amadouer mon frère. Il le prend toujours par les sentiments.

— Mais... tout le monde est dans le jardin pour préparer un barbecue.

— Et alors ? s'indigne-t-il en me dévisageant, comme si je venais de dire des mots insensés. Ce n'est pas parce que je ne suis pas là qu'ils vont annuler leur barbecue.

— Je sais, mais...

— Tu as d'autres choses à me dire avant que je parte ?

Bien sûr que oui. Des tas de choses.

Je pourrais commencer à lui parler de mon travail avec une cliente et lui annoncer que le projet se passe bien. Je pourrais également lui dire que nos parents sont récemment tombés malades à cause d'un moustique et qu'Orlando m'a envoyé un message pour me dire qu'il était en ville. Je pourrais ajouter que ces derniers temps, Pandora nous rend régulièrement visite, et qu'il ne manque aucune occasion pour me faire des avances.

Mais aucun son ne sort de ma bouche. J'essaye d'imaginer les réactions qu'il pourrait avoir et une part de moi est persuadée qu'il le prendrait mal à chaque fois.

— Tu n'as rien à me dire ? renchérit-il.

— Si ! J'ai quelque à dire, euh... Orlando est un... connard. Il va essayer de te retourner le cerveau et...

— Depuis quand tu dis des insultes ? s'indigne-t-il.

— Il a essayé de reprendre contact avec moi et il a été étrange.

— OK, d'accord. Et qu'est-ce qu'il t'a dit ?

— Qu'il était de retour en ville.

Douglas éclate de rire, sous mon regard déboussolé. Il est vrai que, d'un certain point de vue, le message d'Orlando n'était peut-être pas si étrange. Mais je l'ai ressenti autrement, son message sonnait comme une menace. J'avais l'impression qu'il me mettait en garde pour que je sois prête quand on se reverra. Orlando ne m'aurait jamais envoyé un message dépourvu de sous-entendus. Il n'est pas comme ça.

— Tu plaisantes ? se moque mon frère.

Je grimace. Douglas soupire et me fixe un instant avant de quitter la chambre. Je tente donc de le stopper afin de clarifier ce malentendu :

— Attends !

Mais, évidemment, Douglas ne s'arrête pas sur sa lancée. Je me dépêche de le rejoindre dans le couloir et c'est ainsi que je découvre que nous ne sommes pas seuls. Khaulder est là, une veste dans les bras, et je présume qu'il était sur le point de rejoindre les garçons dans le jardin.

Je suis bouche bée. Forcément, Khaulder a entendu le son de ma voix. Douglas n'a pas l'air aussi paniqué que moi. Mon frère m'observe pendant que je tente de trouver une excuse plausible.

— Il sait que tu n'es pas muette. Il le sait depuis toujours, souffle Douglas.

— Ah bon ?

Khaulder sourit et secoue la tête :

— Exact, et je viens aussi de vous entendre parler. Je ne sais pas comment les autres font pour ne pas remarquer ça.

— Ils sont débiles, crache Douglas.

— Peut-être, réplique Khaulder avant de reprendre la parole. Mais en attendant, celui qui va dîner avec Orlando, c'est toi. Donc, tu es certainement le plus débile de tous.

— Tu recommences avec ça ? Laisse-moi tranquille.

— Fais ce que tu veux. Je m'en fiche.

— Encore heureux que je puisse faire ce que je veux ! affirme Douglas.

La tension monte entre eux. Je les observe en silence pendant que Khaulder s'approche dangereusement de mon frère :

— Je t'aurai quand même prévenu.

— Tu prévois d'envoyer tes démons pour enquêter sur Orlando ? demande mon frère.

— C'est une bonne idée, ça. Pourquoi pas ? sourit Khaulder.

Douglas paraît agacé. Il contracte la mâchoire, mais ne dit rien. Il quitte le couloir en bousculant notre colocataire, me laissant ainsi seule avec lui. Les yeux noirs de Khaulder me fixent. J'ai l'impression de contempler un mur d'acier inébranlable. Il marque un long silence avant de prendre la parole :

— Je ne le dirai à personne.

— Ah ?

Les mots me manquent. Je n'aurais jamais cru qu'il m'adresserait la parole. Il s'approche et me susurre à l'oreille, son souffle chaud s'écrasant contre mon cou :

— Je ne le dirai à personne que tu n'es pas muette.

— Merci... vraiment.

Chaque mot que je prononce paraît terriblement maladroit. Il doit sûrement penser que je ne sais pas aligner deux mots correctement.

— Merci à toi de n'avoir rien dit aux autres à propos des BlackPills. Je leur dirai tout demain et... c'est peut-être un peu tard pour ça, mais je suis désolé pour Eliodas, me souffle-t-il tandis que son parfum enivre mes narines.

— Ah, mais... Pas de soucis ! Aucun problème ! Ne sois pas désolé ! dis-je en perdant tous mes moyens.

Il est si proche que je me sens obligée de reculer d'un pas. Ma réaction a l'air de l'amuser puisqu'il arbore un sourire en coin.

— Drew ! Viens m'aider ! hurle Ernest depuis la cuisine.

Je ravale ma salive et m'empresse de descendre les escaliers. Khaulder ne tarde pas à me suivre de près. Mes pensées fusent, ce n'est pas bon pour ma santé mentale.

Je rejoins Ernest dans la cuisine et observe Khaulder du coin de l'œil, celui-ci donne la veste qu'il tenait à Ernest avant de partir dans le jardin pour tenir compagnie à Chad, Hyder et Alaric.

— J'ai besoin que tu m'aides à faire les brochettes, me dit Ernest.

Je secoue la tête et me dirige vers l'évier pour me laver les mains. Puis, je me retourne vers Ernest afin qu'il m'explique les tâches à exécuter.

Alors que je commence à retrousser mes manches, mon portable vibre. Un message attire mon attention :

| Numéro inconnu – 19 : 27 | Ajoute-moi en contact. C'est moi, Pandora. Ton âme sœur.

— Pourquoi tu fais cette tête ? m'interroge Ernest.

Je lui montre aussitôt le message. Ses yeux s'écarquillent. Il est aussi perdu que moi. Depuis qu'il m'a vue, dans la salle de bains, Pandora vient presque tous les jours à la maison. La plupart du temps, Ernest débarque dans ma chambre pour qu'on puisse se cacher ensemble dans un placard. Mais, quand Pandora arrive à l'improviste, celui-ci n'arrête pas de me dévisager et de me dire des choses étranges. Je n'ai pas encore eu l'occasion d'en parler à Douglas. Je comptais d'ailleurs le faire, mais il ne m'en a pas laissé le temps. Et puis, de toute manière, je doute que mon frère puisse faire grand-chose face à un démon.

— Comment est-ce qu'il a eu ton numéro ? s'exclame Ernest.

Il marque un bon point. Je n'en ai pas la moindre idée.

— Il y a un problème ? demande Hyder en s'approchant de nous.

Alors qu'Ernest s'apprête à répondre, une voix surgit de nulle part :

— Tu n'arrives pas à m'ajouter en contact ?

Pandora est là, derrière Hyder, en chair et en os. Je sursaute et secoue la tête pour lui faire comprendre que je compte bien l'inscrire parmi mes contacts. Il m'adresse ainsi un sourire satisfait. Ernest, pendant ce temps, est en train de saigner du nez. Je tente de l'aider en lui donnant des mouchoirs.

Il a fallu seulement cinq secondes pour que la situation devienne chaotique.

— Pandora, qu'est-ce que tu lui as encore fait ? Je te laisse à peine une seconde avec lui et il est déjà en train de saigner du nez. Sérieusement ? lance Khaulder en roulant des yeux.

— Promis, je n'ai rien fait.

D'un geste furtif, le Démon aux cheveux d'argent me sourit de toutes ses dents. Je crois qu'aucun sourire ne m'a jamais paru aussi terrifiant. Il ressemble à un vampire assoiffé de sang. Je recule d'un pas et me cache derrière Ernest.

— Tiens, la voiture est garée près du tronc d'arbre. J'ai fait le plein d'essence ce matin, déclare Khaulder avant de tendre des clés au démon.

— Merci ! Je te revaudrai ça.

— Au fait, tu veux manger avec nous ? On fait un barbecue.

Pitié, faites qu'il dise non.

Pandora me lance un rapide regard et se concentre à nouveau sur Khaulder. Les émotions bouillonnent dans mon ventre. Je n'ai aucune envie de passer une soirée avec cet homme. Il me terrifie.

— Désolé. J'aurais bien aimé, mais Eliodas m'attend dehors.

Pandora m'examine et je ressens un malaise grandissant. Il remercie une dernière fois Khaulder avant de quitter définitivement la maison. La peur m'assèche la gorge. J'essaye de me vider l'esprit en préparant des brochettes de viande, mais je suis interrompue par mon portable qui vibre à nouveau :

| Pandora – 19 : 35 | Ne parle pas de moi à tes colocataires, et encore moins à Khaul. Tout ce qui se passe entre toi et moi doit rester un secret, d'accord ?

CHAPITRE 14

ALARIC

La dernière fois que j'ai eu un plâtre remonte à mes années lycée, et disons que ce n'était pas la meilleure des expériences.

Je sais que c'est difficile à croire, mais je n'ai pas toujours été aussi beau. Il fut un temps où mon physique était la cible de moqueries, car j'étais mignon, mais potelé. Les gens que je côtoyais à l'école se fichaient royalement de mon magnifique visage. Ils étaient tellement obsédés par mon ventre et mes poignées d'amour qu'ils me jugeaient seulement sur ces critères. J'ai voulu me défendre, et ces enfoirés m'ont attendu à la sortie pour me tabasser jusqu'au sang.

La boxe m'a permis de perdre du poids et de prendre confiance en moi, c'est aussi pour cette raison que j'affectionne autant ce sport. Maintenant que je ne peux plus combattre, j'ai l'impression d'avoir perdu une partie de moi, comme si je n'étais plus que l'ombre de moi-même.

Le bon côté des choses, c'est qu'avec ce plâtre, je ne peux plus aller au travail. Il m'est donc possible de rester affalé sur le canapé à regarder la télévision, comme le font si bien Ernest, Douglas et Drew. C'est d'ailleurs ce qu'on est en train de faire en ce moment même avant que Khaulder débarque et décide de mettre en pause notre film.

— Attends, attends ! On est quasiment à la fin du film ! s'exclame Ernest en essayant de récupérer la télécommande.

— J'ai un problème... Et vous allez aussi en avoir un. Désolé..., nous annonce Khaulder en levant la télécommande pour empêcher Ernest de la lui reprendre.

Je fronce les sourcils tandis que Drew se redresse avec les yeux rivés sur le grand brun. Elle a le regard pétillant.

— Un problème ? Quel problème ? répété-je.

— Oh, non... Ne me dis pas que Pandora vient habiter chez nous, s'écrie Douglas.

Il est vrai que Pandora n'a jamais été aussi présent que ces derniers temps. On le voit presque tous les jours, c'est suffocant à la longue. Heureusement, ce démon n'est pas agressif, ce n'est pas le pire du clan. En revanche, sa façon de nous regarder m'insupporte avec son air hautain scotché sur le visage.

Lorsque Drew entend les paroles de son frère, elle s'empresse de se lever du canapé pour faire des grands gestes. De toute évidence, elle ne veut vraiment pas que Pandora dorme à la maison.

— Non, non. Pas du tout, répond Khaulder en fronçant les sourcils. Pandora n'a rien à voir avec ça.

— Bah, ça va alors ! Tout va bien, souffle Ernest avant de s'avachir sur le canapé.

— J'ai cru que j'allais faire une crise cardiaque, dis-je avec la main contre le torse.

La tension redescend d'un cran. Le visage de chacun se relaxe jusqu'à ce que Khaulder nous avoue tout :

— Je vais être pourchassé par des mercenaires.

Un silence de plomb envahit la pièce. Mon cœur s'emballe aussitôt.

— Tu plaisantes ? rétorque Douglas.

— J'ai une tête à plaisanter ? grogne Khaulder.

J'écarquille les yeux, horrifié :

— Comment est-ce possible ?

Le grand brun marque une pause, comme pour chercher ses mots. Il se racle la gorge sous nos regards ébahis.

— J'ai des infos sur ce qu'on appelle les BlackPills.

— Les BlackPills ?

— Surtout, n'en parlez à personne, insiste Khaulder avant de reprendre la parole. Les BlackPills sont des pilules permettant de guérir des maladies incurables. Les effets sont immédiats.

— Pourquoi est-ce que tu nous parles de ça ? Tu veux en acheter ? demande Ernest.

— Non, non, jamais ! répond-il.

Khaulder poursuit son explication pendant que j'essaye de connecter mes neurones :

— Les BlackPills ont beaucoup d'effets secondaires et ne fonctionnent qu'une fois sur cent. Les gens qui réussissent à en consommer sans mourir deviennent des… monstres.

Les yeux d'Ernest s'écarquillent aussitôt, c'est comme s'il venait d'avoir une révélation. Avant même qu'il ait le temps de prendre la parole, Khaulder le devance en faisant référence aux Sept Démons :

— Je sais à quoi tu penses, et non ! Ils n'ont jamais pris de BlackPills.

— Tu mens comme tu respires !

— Zanner et Marco ne comptent pas. Ils ont consommé une autre variété de BlackPills.

— Ah ! s'écrie Ernest, surpris de ne pas avoir entièrement tort.

— Ne répétez à personne ce que je viens de dire, c'est très important, renchérit Khaulder.

Ses yeux s'arrêtent sur Drew qui le fixe avec attention. Elle acquiesce vigoureusement. Ils se regardent un instant, comme s'ils essayaient de communiquer par télépathie, avant que je décide de couper court à leur moment de contemplation :

— Pourquoi est-ce que c'est confidentiel ?

— Parce que certaines personnes sont prêtes à tuer pour avoir des infos sur les BlackPills et… disons que je connais bien plus de choses que je le devrais. Des mercenaires vont bientôt rôder autour de la maison. Ils attendent qu'on ne soit plus sous la protection de Zanner.

— Mais comment est-ce que tu sais tout ça ?

— Je connais la personne qui a la recette des BlackPills, c'est un ami de Marco, répond Khaulder.

Évidemment, cette histoire devait forcément avoir un rapport avec les Sept Démons. Ils ont toujours été une source de problèmes, pourtant Khaulder continue de les fréquenter au quotidien. Les choses auraient été tellement plus simples s'ils n'existaient pas.

— Et les mercenaires, on doit les tuer ? l'interroge Ernest.

Drew tente de participer à la conversation en secouant les mains pour partager son désaccord.

— Attendez, on n'est pas des meurtriers ! J'ai pas envie de tuer quelqu'un, moi ! vocifère Douglas.

— On ne les tuera pas, affirme Khaulder.

— Et pourquoi pas ? grommelle Ernest.

— Tuer un mercenaire ne résoudrait rien. Ils en enverront un autre. Pour l'instant, le plan est de rester discrets, car ils attendent d'être certains que Zanner ne nous protège plus pour passer à l'attaque. Si on garde le secret jusqu'au bout, peut-être qu'ils partiront en pensant qu'on ne sait rien.

Si cela ne tenait qu'à moi, j'aurais sûrement attaqué les mercenaires pour les dissuader de se frotter à nous. Néanmoins, avec mon satané plâtre, c'est assez compliqué de faire pression. Je ne suis pas d'accord avec les idées de Khaulder, ça c'est certain, mais je ne suis pas en état de riposter. Je reste donc silencieux pendant qu'il part dans la cuisine pour attraper ses clés.

— Qu'est-ce que tu fais ? demande Ernest.

— Je vais acheter de nouvelles caméras de surveillance pour le jardin. Je veux éviter au maximum les angles morts.

— Je veux venir ! s'écrient Douglas et Ernest en même temps.

Drew saute pour gribouiller des notes :

« *Est-ce que je peux venir aussi ?* »

— Oui, bien sûr, déclare Khaulder en souriant. Tu veux venir avec nous, Alaric ?

— Non, ça ira.

De toute évidence, aucun d'eux n'est rassuré à l'idée de rester seul à la maison. De mon côté, cela m'est égal. Je ne crains pas les mercenaires.

— T'en es sûr ? renchérit Khaulder.

— Oui.

Lorsque tous mes colocataires quittent la maison, je décide de faire une sieste. Le canapé est tellement confortable que je n'ai aucun mal à m'endormir profondément. Je finis par me réveiller au bout d'une vingtaine de minutes avec une folle envie de boire.

Je me relève donc et me dirige vers la cuisine. Je tente également de charger mon portable, en vain. Jusqu'à présent, nous n'avons jamais eu de coupure d'électricité sauf quand Zanner débarque à l'improviste. Il trouve toujours un moyen de faire des entrées théâtrales dans l'obscurité de la nuit. Ce démon est le plus charismatique de tous.

Comme c'est toujours Khaulder qui s'en occupe, je ne sais même pas où je suis censé aller pour réparer cette panne. Je n'ai que cinq pour cent de batterie, ce n'est pas assez pour appeler qui que ce soit.

Je commence à faire les cent pas dans la maison, à la recherche d'une notice susceptible de m'aider à résoudre ce problème d'électricité, mon regard s'arrête sur la fenêtre, et plus précisément sur un homme devant notre portail. Qu'est-ce qu'il fout devant chez nous ? J'attrape une bombe lacrymogène et la place dans la poche de mon pantalon, puis je sors de la maison afin de m'avancer jusqu'à lui.

— Bonjour, lance-t-il.

Il n'est pas ce qu'on qualifierait de séduisant. Son visage est marqué par les aléas de la vie, avec des traits irréguliers et des rides. Son front est bas, ses sourcils sont épais et broussailleux, et son nez est un peu trop grand pour son visage. Ses lèvres sont minces et donnent l'impression qu'il est préoccupé ou mécontent. Sa chevelure, quant à elle, est grisonnante et en désordre, comme s'il n'avait pas pris la peine de se coiffer depuis plusieurs jours.

Ce n'est pas un mercenaire – ça, c'est certain.

— Vous êtes qui ?

— Je suis l'électricien. M. Wheeler ne vous a pas prévenu de ma venue ? se présente-t-il.

Mes yeux s'arrêtent sur sa mallette remplie d'outils et je maudis intérieurement Douglas de ne pas m'avoir tenu au courant. Maintenant, je comprends pourquoi l'électricité ne fonctionne plus.

— Je suis là pour la coupure d'électricité, me lance-t-il pendant que je le scrute en silence.

— Vous pouvez la réparer ?

— Évidemment, c'est mon travail, m'assure-t-il avant de reprendre. Vous pouvez me laisser entrer ?

— Euh, oui. Attendez.

Je lui ouvre le portail afin qu'il puisse entrer. Le technicien attrape sa mallette et inspecte les alentours avec attention.

— J'aurais besoin de vérifier les branchements de la télévision, c'est souvent la source des coupures d'électricité.

— Venez, suivez-moi.

L'électricien me suit de près, et je suis envahi par une odeur nauséabonde qui émane de sa personne. Oh mon Dieu ! Il sent comme les flatulences d'Ernest, c'est vraiment horrible. Je lui indique la télévision d'un geste de la main avant de reculer légèrement pour maintenir une distance de sécurité. Au début, je garde un œil attentif sur ses faits et gestes, mais je finis par me lasser de contempler un homme aussi repoussant. Je décide donc de m'éloigner et je me dirige vers la cuisine pour me préparer un encas.

Douglas a une petite cachette pour ses barres chocolatées ; ce qu'il ignore, c'est que je l'ai découverte il y a bien longtemps.

Après une vingtaine de minutes, l'électricien m'annonce une bonne nouvelle :

— Ça y est, c'est réglé !

Il appuie sur l'interrupteur afin de me prouver que la panne d'électricité a bien été réparée.

— Parfait, merci. Comment est-ce que je dois vous régler ?

— Non, pas besoin. Tout a déjà été fait sur Internet.

— Oh, d'accord.

— Est-ce que je peux utiliser vos toilettes ?

J'hésite quelques instants avant de répondre. Khaulder ne serait pas ravi à l'idée qu'un inconnu utilise nos toilettes, mais je me sens redevable. Bien que sa tête me donne des frissons, cet homme vient quand même de réparer notre panne d'électricité. Tant que Khaulder n'est pas au courant, tout ira bien.

— Bien sûr. À l'étage, première porte à gauche.

Son sourire étrange persiste alors qu'il quitte la pièce, emportant sa mallette avec lui.

L'homme finit par redescendre quelques minutes plus tard et je le raccompagne jusqu'au portail. Il scrute les lieux avec une attention particulière, comme s'il voulait acheter la maison. Je lui fais signe de quitter la propriété, espérant qu'il cesse d'inspecter notre jardin, et c'est ce qu'il fait.

Je m'apprête à partir quand l'homme prend une dernière fois la parole :

— Au revoir, Alaric.

Cette phrase me laisse perplexe, je suis certain de ne pas avoir prononcé mon prénom.

CHAPITRE 15

KHAULDER

Le lendemain

Les éclairs martèlent le ciel. Le son de la pluie frappant contre la carrosserie adoucit la brutalité du tonnerre. J'ai l'impression que le temps s'est arrêté et que cette journée n'était qu'un rêve. Je n'ai pas la force de sortir de ma voiture, c'est comme si une part de moi ne voulait pas faire face à la réalité. Je reste donc assis, en silence, à me rappeler les derniers souvenirs que j'ai partagés avec mon père.

Je n'arrive toujours pas à croire qu'il soit mort. J'ai attendu ce jour pendant si longtemps. Tout se bouscule dans ma tête. Je me suis toujours dit que je me sentirais libre le jour où son cœur s'arrêterait de battre. Mais la sensation que je ressens n'est ni douce, ni agréable ; elle est douloureuse et amère.

James était pourtant loin d'être un père modèle.

Il a toujours cherché à me rendre irréprochable, me privant de tout, et transformant ma vie en cauchemar. Il était tellement obsédé par l'idée d'avoir un fils parfait qu'il avait décidé, avant même que je naisse, que je deviendrais une figure masculine idéale et que je travaillerais dans son entreprise. Mon enfance se résume à des séances de révisions et des entraînements physiques éprouvants. Je ne me souviens que très peu des moments heureux de mon enfance. Je n'étais pas autorisé à sortir en dehors des cours, ni à avoir des amis. Si je tentais de lui désobéir, il s'en prenait à ma mère, car à ses yeux, elle représentait la cause de toutes mes erreurs. James refusait de penser que son éducation n'était pas parfaite. Il était doté d'un narcissisme hors du commun. C'est par l'intermédiaire de ma mère que mon chemin a croisé celui de Zanner, un de mes plus précieux amis. Il m'a pris sous son aile en m'aidant à enfreindre les règles. Il était là quand mon père a jeté les cendres de ma mère dans les toilettes de notre maison. Il était là aussi pour ramasser ce qui restait des cendres pour les mettre dans une petite fiole.

La seule raison pour laquelle James a voulu renouer les liens avec moi, c'était son testament. Il savait que sa santé était fragile et qu'il n'en avait plus pour longtemps. Tout ce qu'il souhaitait, c'était que je sois son unique héritier afin que ma sœur aînée ne reçoive pas grand-chose à sa mort. James n'a jamais aimé Avery ; selon lui, elle était trop incontrôlable et le fait qu'elle s'était fiancée à un homme de la classe ouvrière n'avait pas arrangé les choses.

Alors que je me morfonds, quelqu'un toque à ma vitre. C'est Ernest. Il m'adresse un regard interrogateur et me fait de grands gestes avec sa main. Je sors du véhicule pendant qu'il s'empresse de mettre son parapluie au-dessus de ma tête.

— Comment ça s'est passé ? me demande-t-il.

— Ils m'ont demandé d'identifier son corps. Et c'était bien lui.

Ernest déglutit et m'accompagne jusqu'au perron menant à la porte d'entrée. Lorsque je m'apprête à pénétrer dans la maison, celui-ci me bloque le passage.

— Qu'est-ce qu'il y a ?

— Eh bien… Avant que tu fasses un pas dans le salon, il faut que tu saches que ta sœur est là, avoue-t-il en souriant nerveusement.

Je roule des yeux et souffle un bon coup. Depuis qu'on est petits, Avery et moi avons toujours eu une relation compliquée. On passe beaucoup de temps à se chamailler sans raison. Étant donné qu'elle est l'aînée de la famille, Avery me traite comme un enfant, et je déteste ça.

— Pourquoi est-ce qu'elle est là ?

— Elle travaille avec Drew sur sa bande dessinée, elle trouve que c'est plus pratique de le faire en face à face, me répond Ernest.

J'acquiesce et le contourne afin d'entrer dans la maison. Dès l'instant où mon pied touche une marche d'escalier, ma sœur m'interrompt dans ma lancée :

— Non, mais j'hallucine ! C'est quoi ces mauvaises manières ? Fais un effort pour nous dire bonsoir !

Je m'y attendais ! Cette femme remarque absolument tout. Je roule des yeux et fais marche arrière. Avery se tient debout, un verre à la main, tandis que Drew est assise par terre devant la table basse, en train de dessiner quelques planches.

— Salut.

Drew incline timidement sa tête en guise de réponse. Elle m'adresse un sourire qui fait battre mon cœur un peu plus vite. Avery, quant à elle, n'a pas l'air d'être satisfaite de ma salutation puisqu'elle m'empêche à nouveau de fuir.

— Alors, c'était bien lui ?

— Oui, son visage était défiguré à cause de son accident de voiture, mais c'était bien lui.

— Oh... Je vois.

Les larmes montent aux yeux d'Avery. Elle cligne des yeux à plusieurs reprises, essayant de les retenir, mais une larme parvient à s'échapper et à couler le long de sa joue. Sa réaction me fend le cœur. J'aurais souhaité lui envoyer un message plutôt que d'assister à sa tristesse.

Dans son testament, James a demandé à ce qu'elle ne vienne pas à son enterrement. Tout au long de sa vie, notre père a eu la fâcheuse tendance à critiquer tout ce qu'elle faisait, rien n'était assez bien pour lui. Elle était prête à tout pour obtenir son amour, allant même jusqu'à rompre avec son fiancé pour le satisfaire. Mais, malgré tous ses efforts, notre père a fini par la dénigrer totalement. Je l'ai souvent surpris à dire à ses collaborateurs qu'il n'avait qu'un seul enfant. Avery en a beaucoup souffert.

— Je peux essayer de négocier pour que tu puisses venir à son enterrement.

— Non, ça ira, m'assure-t-elle en prenant de profondes inspirations.

— J'arrive au mauvais moment ? intervient Pandora en débarquant de nulle part.

Ernest sursaute et me fixe avec un air apeuré. Il commence déjà à saigner du nez, c'est presque automatique. J'aurais peut-être dû demander à Pandora de me rejoindre dans un endroit différent, loin de mes colocataires. Aucun d'eux n'a l'air de s'habituer à sa présence. Drew paraît également effrayée. Ses yeux bleus me fixent avec une intensité qui me trouble.

— C'est bien la première fois que je rencontre un des Sept Démons, lance ma sœur aînée.

Forcément, il a fallu qu'Ernest lui parle des Sept Démons, c'est plus fort que lui. Je serre les dents avant de le fusiller du regard.

— Je fais partie des Sept Démons ? Ah bon ? s'étonne Pandora.

— Ouais, c'est un nom débile que mes colocs ont trouvé. Eliodas, Zanner et ton frère en font partie eux aussi.

Pandora éclate de rire. Je le tire jusqu'à ma chambre afin que son rire démoniaque ne les terrorise pas tous. Au vu de leurs regards de détresse, Ernest et Drew sont déjà assez traumatisés. Je n'ai pas envie d'en rajouter une couche.

— Maintenant que je te rends plus souvent visite, je commence vraiment à aimer tes colocataires ! s'esclaffe Pandora.

— Je ne suis pas sûr que ce soit réciproque.

— Ça le deviendra.

— Pandora… Ne les force pas à t'aimer.

— Ils m'aimeront peut-être s'ils savent ce que j'ai découvert sur Orlando. Ils verront que je suis un bon allié.

J'écarquille les yeux, sidéré par sa rapidité.

— Attends, tu as déjà fini d'enquêter sur lui ? Qu'est-ce que tu as découvert ?

— Un peu de patience, voyons ! me dit-il en posant son sac à dos sur mon lit.

Je reconnais que ce n'était pas raisonnable de ma part d'enquêter sur Orlando alors que Douglas m'a fait comprendre qu'il ne voulait pas que je m'en mêle. Mais je voulais m'assurer qu'il était devenu quelqu'un de bien, qu'il n'était plus le connard que j'avais rencontré, des années plus tôt.

Son retour soudain dans la vie des jumeaux me laisse perplexe. Ses intentions me semblent douteuses, c'est pour cette raison que j'ai demandé à Pandora et Jamaal de mener une enquête. J'ai besoin de connaître ses véritables motivations.

— Jamaal s'est faufilé chez Orlando et regarde ce qu'il a trouvé dans son appartement, tu ne vas pas en croire tes yeux.

Pandora sort une vieille boîte métallique de son sac et me la tend sous mon incompréhension la plus totale. La boîte est dans un piteux état. Une partie du couvercle est rouillée, mais je parviens tout de même à lire l'inscription qui y est gravée :

« Denver & Drew ». Je n'attends pas une seconde de plus pour en retirer le couvercle doré afin de découvrir le contenu de la boîte. Les premières choses que je vois, ce sont des photos, beaucoup de photos. Je parviens à reconnaître Drew sur certaines. Elle paraît si jeune. Sa sœur se tient souvent à ses côtés, elle lui ressemble beaucoup, mais elle ne dégage pas la même aura. Drew a un visage plus fin, plus innocent.

— Plus tu avanceras dans les photos, plus ça deviendra glauque, me prévient-il.

Malgré sa mise en garde, rien n'aurait pu me préparer à ça. Les premières photos sont mignonnes, en revanche, la suite l'est beaucoup moins. C'est de la pure pédophilie.

Je laisse tomber les photos sur le lit.

— Je t'avais prévenu, affirme-t-il en voyant mon air écœuré. Il y avait aussi des culottes sales dans la boîte.

Je suis sous le choc. Comment Douglas pouvait-il ne pas le savoir ? Ce n'est pas possible. Il n'est pas aveugle. Il devait forcément s'en douter. Alors que je passe une main dans mes cheveux, Pandora me tend un petit tas de photos.

— Celles-ci ont l'air récentes.

Je les observe en détail, mais je ne comprends pas tout de suite la gravité de la situation. Les photos qu'il vient de me tendre ont été prises dans notre ruelle et devant notre portail.

— Qu'est-ce que...

— Orlando sait où vous habitez.

CHAPITRE 16

ERNEST

Chaque année, nous fêtons l'anniversaire de Chad dans le plus grand bar à cocktails de Ravenstein. L'endroit est magnifique, les filles sont canon, la musique est bonne, mais ce n'est pas suffisant pour expliquer le coût exorbitant de la tequila : trente dollars le shot, ça me donne envie de pleurer à chaque gorgée.

— Chad ne viendra pas finalement. Il est malade, annonce le petit prince Khaul en posant son portable sur la table. Hyder s'occupe de lui, il s'excuse également de ne pas pouvoir venir.

— Il est encore malade ? s'offusque Douglas.

— Qu'est-ce qu'on fait ? On ne peut pas partir tout de suite, s'exclame Alaric. J'ai invité ma demi-sœur pour qu'elle vienne, d'ailleurs, elle ne devrait pas tarder à nous rejoindre.

— Tequila ! Khaul, suis-moi !

Je marche à grandes enjambées vers le comptoir du bar central pendant que Khaul me suit avec une démarche décontractée. Je pousse quelques personnes et hausse la voix afin de commander une bouteille de tequila, quelques citrons et plusieurs verres. Le barman nous reconnaît aussitôt. Il nous salue avant de préparer notre commande aussi vite que possible. Il ne tarde pas à nous tendre un beau plateau rempli d'alcool. Khaul paye la totalité de nos boissons alors que je suis en train de sortir ma carte de crédit. Oh, mince alors, comme c'est dommage… Je m'approche de notre table pour y déposer le plateau. Drew ne peut pas s'empêcher de saliver devant l'alcool. Mais elle se ressaisit quand elle réalise que Douglas est parmi nous.

— Ça y est ! Alex est arrivée, se réjouit Alaric avant de s'éclipser pour rejoindre sa sœur adorée.

Je profite de ce moment de calme pour avaler quelques shots. Mon corps s'engourdit rapidement et ma langue devient de plus en plus pâteuse. J'ai l'impression que ma tête s'envole loin, très loin. La musique est vraiment bien. Je danse entre chaque gorgée, c'est génial. À mes côtés, Drew et Alex font connaissance. La petite muette a l'air heureuse, elle écrit beaucoup de choses sur son bloc-notes. Je ressens une certaine fierté en voyant Drew se lier d'amitié avec quelqu'un de bien.

Je m'installe aux côtés de Khaul et pose ma tête sur mes paumes de mains.

— Tu as passé une bonne journée ? je lui demande.

— J'ai connu des jours meilleurs, me répond-il simplement.

Depuis la mort de son père, il y a une semaine, Khaul multiplie les heures au bureau. Il ne rentre qu'après le dîner, nous privant ainsi de ses talents en cuisine. Ses délicieux plats nous manquent à tous. Son père demeurant un sujet tabou, je décide d'entamer une autre conversation :

— Je crois que Drew t'aime bien.

Il pouffe de rire, abasourdi.

— Tu es déjà bourré ?

— Non, même pas.

— Tu pues l'alcool à des kilomètres, renchérit-il.

— C'est mon parfum naturel.

Khaul réprime un sourire, les yeux rivés sur la foule, et boit une gorgée de sa boisson. Il contracte sa mâchoire et laisse planer un temps de pause avant de reprendre la parole :

— Je crois plutôt que c'est toi qu'elle aime bien.

— Moi ?

Je me désigne du doigt tandis qu'il se tourne dans ma direction pour acquiescer :

— Oui, toi.

J'éclate aussitôt de rire. Khaul me dévisage, comme s'il essayait de déchiffrer mes pensées. Sa réaction m'amuse. J'opte donc pour la taquinerie :

— Bah alors, tu es jaloux ?

Il roule des yeux et ne répond pas. Il sait évidemment où je veux en venir. La subtilité n'a jamais été mon fort.

— Tu viens de recevoir un message de la part de Satan, annonce-t-il pour changer de sujet.

J'éclate une nouvelle fois de rire, car ses paroles n'ont aucun sens. Il soupire et me tend mon portable. C'est ainsi que je comprends qu'il ne plaisante pas.

J'ai bien reçu un message de Satan.

| Satan – 21 :20 | Va te faire foutre, Ernest.

Bien entendu, Satan n'est autre que Maria, ma sœur cadette. Cette sorcière aimerait vivre dans la maison de Khaul pour profiter de son année sabbatique, mais j'ai refusé. Elle n'a pas l'air de l'avoir bien pris, mais ça m'est égal. Je n'ai aucune envie de vivre avec elle. Maria est un aimant à problèmes. Elle détruit tout ce qu'elle touche.

— C'est Maria, rien de sérieux.

— Je comprends mieux alors.

Khaul sait évidemment que je n'aime pas Maria. Tout le monde le sait. Je réponds à ma sœur par quelques insultes avant que Khaul m'interrompe. Il se lève si vite que mon portable m'échappe des mains.

— Qu'est-ce qu'il y a ?

— Alaric est en train de se battre, me répond-il en se précipitant sur la piste de danse.

— Quoi ? Mais il a encore son plâtre !

Je monte sur la chaise afin d'avoir une meilleure vue. Alaric est en train d'essayer de frapper un inconnu. Cependant, avec son plâtre, ses mouvements ne sont pas aussi fluides que durant ses matchs de boxe. L'inconnu parvient à riposter sans difficulté. Drew et Alex sont derrière mon stupide colocataire, et elles essayent de défendre Alaric avec leurs chaussures à talons. Aussi étonnante soit-elle, la technique des talons fonctionne à merveille puisque l'inconnu se met à reculer et gémir de douleur. Khaul intervient pour les séparer, mais c'est déjà trop tard. Les vigiles débarquent en trombe. Je prends un coup d'avance, attrape la bouteille de tequila et me dirige vers la sortie. Par chance, Douglas est déjà dehors avec une cigarette à la main.

Je décide donc de le prévenir :

— Alaric s'est battu !

— Il s'est battu avec son plâtre ? s'étonne-t-il.

Sans surprise, Alaric et Khaul sont les premiers à se faire dégager par les vigiles. Ils se font jeter dehors comme s'ils étaient des sacs à patates. Les filles sont derrière, silencieuses.

— Il a mis quelque chose dans le verre de ma sœur ! C'est ce connard que vous devriez faire partir ! vocifère Alaric, fou de rage.

— Ta gueule, blondinet !

— Eh, tu te prends pour qui ? Sale fils de...

— On s'en va, intervient Khaul en mettant sa main sur la bouche d'Alaric pour le faire taire.

— Les gars ! On est là ! Venez, s'égosille Douglas.

Ils s'avancent vers nous, avec des mines de déterrés.

— Je déteste cet endroit, grogne le boxeur. Ce n'est pas la première fois que des gens mettent de la drogue dans le verre d'Alex. Putain, ça m'énerve !

— Alaric, calme-toi... Ce n'est pas grave, tente de le rassurer sa demi-sœur.

— Bien sûr que si, c'est grave ! Il pensait sûrement que tu étais seule avec Drew. Je suis quasiment sûr qu'il comptait vous attendre à la sortie ! Je me souviens encore de sa tête. Je vais le buter !

— Non, s'il te plaît... J'ai envie de rentrer à la maison... N'essaye pas de te battre.

Alex est tremblante de peur, elle n'a aucune envie que la soirée se finisse dans un bain de sang. Si mes souvenirs ne me font pas défaut, Alex a déjà vécu une expérience similaire. Lors d'une soirée étudiante, elle avait été droguée sans s'en apercevoir. Elle n'avait pas pu réagir à temps. Elle ne se souvient plus de cette soirée, aucune de ses amies n'était avec elle, et ça la hante aujourd'hui encore. Malgré les années, Alex ne s'en est jamais vraiment remise. Elle se demande toujours ce qui a pu se passer cette nuit-là.

— D'accord, si tu veux. Douglas, est-ce que tu peux nous conduire chez mes parents ? cède Alaric.

— Je peux rentrer en bus, suggère Alex.

— Non. Je vous ramène, tranche Douglas.

Sur ces mots, nos chemins se séparent. Drew et moi allons en direction de la voiture de Khaul. L'atmosphère pesante laissée par les événements précédents me pousse à prendre l'initiative de détendre l'ambiance. Tout au long du trajet, Drew et Khaul ont ainsi le privilège de profiter de mes talents de chanteur.

Dès que nous arrivons à destination, ces deux-là se dépêchent de sortir du véhicule comme si une bombe y avait été déposée. Je les suis de près et m'oriente directement vers la cuisine. Mon corps a besoin d'une dose supplémentaire d'alcool. Khaul s'éclipse pour prendre une douche tandis que j'attrape un verre. Drew, de son côté, sort une brique de jus de fruit du réfrigérateur.

— Laisse-moi te préparer un mojito, lui dis-je en reposant son jus de fruit.

Elle hausse les sourcils, étonnée. La petite muette paraît hésitante, mais je vois bien qu'elle n'est pas contre. Il suffit de voir la façon dont elle regarde l'armoire à alcool, c'est comme moi avec la tequila.

— Ne t'inquiète pas pour Douglas. Il est chez Alaric pour le moment. Je te donnerai plein de chewing-gums avant qu'ils reviennent, poursuis-je.

Drew secoue la tête et me sourit timidement. Je sors de quoi préparer un mojito sous le regard épanoui de la muette. Je pile les glaçons, découpe quelques tranches de citron, ajoute du sucre et des feuilles de menthe dans un verre avant de verser le rhum et l'eau gazeuse. Je dois admettre que cette préparation prend bien plus de temps que prévu. Il aura fallu une dizaine de minutes pour que je tende le verre à Drew et qu'elle le savoure.

— Alors, est-ce que tu aimes ?

En guise de réponse, Drew affiche un grand sourire en levant ses deux pouces en l'air. Elle s'empresse de sortir son bloc-notes de sa poche pour m'écrire un petit mot de remerciement.

— Mais de rien ! Ça me fait plaisir.

Elle sourit de plus belle avant d'écrire à nouveau sur son bloc-notes : « *Tu as passé une bonne soirée ?* »

— Ouais, d'ailleurs on a parlé de toi avec Khaul.

Ses joues s'empourprent immédiatement. Elle écarquille les yeux et reprend son crayon pour écrire sur son carnet : « *Raconte-moi les détails !* »

— Je lui ai dit que tu l'aimais bien.

Surprise, Drew me donne une tape sur le bras. Elle met sa main devant sa bouche, l'air choquée.

— Il a ensuite sous-entendu que toi, tu m'aimais bien, poursuis-je.

Sans plus attendre, elle me répond avec une vilaine grimace.

— Pas la peine de faire cette tête ! Il n'a pas tort ! Je sais que tu m'aimes !

Elle me frappe une nouvelle fois le bras avant de rire sans faire de bruit.

— J'ai l'impression qu'il était jaloux, tu as peut-être une chance...

Forcément, Drew ne me prend pas au sérieux. Elle avale une nouvelle gorgée de son mojito, et lorsque je m'apprête à boire le mien, mon regard s'arrête sur une silhouette dans le salon : Douglas est déjà rentré.

CHAPITRE 17

ALARIC

La première fois que Khaulder m'a proposé de vivre avec lui, c'était il y a quatre ans, et je lui ai d'abord dit non sans la moindre hésitation. À l'époque, Xercès, un des Sept Démons, vivait avec eux, et je dois vous avouer que sa présence m'a tout de suite refroidi. Après quelques semaines de réflexion, je suis finalement revenu sur ma décision. Par chance, Xercès est parti au bout de huit mois. Drew a d'ailleurs récupéré sa chambre. Après tant d'années dans cette maison, il existe trois règles indispensables que j'ai retenues :

Règle n° 1 : ne jamais toucher la fiole de Khaulder.

En plus d'être un souvenir précieux et inestimable pour Khaulder, la fiole contenait les cendres de sa mère. En la détruisant, Drew n'aurait pas pu faire pire.

Règle n° 2 : ne jamais croire ce que raconte Ernest.

Tout ce qui sort de sa bouche est un mensonge.

Règle n° 3 : ne jamais proposer de l'alcool à la famille de Douglas.

Depuis que je le connais, Douglas a toujours détesté l'alcool plus que tout au monde. Il le déteste sous toutes ses formes. Je pensais qu'avec le temps, sa haine s'atténuerait, mais non. Il voit l'alcool comme un poison. Il s'est déjà disputé plusieurs fois avec Ernest et Khaulder à ce sujet. Douglas n'aime pas parler de sa famille. En revanche, celui-ci se vante souvent du fait qu'aucun Wheeler ne consomme d'alcool. Il en a toujours été fier.

Alors, lorsque son regard se pose sur Drew et qu'il réalise qu'elle a un mojito à la main, Douglas devient méconnaissable. Ernest tente de ranger sa bouteille de rhum, sans succès.

Douglas n'a pas l'air coopératif, cela ne présage rien de bon.

— Désolé, c'est ma faute, regrette le Mexicain en riant nerveusement.

Ernest s'avance pendant que je me concentre pour trouver une solution. Comment puis-je arranger les choses ? Il faut que j'appelle Kh̨aulder ; ça, c'est certain. Soudain, Douglas enfonce brutalement son poing dans la joue d'Ernest. Son geste est si violent que notre colocataire est projeté contre le canapé. Je suis sous le choc. Ernest a la joue écarlate et la lèvre ensanglantée. Même les Sept Démons n'avaient jamais osé le frapper aussi fort. De toute évidence, ce n'est pas assez pour Douglas puisqu'il continue avec un crochet du droit. Je me mets face au jumeau afin qu'il s'arrête, mais la rage que j'aperçois dans ses prunelles me cloue sur place.

Il est énervé, très énervé même.

— Dégage ! m'ordonne-t-il.

— Non.

Il saisit alors mon bras plâtré afin de le tordre dans tous les sens. Il connaît mon point faible. Je tente de résister à sa poigne, mais il m'est impossible de prendre le dessus. La noirceur de ses yeux me sidère. Il est terrifiant. Et c'est peu de le dire.

Je me libère de son emprise et recule de plusieurs pas.

— Bonzaï ! s'écrie Ernest en revenant à la charge pour s'attaquer à Douglas.

Pourquoi est-ce qu'il parle d'un arbre ? Alors que je le dévisage en grimaçant, Ernest se retrouve à nouveau projeté sur le canapé. Drew vient à la rescousse en attaquant son frère, mais ses coups sont si faibles qu'ils ne lui font aucun effet. Douglas la fusille du regard et Drew s'arrête aussitôt. Elle tremble, comme une proie à l'affût de son prédateur, et le supplie du regard pour qu'il arrête.

— Ce n'est pas la première fois que tu bois, pas vrai ? demande Douglas avec un ton tyrannique. Drew, réponds-moi !

La muette est déboussolée. Elle fait un pas en arrière lorsque son frère la réprimande comme une enfant.

— Tu m'as menti tout ce temps ? poursuit Douglas. Tu m'as regardé dans les yeux et tu as osé me mentir ? Tu n'es qu'une putain d'hypocrite ! Tout ce que tu sais faire, c'est dire à quel point je ne suis pas assez présent pour toi et mentir à tout le monde ! Dégage de chez moi !

Drew tressaille à chaque fois qu'il hausse le ton. J'ai envie d'intervenir, mais je m'abstiens. Ce sont leurs histoires de famille.

Drew est pétrifiée par ce qu'elle vient d'entendre. Ses yeux expriment une douleur insondable tandis que ses larmes perlent silencieusement le long de ses joues, dessinant ainsi des chemins sur son visage.

— Arrête de pleurer et réponds ! Dis quelque chose, putain ! grogne Douglas.

Lorsqu'il lève sa main, mon sang cesse de circuler et mon corps se fige. Drew ferme les yeux, et je m'apprête à faire de même.

Toutefois, Khaulder arrive à temps. Il donne un violent coup de pied à Douglas afin qu'il soit propulsé sur le canapé. Au vu de ses cheveux trempés et de la serviette posée sur ses épaules, j'en conclus que Khaulder vient de sortir de la douche.

Je parviens à reprendre mon souffle et à m'avancer vers eux.

— Reste en dehors de ça, s'indigne Douglas.

— Et si je n'en ai pas envie ?

— Ne me provoque pas, Khaul. Je suis énervé, là.

Le ton monte entre eux. Le grincheux serre les poings jusqu'à faire pâlir ses phalanges. Nous savons tous que, peu importe la situation, Douglas n'osera jamais lever la main sur Khaulder. D'une part, car notre cher colocataire a été le seul à lui offrir un toit quand il en avait le plus besoin. Et d'autre part, car les Sept Démons n'hésiteraient pas à lui trancher la gorge en guise de vengeance. En revanche, Khaulder est tout à fait capable de lui foutre un coup de poing. Il suffit que Douglas fasse un pas dans sa direction pour qu'il le fasse. Il se tient déjà prêt.

— Excuse-toi maintenant, poursuit Khaulder avec calme.

— Pourquoi ?

— Tu sais très bien que tu vas regretter tout ce que tu as dit. Tu as pris tes médicaments ?

Douglas marque un temps de pause. Il a l'air de s'être calmé. Il nous lance un coup d'œil avant de se concentrer à nouveau sur le grincheux. Un silence envahit la pièce pendant que leurs yeux s'affrontent en duel. Douglas finit par céder en premier. Il quitte la maison en bredouillant un simple désolé. J'ai la gorge nouée par l'amertume et la colère. Il aurait pu mieux faire, c'est vrai. Néanmoins, je dois admettre que je suis surpris. D'habitude, Douglas ne s'excuse jamais, c'est donc une première.

— Il était à deux doigts de me péter le nez ! s'écrie Ernest dès que Douglas n'est plus dans notre champ de vision.

— Attends... Quoi ? Douglas t'a frappé ? s'indigne Khaul, troublé par ce que vient de dire notre colocataire. Pourquoi a-t-il fait ça ?

Maintenant que j'y pense, Khaul n'était pas là quand Ernest et moi avons reçu des coups de la part de Douglas. Il était sous la douche. S'il était arrivé avant, la situation n'aurait sans doute pas autant déraillé. Khaulder n'aurait jamais toléré qu'on frappe Ernest de cette manière – c'est son petit chouchou. Et ça, tout le monde le sait.

— T'as raté la première partie, lui dis-je.

— J'ai servi un verre d'alcool à Drew, et Douglas m'a foutu une grosse droite, regarde ! Est-ce que c'est rouge ? Il y a une trace ? Oh, non, ne me dites pas qu'il y a une trace ! panique Ernest.

— Tu saignes de la lèvre et ta joue est légèrement rouge, rien de grave, dis-je avant de me tourner vers Khaulder afin de poursuivre le récapitulatif de la soirée. Après ça, j'ai essayé de défendre Ernest, mais Douglas a essayé de me tordre le bras, celui avec le plâtre. Drew a voulu me défendre et c'est là qu'il a commencé à partir en vrille.

— Il a fait tout ça pour un verre d'alcool ? s'offusque-t-il.

— Exact.

Khaulder paraît exaspéré. Il s'éclipse un instant pour répondre à un coup de fil pendant que Drew et Ernest partent dans la cuisine pour mettre de la glace sur la joue du Mexicain. Je décide de m'installer dans le salon et d'envoyer un message à ma sœur pour lui raconter ce qu'il vient de se passer. Alex raffole des potins, presque autant qu'Ernest. Depuis qu'elle sait qu'une fille habite chez nous, elle n'arrête pas de me demander des détails sur nos

journées. Alex est persuadée que je formerais un beau couple avec la muette, mais son avis n'est pas objectif, elle veut que je sorte avec tout le monde. Moi, j'aime les filles extraverties, avec un vrai sens de l'humour et qui ont confiance en elles. Drew n'est rien de tout ça.

— Tu parles ? Elle parle ! s'écrie Ernest en courant dans la pièce. C'est quoi ce bordel ?

— J... je ne suis pas muette.

Attendez deux minutes... La muette vient de dire qu'elle n'est pas muette. Ce n'est pas possible, mon cerveau me joue des tours. Je me lève du canapé, me frotte les yeux, et je réalise que je ne rêve pas.

Drew n'est pas muette.

Aussitôt, un cri s'échappe de mes lèvres :

— AHHHHHH !

— Qu'est-ce qu'il y a ? demande-t-elle.

— AHHHHHH !

Cette fois, Ernest est en train de crier avec moi. C'est dingue, comment est-ce qu'elle peut parler ? Je suis perdu, c'est comme si je venais de me réveiller d'une longue sieste. Ernest menace de s'évanouir sous nos yeux. En même temps, ce n'est pas étonnant, ces deux-là passaient leurs journées ensemble, et elle n'avait jamais prononcé le moindre mot. C'est de la pure trahison.

— Pourquoi vous criez ? Pandora est là ? lance Khaulder en débarquant.

— Drew ! Elle n'est pas muette ! Elle parle ! Putain, Drew ! Ce n'est que maintenant que tu me le dis ? Je croyais qu'on était connectés tous les deux !

— Désolée... s'excuse Drew en paniquant.

— Oh, s'étonne Khaulder.

Oh ? Ce n'est pas suffisant comme réaction. Il devrait être surpris comme nous, stupéfait d'apprendre une nouvelle aussi fracassante. Drew n'est pas muette, c'est surprenant, inattendu, c'est carrément la plus grande révélation de l'année !

— Tu le savais déjà ? lui demande Ernest.

Le grincheux secoue la tête et lance un regard discret à la pseudo-muette – j'ai l'impression d'être le seul dans cette maison à remarquer ce genre de détails. Ce n'est pas la première fois que ça arrive. Attention, je vous arrête tout de suite. N'allez pas penser que je les trouve mignons, c'est tout le contraire. Je trouve qu'ils forment un duo incompatible. Drew est trop fragile, trop peureuse. Khaulder ne peut pas l'apprécier, mais je dois avouer que son comportement est de plus en plus étrange vis-à-vis d'elle.

Commençons par la fameuse nuit de l'incendie : Drew s'est réveillée avec une couverture posée sur elle. Eh bien, vous ne devinerez jamais, mais j'ai découvert que Khaulder lui-même la lui avait donnée. Je peux comprendre qu'il faisait froid cette nuit-là, mais c'était censé être une punition. Il faut bien que ce soit difficile. Ensuite, dans la liste des moments suspects, nous avons le plat de saumon. Notre cher colocataire avait cuisiné ce repas spécialement pour Drew alors qu'on avait des restes de poulet dans le frigo. Et pour finir, il semble que je sois le seul à réagir quand Khaulder s'inquiète de savoir où est la pseudo-muette ou quand il l'aide dans certaines tâches : ouvrir un bocal, attraper une assiette dans le placard sans même qu'elle le demande...

La probabilité que ces deux opposés soient ensemble me donne envie de vomir mes tripes. Je les considère comme des membres de ma famille, c'est comme si on me demandait d'imaginer un frère et sa sœur ensemble – c'est écœurant. Je ferai tout mon possible pour mettre fin à ce carnage avant qu'il commence réellement.

Comme le dit si bien Ernest, je suis un *anti-Khrew*.

Mon objectif est de préserver un bon équilibre entre tous et d'éviter de ressentir un tel sentiment d'inceste.

— Non, pas du tout. Je n'étais pas au courant, se défend Khaulder.

— Tu mens ! s'exclame Ernest en le pointant du doigt.

— Ouais, peut-être un peu.

Quel connard !

Douglas a dû le mettre dans la confidence, c'est injuste. Khaulder est toujours au courant de tout, c'est agaçant, et en plus il ne partage que rarement ses découvertes.

— Mais comment ça se fait qu'il soit au courant, et pas moi ? se vexe Ernest.

— Avant qu'elle vienne à la maison, Douglas l'appelait parfois au téléphone. J'ai directement fait le lien, répond Khaulder.

Maintenant que j'y pense, Douglas a déjà appelé sa sœur une ou deux fois auparavant, et je n'avais jamais fait le lien. Comment n'y ai-je pas pensé plus tôt ? Je me sens incroyablement bête.

Il me faut une bonne heure pour digérer cette nouvelle. Ernest, quant à lui, ne tarde pas à passer à autre chose. Il propose même un karaoké à Drew afin qu'on puisse entendre davantage son timbre de voix. Bien évidemment, la pseudo-muette n'est pas enthousiaste à cette idée, mais elle s'en veut tellement d'avoir menti qu'elle finit par céder à la demande du Mexicain.

Micro en main, elle se met à chanter et Ernest la rejoint pour qu'elle ne se sente pas seule. Drew a vraiment l'air de s'amuser, elle est méconnaissable. J'ignore si ce sont ses cordes vocales qui m'envoûtent ou si c'est mon état d'ébriété, mais je trouve qu'elle est devenue beaucoup plus attirante. Sa voix est tellement douce et calme. Bien que j'aie horreur du chant, je me prête au jeu à mon tour en chantonnant avec eux. Aussi surprenant que cela puisse paraître, Khaulder ne s'éclipse pas de la soirée, restant à nos côtés jusqu'au bout pour nous applaudir au rythme de la musique.

Entre deux gorgées de gin, mon portable vibre. Je l'attrape et réalise avec étonnement que ce n'est pas le mien. Je ne reconnais pas l'écran de verrouillage.

Curieux, je clique sur le message qui vient d'apparaître sur l'écran :

| Orlando – 01 : 36 | Tu me déçois beaucoup… Tu ne devrais pas être avec tous ces garçons, mais avec moi et seulement moi. Tu es une vilaine fille. Et tu sais ce qu'on fait aux vilaines filles ?

Un nouveau message apparaît aussitôt :

| Orlando – 01 : 37 | Repose ce téléphone, Alaric.

CHAPITRE 18

DREW

Je suis devenue muette quand Denver s'est donné la mort. J'avais seize ans, et elle n'en avait que dix-huit. Bien que cet événement remonte à plusieurs années, notre famille ne s'est jamais remise de son décès. Personne ne s'y attendait. Ma sœur était persuadée que son existence n'avait aucune importance, pourtant elle a laissé derrière elle des regrets immenses et un vide permanent. Ma mère ne lui disait pas à quel point elle l'aimait, c'était une évidence pour elle, mais cela ne l'était pas forcément pour ma sœur aînée.

— Euh, Drew... m'interpelle Alaric.

Son visage est pâle comme un linge. Il s'approche de mon oreille au moment où je commence à boire une gorgée d'eau.

— Tu viens de recevoir un message d'Orlando, me murmure-t-il discrètement pour que les garçons ne nous entendent pas.

Aussitôt, je m'étouffe. Ai-je bien entendu ? Je m'empresse de prendre mon portable des mains d'Alaric. Mon cœur bat si vite que je redoute une crise d'angoisse.

Orlando.

Orlando.

Orlando.

Son prénom résonne en boucle dans ma tête telle une prière incessante et insupportable. Les contours de son visage se dessinent progressivement dans un coin de mon esprit. Une sensation, alliant la peur à la crainte, se développe dans ma poitrine.

Tels des petits suricates, Ernest et Khaulder lèvent la tête vers nous.

— Orlando… Il nous observe en ce moment même, dis-je avec la gorge nouée.

Le fait de le nommer à haute voix me procure des millions de frissons. J'ai l'impression que le monde est en train de s'écrouler sur mes épaules. Le cauchemar commence.

Orlando a attendu toutes ces années que la mesure d'éloignement prenne fin. La justice nous avait accordé six années, et pas un jour de plus.

— Quoi ?! s'égosille Ernest. On nous observe ?

— Regardez les messages qu'elle a reçus, déclare Alaric.

Surpris, Khaulder et Ernest sautent du canapé et s'avancent à toute vitesse vers nous. Je leur tends mon portable afin qu'ils puissent lire les messages douteux d'Orlando.

Ernest est le premier à réagir :

— Putain, c'est flippant ! Il est peut-être dans la maison.

— Impossible. La sirène anti-intrusion aurait retenti et les caméras de surveillance m'auraient envoyé une alerte, rétorque Khaulder en passant une main dans ses cheveux bruns. Ce connard a dû trouver une faille dans le système.

Les hypothèses fusent. Je réfléchis en essayant de me rappeler les moments que j'ai vécus aux côtés d'Orlando. Je sais qu'il est capable de faire beaucoup de choses, en revanche, escalader des murs et pirater un système de sécurité n'en font pas partie.

— Orlando a pu se faire passer pour quelqu'un d'autre afin qu'on lui ouvre, je déclare alors qu'ils sont en plein débat.

— Je ne crois pas que… commence à dire Ernest alors que Khaulder le coupe.

— Tais-toi ! Elle a peut-être raison.

— La première fois qu'Orlando a rencontré ma mère, il s'était fait passer pour un électricien.

— Eh, merde ! bredouille Alaric.

— Putain, qu'est-ce que t'as encore foutu ? hurle Ernest.

— Il avait l'uniforme, la mallette, la totale. J'ai cru que c'était un vrai électricien, alors je lui ai ouvert la porte… C'était il y a un peu plus d'un mois.

— Il est allé à l'étage ? demande Khaulder.

— Oui... pour aller aux toilettes. Je n'allais quand même pas le suivre.

— Mec, tu casses les couilles ! se fâche Ernest.

— Bon, il faut qu'on trouve toutes les caméras qu'il a cachées, souffle Khaulder en remontant ses manches. On se sépare pour être plus efficaces.

La maison est immense : la traque des caméras promet d'être aussi fatigante que complexe.

❖

La nuit a été courte.

Je n'ai pas réussi à avoir un seul cycle de sommeil complet. Entre la crise de nerfs de Douglas, la fin de mon mutisme, les messages d'Orlando et les caméras éparpillées dans la maison, mes pensées fusent dans tous les sens et me torturent l'esprit. Je reste donc là, allongée dans mon lit, à retracer les événements de la veille.

Au total, nous avons trouvé trois caméras dissimulées dans des objets du quotidien : deux étaient dans ma chambre, et je m'en veux terriblement de ne pas les avoir vues avant. À cause de mon manque d'attention, Orlando a pu m'espionner à sa guise pendant plus d'un mois. Il a pu voir les moments où je me changeais. Il a également pu m'observer sous différents angles, et me scruter encore et encore comme si j'étais redevenue sa petite poupée. Cette fois, ce n'est pas seulement de la honte que je ressens, mais de la colère et une envie irrésistible de vengeance.

— Khaul, s'il te plaît ! Tu ne peux pas faire ça ! supplie mon frère.

Le son de sa voix me fait bondir hors de mon lit. Douglas est rentré à la maison ? Déjà ? Après tous les coups qu'il a envoyés la veille, c'est courageux de sa part de revenir comme si de rien n'était.

Sur la pointe des pieds, je m'approche du mur qui me sépare de la chambre de Khaulder afin d'y plaquer mon oreille. Je sais que je ne devrais pas faire ça, mais je suis trop curieuse de savoir ce qu'ils se disent.

— Et pourquoi je ne pourrais pas faire ça ?

— Xercès est un putain de danger public ! s'écrie mon frère jumeau. Il ne peut pas venir vivre avec nous ! Il va tous nous tuer dès que tu auras le dos tourné !

Mon cœur rate un battement. Si ma mémoire ne me fait pas défaut, Xercès est le grand frère de Pandora. Peut-être que Pandora utilisera ce prétexte pour venir plus souvent nous rendre visite. Rien que d'y penser, j'en ai la chair de poule.

— Si vous le traitez avec respect, et pas comme un monstre, il ne vous tuera pas.

— Ça, c'est ce que tu dis ! De toute façon, toutes les chambres sont prises. Où veux-tu qu'il dorme ?

— Dans ma chambre. Sur un matelas gonflable. Problème réglé.

Le ton de la voix de Khaulder est de plus en plus glacial. Il paraît agacé par les propos de mon frère.

— Et s'il s'en prend à ma sœur ? Je te rappelle que tes démons la détestent. Ils l'appellent tous « la pyromane ».

— Xercès ne fera rien, fais-moi confiance. Il est là pour nous protéger des mercenaires. Vois-le comme notre protecteur, pas comme un ennemi à abattre.

Je ressens un léger sentiment de soulagement. Une petite voix dans ma tête prie pour que Xercès ne soit pas comme son frère. Il me semble qu'Ernest m'a confié que ces deux-là avaient des personnalités opposées.

— Mais Zanner nous protège déjà, non ?

— Non, justement. Zanner est en déplacement. Les mercenaires peuvent débarquer à tout moment.

— Quoi ? s'étonne Douglas pendant qu'un long frisson me parcourt l'échine.

Je sais que je dois arrêter de les espionner, mais je découvre tellement de choses surprenantes. Je reste bouche bée en entendant toutes ces révélations.

— Xercès dormira chez nous, fin de l'histoire, affirme Khaulder d'un ton franc et sec.

— Mais…

— Au lieu de me casser les couilles, va plutôt gérer ton putain d'Orlando ! Je te jure que s'il revient dans cette maison pour installer ses foutues caméras, je ferai en sorte que Xercès lui coupe la tête.

Je ne m'attendais pas à ce qu'ils mentionnent Orlando si brusquement dans la conversation. Heureusement que je ne mange pas de pop-corn, j'aurais pu m'étouffer avec.

— J'ai coupé les ponts avec lui… déclare Douglas. T'avais raison. C'est un connard. S'il revient, je serai aussi ravi que toi de lui couper la tête.

— Pourquoi tu as changé d'avis ?

— Au début… je croyais qu'il voulait prendre de mes nouvelles, voir comment j'allais, mais ce n'est pas pour moi qu'il est revenu… Il avait une façon étrange de parler de Drew, c'était assez dérangeant.

— C'est-à-dire ?

— Ses phrases sont devenues de plus en plus bizarres au fur et à mesure qu'il buvait. Il a commencé à la complimenter en disant qu'elle était devenue belle, qu'elle ressemblait à ma sœur aînée puis, la minute d'après, il s'est mis à dire qu'elle l'avait trahi, qu'elle était une vilaine petite poupée et qu'elle devait payer pour ce qu'elle avait fait.

— Pour ce qu'elle avait fait ? répète Khaulder.

— Apparemment, Drew aurait essayé de le tuer plusieurs fois. C'est là que j'ai eu le déclic. Si Drew a essayé de le tuer à plusieurs reprises, ça signifie forcément qu'il le mérite. Elle ne serait jamais allée aussi loin si ça n'avait pas été le cas.

En vérité, je n'ai tenté de tuer Orlando que deux fois. La première fois, c'était la nuit où Denver est morte dans les flammes de notre maison. Ce soir-là, Orlando se tenait sur le perron et criait de toutes ses forces pour que Denver revienne. J'ai profité de ce moment pour saisir son arme et lui tirer dessus, mais j'ai loupé mon coup.

La seconde tentative de meurtre a eu lieu bien plus tard. Orlando dormait paisiblement sur le canapé, j'ai alors attrapé un couteau de cuisine, et quand ma lame a glissé sur son cou, ma mère est entrée dans le salon. Orlando s'est réveillé en sursaut. Ma mère était au bord des larmes, elle me suppliait de poser le couteau et j'ai fini par me rétracter.

— Drew est dans sa chambre ? demande Douglas.

Mince. J'étais tellement perdue dans mes pensées que je n'ai pas entendu la suite de leur conversation.

— Oui. Tu veux aller la voir ? le questionne Khaulder alors que je sursaute.

— Je me sens mal à cause de ce que je lui ai balancé hier soir... J'ai été con. Je n'avais pas pris mes médicaments.

Je me précipite sous la couette afin de faire comme si je dormais. Douglas entre dans la pièce et s'approche de ma commode dans le but d'y déposer une boîte de mes chocolats préférés. Je plisse les yeux et m'étire doucement en faisant semblant de me réveiller d'une longue sieste.

— Désolé... Je ne voulais pas te réveiller, chuchote-t-il.

— Qu'est-ce que tu fais ici ?

— Je... je voulais te donner une boîte de chocolats et... euh, par rapport à ce que j'ai pu te dire hier soir... c'était méchant et totalement faux, commence-t-il à dire pendant que je me redresse. Je ne sais même pas pourquoi j'ai dit ça. C'était sous le coup de la colère, c'était bête et je regrette... énormément.

Le clair de lune éclaire une partie de son visage. Il a l'air sincère. Il s'installe sur le rebord de mon lit, avec la mâchoire crispée.

Je le regarde en silence pendant qu'il poursuit :

— J'ai été un frère merdique. Je suis désolé... J'aurais dû être plus présent. J'aurais dû te prévenir de l'existence des Sept Démons, te dire de ne jamais t'approcher de la fiole de Khaul, ou simplement rester avec toi et ne pas te laisser toute seule avec mes colocs.

Il évite mon regard comme s'il redoutait mon jugement. Douglas a toujours eu beaucoup de mal à s'excuser ou à communiquer ; sa technique habituelle consiste à faire comme si de rien n'était en espérant que les choses s'arrangent naturellement.

— Ça ne se voit pas forcément, mais je suis heureux que tu habites avec nous. Je le pense vraiment.

— Pourtant, tu n'es quasiment jamais là.

Son visage se crispe. Il tente de se défendre :

— Ce n'est pas du tout contre toi. J'ai besoin de sortir pour me sentir bien. Je n'aime pas rester à la maison, ça me frustre beaucoup. Je suis désolé si tu l'as pris personnellement.

Douglas a toujours été un grand fêtard. Lorsqu'il habitait encore à Bloomsworth, dans notre ancien appartement, il ne ratait jamais une occasion de dormir chez ses amis. Ma mère était toujours folle de rage dès qu'il rentrait, créant ainsi une énième dispute.

— Merci de t'être excusé, lui dis-je. T'as de la chance que tes colocataires aient été aussi gentils avec moi. Sinon, je t'en aurai voulu toute ma vie.

Douglas sourit et reprend à nouveau la parole :

— C'est vrai que j'ai de la chance de les avoir... Tu as faim ? Je peux te préparer des pâtes à la carbonara, ça te dit ?

Je sors de mon lit. Douglas me fait signe de le suivre jusqu'à la cuisine. Mon cœur se sent nettement plus léger. Ernest et Alaric sont déjà dans la cuisine. Comme d'habitude, ces deux-là sont en train de débattre. Ils ne sont jamais du même avis, et c'est certainement ce qui rend leurs échanges si endiablés. Khaulder les écoute avec beaucoup d'attention.

— Drew ! lance Ernest alors que je m'installe à ses côtés. Quelle est ma couleur préférée ?

— Jaune moutarde. Pourquoi ?

— Je te l'avais bien dit qu'elle répondrait ça ! Elle me connaît mieux que toi, connard ! déclare Ernest en s'adressant à Alaric.

En guise de réponse, le boxeur roule des yeux, sous le rire silencieux de Khaulder.

— Oh, mais tu n'es plus muette ? me chuchote Douglas à l'oreille.

— Non.

Mon frère affiche alors une expression enjouée. La nouvelle a l'air de lui plaire. Il ouvre le réfrigérateur en souriant avant de sortir tous les ingrédients pour concocter des pâtes à la carbonara.

Tandis qu'Ernest et Alaric reprennent leur débat sur les robots, un bruit assourdissant attire notre attention. Une alarme retentit, et ce n'est pas celle du détecteur de fumée. Elle est différente. Je sursaute et observe mes colocataires, partageant avec eux mon incompréhension. Leurs expressions témoignent de leur stupéfaction.

— Qu'est-ce que c'est ?

— La sirène anti-intrusion, me répond Douglas.

CHAPITRE 19

KHAULDER

La sirène anti-intrusion est assourdissante.

Il fut un temps où cette mélodie stridente rythmait la plupart de nos journées. À l'époque, Ernest n'avait qu'un seul badge en sa possession, et il semblait maîtriser l'art de le perdre. Alaric, un brin paranoïaque, confondait souvent Ernest avec un cambrioleur. Pour y remédier, nous avons accroché une dizaine de badges à ses pantalons, ainsi qu'à son collier préféré et à son portable. Grâce à cela, cette sirène n'a plus jamais été déclenchée.

— Il y a quelqu'un dans le jardin, panique Drew en secouant Ernest par les épaules.

Sans plus attendre, Alaric s'empresse de fermer la porte du jardin à double tour pendant qu'Ernest devient hystérique. Contrairement aux autres, Douglas a l'air plutôt serein. Il n'hésite pas une seule seconde à s'aventurer dans l'entrée afin d'inspecter la porte principale.

— Je ne vois personne dans le jardin, déclare Alaric.

— Et la porte d'entrée est fermée, poursuit Douglas.

Les mercenaires sont forcément parmi nous, ce sont des professionnels dans l'art de la tromperie. Ils savent comment dissimuler leur présence et rester le plus discrets possible.

Si seulement Xercès était là…

Face aux mercenaires, nous ne pouvons pas faire grand-chose. Nous ne sommes pas des meurtriers, et aucun de nous n'a envie d'avoir du sang sur les mains. En revanche, ce n'est pas le cas de Xercès. Sa profession de tueur à gages lui confère une réputation légendaire dans ce domaine.

— Les gars… je retire ce que je viens de dire… Drew a raison. Il y a… quelqu'un dans… le jardin, bégaye Alaric.

— Où exactement ? je demande en avançant à ses côtés.

Drew et Ernest me suivent de près. Ils sont tellement effrayés qu'ils me suivent comme d'adorables canetons.

— Il est derrière le grand arbre, me désigne-t-il.

Un homme est bien là, dans notre jardin, avec le regard rivé sur nous. Il n'essaye même pas de se cacher, comme s'il voulait qu'on sache qu'il nous observe. De toute évidence, ces deux mercenaires savent que Zanner n'est pas là pour assurer notre protection, c'est pour cette raison qu'ils n'hésitent pas à nous provoquer.

— Khaul, qu'est-ce qu'on fait ? me demande Douglas alors que je serre le manche de mon couteau.

Je n'arrive pas à détourner mes yeux de ce mercenaire. Il ne bouge pas. J'ai l'impression qu'il me nargue.

— Appelle la police, lui dis-je.

La sirène anti-intrusion a désormais cessé de sonner. Le mercenaire ne me quitte pas des yeux. Notre duel de regards se poursuit dans un silence de plomb.

— C'est quoi déjà le numéro de la police ? demande Ernest.

Je me tourne, et alors que je m'apprête à répondre, le corps de Drew vacille dangereusement vers le sol. Mon couteau m'échappe des mains quand je la rattrape avant qu'elle tombe à la renverse. Ses yeux bleus, remplis d'une terreur indescriptible, cherchent refuge dans les miens. Doucement, elle guide sa main vers son cou, dévoilant la présence d'une flèche.

— AHHHH ! hurle Ernest.

— Qu'est-ce qu'elle a ? Pourquoi est-ce qu'elle est comme ça ? panique Douglas.

Je suis encore sous le choc. Mes cordes vocales refusent de coopérer. Drew suffoque dans mes bras, et l'écho de sa douleur résonne en moi.

— J'ai… mal, chuchote-t-elle.

La culpabilité me serre la poitrine, une souffrance sourde m'oppresse et accompagne chaque battement de mon cœur.

Tout est ma faute. Les mercenaires sont ici pour les BlackPills. Si je leur avais donné les informations qu'ils voulaient, Drew ne serait pas dans cet état. Dans son regard, je perçois un océan de détresse. Les éclats de culpabilité m'atteignent comme des vagues, et je me sens submergé.

— Est-ce que… je vais mourir ? poursuit-elle.

— Non… Je ne te laisserai pas mourir.

Elle me sourit.

Mes doigts appuient doucement sur le tissu de son t-shirt, comme si je pouvais, d'une manière ou d'une autre, diminuer sa douleur par cette simple pression. Je retire la flèche de son cou et observe la pointe afin de déterminer la substance utilisée. Le liquide est argenté. Je dois absolument contacter Faust, c'est un passionné de science et de poisons. Il connaîtra forcément un remède.

— Je n'appellerais pas la police, à votre place, déclare une voix inconnue.

À présent, un homme se tient au milieu du salon. Je ne l'ai même pas entendu. Peut-être qu'il est là depuis longtemps, tout s'embrouille dans ma tête.

— Qu'est-ce que tu lui as fait, enfoiré ? grogne Douglas.

— Elle va bien pour le moment. Le poison va prendre plusieurs heures avant de se répandre dans la totalité de son corps.

— Le… le poison ? répète Ernest.

— Exact. Et pas n'importe lequel. C'est un poison que j'affectionne particulièrement. Il est douloureux et peu répandu dans notre pays, donc ne vous embêtez pas à la conduire à l'hôpital. Elle sera morte avant même que les médecins puissent identifier de quoi il s'agit.

— Je vais te tuer, espèce de connard ! s'écrie Douglas pendant que j'allonge Drew sur le canapé.

Aussi exotique soit ce poison, Faust doit forcément connaître un remède. J'attrape mon portable et tente de lui écrire un message, mais mes mains tremblent. Je n'ai jamais été aussi stressé de ma vie. Je parviens malgré tout à envoyer mon message en essayant d'être le plus précis possible.

— Inutile de m'insulter. Je te signale que la vie de cette fille est entre mes mains, s'exclame le mercenaire. Enfin, non, laissez-moi faire une rectification : sa vie est entre les mains de mon acolyte dans le jardin puisque c'est lui qui a l'antidote. Vous l'avez vu ? Faites-lui coucou.

Sous nos regards béats, le mercenaire fait un signe à son acolyte en arborant un large sourire. La situation est en sa faveur et il le sait.

— Si vous voulez l'antidote pour guérir la fille, vous devez me donner toutes les informations que vous avez sur les BlackPills, poursuit le mercenaire.

Il s'avance vers nous avec une aisance déroutante. Aucun de nous n'est capable de s'en prendre à lui. On ne peut pas prendre de risque. Je dépose une couverture sur Drew et me redresse :

— Qu'est-ce que tu veux savoir sur les BlackPills ? je lui demande pendant que Douglas se précipite vers sa jumelle.

— Tout, absolument tout.

Je serre la mâchoire et lance un coup d'œil vers mes colocataires. Ernest et Alaric me supplient du regard pour que je révèle tout, que je lui donne exactement ce qu'il veut. Je ferme les yeux un instant et me concentre à nouveau sur le mercenaire.

— Les BlackPills ont été créées par Davidson Willis pour guérir son fils unique d'une maladie incurable. Il a passé une grande partie de sa vie à étudier la façon dont le corps humain se régénère. Il…

— Je m'en fiche de ces détails, me coupe le mercenaire en me menaçant avec une flèche. Dis-moi plutôt quel est le nom de son fils.

— Son fils s'appelle… Vince, Vince Warner.

Je m'en veux de ne pas avoir tenu ma promesse, mais je ne regrette pas mon choix. Il le fallait.

— Où est-il précisément ? renchérit le mercenaire.

— Pourquoi ?

— Réponds ! vocifère-t-il.

À mes côtés, Douglas est en larmes devant sa jumelle. Il essaye de la garder éveillée, mais elle parvient à peine à respirer. Drew souffre, et ça se voit. Elle suffoque en silence sur le canapé, son front perle de sueurs froides. Ses lèvres sont pâles.

Ernest et Alaric ont rejoint Douglas pour lui tenir compagnie. La scène est déchirante.

— Il est à Bloomsworth.

— Et quelle est la composition des BlackPills ?

Mon cœur bondit. Évidemment, Vince est le seul à connaître cette composition, et jamais il ne la donnerait à qui que ce soit.

— Je n'en sais rien.

— Tu plaisantes ? s'exclame-t-il.

— Je ne connais pas la composition. Personne ne la connaît.

— Ne te fous pas de ma gueule ! Je sais bien que tu sais beaucoup de choses. Autrement, Zanner Rainsworth ne se serais pas donné autant de mal pour te protéger. On a passé des mois entiers à se faire pourchasser par lui !

— Je te jure que je ne connais pas la composition ! Zanner est mon plus vieil ami, c'est pour ça qu'il me protège. Et pour Vince…

— Ne me prends pas pour un con et dis-moi ce que contiennent ces putains de pilules !

— Mais je n'en sais rien ! Vince tient à cette composition plus que tout au monde. Tu crois vraiment qu'il me donnerait quelque chose d'aussi précieux ?

— C'est une très mauvaise réponse, ça.

— Combien est-ce qu'on te paye ? Je peux te donner dix fois plus, dis-je en étant à court d'arguments.

— Je ne veux pas de ton argent ! crache-t-il. Donne-moi cette composition ou tu peux dire adieu à la fille.

Le mercenaire reste sur ses positions. Il faut que je trouve une solution, et vite. Alors que je m'apprête à défendre une nouvelle fois mes propos, Ernest surgit :

— Moi, je connais la composition !

— Ah, oui ? rétorque le mercenaire.

— Désolé, Khaul. Je suis allé dans ton bureau, et c'est là que j'ai trouvé la composition…

Ernest ment.

Je n'ai même pas de bureau dans ma chambre. Il invente tout pour berner le mercenaire – c'est risqué, mais on n'a pas le choix. Il ne nous donnera pas le remède sans connaître le contenu de ces fameuses pilules.

— Putain, Ernest ! Tais-toi ! Tu casses les couilles ! dis-je en faisant mine d'être énervé.

— Je te signale que Drew est en train de mourir ! Arrête de vouloir protéger ces satanées BlackPills.

Je n'aurais jamais cru que le jeu d'acteur d'Ernest pourrait être aussi convaincant. Il est rouge comme une tomate, non pas à cause de la colère, mais bien à cause du stress.

Le sort de Drew repose désormais sur ses épaules.

— Enfin une personne raisonnable dans cette maison ! Il était temps, souffle le mercenaire.

Ernest attrape un des blocs-notes de Drew et commence à gribouiller quelques mots. La tension bat son plein. Je me rapproche discrètement de lui pour jeter un œil à ce qu'il écrit, en m'efforçant de maintenir une expression neutre. Ernest n'a aucune connaissance en médecine, ou en herbes exotiques, alors évidemment le protocole qu'il décrit n'a aucun sens. J'ai l'impression de lire une potion magique. Le mercenaire nous observe avec beaucoup d'attention. Il m'est impossible de le corriger sans qu'il le voie. Tandis que je réfléchis à une façon de détourner le regard du mercenaire, Ernest se lève brutalement pour tendre son bloc-notes.

Attendez, quoi ? Il a déjà fini ?

— Non, attends… je tente de dire, mais c'est un échec.

Le mercenaire commence à lire et je réalise que notre plan va tomber à l'eau. Pourtant, nous étions bien partis. Le mercenaire aurait pu nous croire.

— Vous n'êtes qu'une bande d'enculés ! rugit-il en jetant le bloc-notes à l'autre bout de la pièce. S'il y a bien une chose que je déteste, c'est qu'on se foute de ma gueule. Allez vous faire foutre !

Il est fou de rage. Douglas aussi.

Alors que le mercenaire quitte le salon, Douglas attrape le couteau au sol et se rue vers lui. La lutte entre eux est rude, mais Douglas parvient à prendre le dessus. Le mercenaire ne s'y attendait pas.

— Tu viens officiellement de signer l'arrêt de mort de cette fille. Elle va mourir et ce sera entièrement de ta faute.

— C'est ma sœur, putain ! Donne-lui l'antidote !

— Jamais !

Le mercenaire se dégage de son emprise et se précipite vers la porte. Douglas est complètement déboussolé. Il vient d'anéantir toutes nos chances de rédemption auprès des mercenaires. Adrénaline et précipitation rythment chacun de ses gestes, il saute à nouveau sur le mercenaire pour une lutte sans merci.

Lorsqu'un gémissement retentit, mes jambes s'effondrent et mon corps est entièrement paralysé à la vue de son cadavre.

CHAPITRE 20

DOUGLAS

Il est mort.

Je l'ai tué... J'ai tué quelqu'un.

Mon couteau est recouvert de sang. J'en ai partout. Mes mains sont rouges. Je suis en état de choc.

J'ai l'impression que le monde s'écroule devant mes yeux, que le temps s'est arrêté, que la Terre entière est contre moi. Le corps du mercenaire est à terre, et il ne bouge pas, sa gorge est tranchée. Il y a du sang partout. J'ai envie de vomir toutes mes entrailles. Je ne voulais pas que cet homme meure. Il ne peut pas mourir. Pas comme ça.

Je tourne mon regard vers Ernest et Alaric. Ils me fixent comme si j'étais devenu un monstre.

— Je... je ne l'ai pas fait exprès... je vous le jure.

Aussitôt, mon couteau tombe à terre. Khaul s'avance jusqu'à moi et pose ses mains sur mes épaules afin de planter ses yeux dans les miens.

L'atmosphère tendue est palpable.

— Prends une douche. Je m'occupe de tout, d'accord ? déclare mon ami.

— Mais Drew... Je n'ai pas réfléchi, je... je ne voulais pas qu'il parte sans me donner l'antidote.

Je reste sous le choc. Et visiblement, je ne suis pas le seul. En effet, Ernest et Alaric sont toujours là, dans le salon, bouche bée. Ils sont estomaqués, mais pas autant que moi.

— Je gère, ne t'en fais pas ! Faust m'a répondu. Il va venir en urgence pour guérir Drew.

Je hoche la tête, bien qu'une part de moi soit sceptique à l'idée qu'un des Sept Démons puisse aider ma sœur. Khaul fait un pas en arrière, et soudain, un éclair de lucidité me traverse : le complice du mercenaire est toujours en vie ! La panique s'empare de moi. Je tourne mon regard vers le jardin et découvre qu'il est encore là, debout sous le clair de lune, nous fixant intensément. Dès que nos yeux se croisent, le mercenaire s'enfuit en courant.

— Le mercenaire... celui dans le jardin... Il vient de partir !

— Putain, fait chier ! grogne Khaul en attrapant son portable. Je vais envoyer Pandora et Eliodas pour qu'ils le retrouvent !

— Il va réussir à s'échapper si...

Khaul me coupe aussitôt la parole :

— Douglas, laisse-moi gérer ça. Alaric et Ernest, montez à l'étage. Je me chargerai de me débarrasser du corps avec Faust, annonce Khaul en gardant un sang-froid remarquable.

Mes colocataires ne s'y opposent pas. Ils se précipitent à l'étage comme s'il s'agissait d'une course chronométrée. Khaul me fait signe de les suivre. J'acquiesce et monte les escaliers pour me rendre dans la salle de bains. Quand j'y suis, je ne prends même pas la peine d'enlever mes habits, je m'engouffre immédiatement dans la baignoire. Les jets d'eau s'abattent sur ma peau écorchée à certains endroits. La froideur de l'eau accroît mes frissons, et lorsqu'elle devient chaude, mes muscles se détendent. La main posée contre le mur, je regarde attentivement le sang se déverser dans la baignoire – ce n'est pas le mien, mais celui du mercenaire. Mes mains sont encore tâchées par ce liquide rougeâtre. Je m'obstine à les laver avec acharnement. Mon cœur s'affole dans ma poitrine, et un grognement sourd s'échappe de mes lèvres. Pourquoi suis-je aussi tremblant ? Pourquoi suis-je dans cet état ? Pourquoi suis-je en train de souffrir ? Pourquoi ?

Je frappe violemment mon poing contre le mur carrelé avant de poser mon front dessus. Je ne ressens aucune de mes blessures – tout ce que je ressens à cet instant, c'est une profonde douleur dans le cœur.

Je n'arrête pas de visualiser la scène où je tranche la gorge du mercenaire. Il avait un sourire mesquin sur le visage comme s'il me narguait.

Je dirige mon regard vers la source d'eau et mes larmes se confondent avec les gouttes qui coulent sur mes joues.

❖

— Bah alors, il était temps ! Ça fait presque trois heures qu'on t'attend ! Tu t'es endormi sous la douche ou quoi ? L'eau, ce n'est pas gratuit, je te le signale ! s'exclame Ernest quand je suis en bas des escaliers.

— La ferme !

— De toute façon, ce n'est même pas toi qui payes l'eau ! lance Alaric en s'adressant à Ernest.

À contrecœur, je m'avance dans le salon et remarque que le cadavre du mercenaire a disparu, le hall d'entrée est encore plus propre qu'avant. Eliodas et Pandora se sont joints à nous. Ils boivent tranquillement un café alors que nous sommes au beau milieu de la nuit. Au fond de la pièce, près de Khaul, se tient Faust, un des Sept Démons – on ne le voit pas souvent. Entre colocs, on l'appelle « le Serpent venimeux », car il concocte différentes armes à base de poison. Son apparence n'est pas aussi déstabilisante que celle des autres. Il n'est pas grand, son teint est légèrement bronzé, ses sourcils sont assez fournis, et ses yeux sont bridés. Il a même parfois l'air sympathique.

Dès que nous avons un problème, les démons sont toujours là pour aider Khaul. Leur dévotion me terrifie.

Je salue tout le monde avant que mon regard se pose enfin sur ma sœur jumelle. Elle est vivante. Une vague de soulagement me submerge.

Enroulée dans une couverture, une tasse de thé à la main, elle discute avec Ernest. Je m'approche d'eux afin de m'asseoir à ses côtés. Elle m'adresse un sourire et pose sa tête sur mon épaule.

Pendant ce temps, Khaul et ses démons se réunissent pour élaborer un plan machiavélique destiné à effacer toute trace de notre implication dans la mort du mercenaire. Ils explorent toutes les pistes, même les plus improbables, pour établir un alibi infaillible.

Experts en la matière, les démons font preuve d'une efficacité redoutable. En l'espace de trois heures, ils ont sauvé Drew d'une mort certaine, neutralisé le mercenaire en fuite et fait disparaître le corps sans laisser la moindre trace. Je n'ose même pas imaginer les manigances qu'ils ont employées pour parvenir à un tel résultat en si peu de temps.

Deux heures plus tard, les trois démons quittent définitivement la maison. Ma respiration trahit encore mon angoisse quand j'observe les rayons dorés du soleil caresser doucement les visages cernés de ceux qui ont veillé toute la nuit. Ma sœur, épuisée, s'est finalement assoupie contre mon épaule.

— J'ai envie de chi...

Ernest est interrompu par la sonnette perçante du portail. Drew se redresse en sursaut. Instantanément, nos regards se croisent, et les battements de nos cœurs s'emballent.

— Quelqu'un a commandé une pizza ? lâche le boxeur en essayant de voir à travers la vitre du salon.

— Alaric, aucune pizzeria n'est déjà ouverte à cette heure-ci, lance Khaul.

La sonnette retentit à nouveau.

Khaul rassemble son courage et s'aventure à l'extérieur de la maison. Tout le monde, y compris Drew, le suit de près. On s'avance jusqu'au portail, et lorsque mes yeux tombent sur cette fille qui ressemble à un ange tombé du ciel, ma bouche s'ouvre comme pour gober des mouches.

— Salut, les gars ! Je suis Maria, la petite sœur d'Ernest !

CHAPITRE 21

ERNEST

Maria.

Un frisson électrique parcourt mon corps lorsqu'elle entre dans mon champ de vision. Cinq ans se sont écoulés depuis notre dernière rencontre, pourtant je la reconnais immédiatement. Ses cheveux noir de jais tombent en cascade sur ses épaules. Ils sont plus longs et plus bouclés qu'avant. Son visage, en revanche, n'a pas changé : des sourcils dessinés, un nez droit et un teint impeccablement bronzé.

— Ça fait longtemps, Ernesto, remarque-t-elle.

— Je t'avais dit de ne jamais venir ici.

— Je... je suis désolée... s'excuse-t-elle.

Il n'y a rien de plus faux, ni de plus insupportable que sa façon d'agir pour s'attirer la sympathie des autres. Maria a toujours su user de ses charmes pour manipuler les gens, c'est probablement son plus grand talent.

— Ernest ! grogne Douglas.

Tout le monde sait que je ne supporte pas Maria, que sa simple présence m'exaspère. Elle a été à l'origine de tous mes traumatismes. Certains avaient des monstres sous leur lit, moi, j'ai eu Maria, et ce n'est pas forcément mieux. Je savais qu'elle finirait par me rendre visite à Ravenstein, qu'elle essayerait de rencontrer mes colocataires, c'est pour cette raison que je n'ai jamais manqué une seule occasion de parler d'elle en des termes peu flatteurs.

— Barre-toi, Maria !

Elle pose une main sur sa poitrine comme si mes paroles la blessaient, comme si je venais de planter un pieu dans son cœur de pierre. En réalité, cela ne la touche pas du tout. Maria est une manipulatrice dans l'âme. Elle collectionne les cœurs grâce à ses tours de passe-passe. Elle sait exactement comment être convaincante et attrayante auprès des hommes riches. Ce sont ses cibles favorites.

Khaul est le prochain sur sa liste.

— Comment as-tu su que j'habitais là ? je lui demande, troublé.

— Eh bien, c'est que... maman et papa m'ont donné ton adresse et je me disais que... tu pourrais me laisser dormir chez toi, bafouille-t-elle. Je n'ai nulle part où aller et tu es la seule personne que je connaisse dans cette ville.

Elle tripote ses doigts, feignant une certaine nervosité. Sa voix cristalline et son regard doux charment instantanément Douglas. Cet idiot semble oublier qu'il a déjà une petite amie.

— Quoi ? Mais c'est faux, tu as plein d'amis ici !

— Aucun d'eux ne peut m'héberger... renchérit-elle.

— Alors prends-toi un appartement, tu as assez d'argent pour ça ! Il n'y a aucune chambre disponible dans cette maison.

Je comprends que mes paroles puissent paraître cruelles. Mais, croyez-moi, Maria ne mérite pas ma compassion. Elle peut séduire Khaul en un clin d'œil. Il faut donc que je l'arrête avant qu'il ne soit trop tard.

— Je... je voulais seulement... rétorque-t-elle avant que je l'interrompe.

— Arrête d'insister, pars ! Va-t'en !

Un sentiment de culpabilité me tiraille en voyant les larmes couler sur ses joues. Son air désespéré me touche, mais je reste persuadé qu'elle n'est pas sincère. En revanche, son spectacle larmoyant porte ses fruits puisque mes colocs commencent à prendre sa défense :

— Laisse-lui une chance, intervient Douglas.

— Tu ne vas pas la laisser dehors, riposte Alaric.

Ils ont peut-être raison. Je devrais peut-être lui accorder une autre chance et oublier ses torts. Elle a peut-être changé. Elle n'est peut-être plus la manipulatrice d'autrefois. J'ai envie d'y croire.

— D'accord... Elle peut venir.

Douglas n'attend pas une seconde de plus pour ouvrir le portail. Maria s'empresse de sauter dans mes bras. Étonnant, c'est une première. Mon cœur se réchauffe. Alors que je m'apprête à la serrer à mon tour, Maria me chuchote quelques mots en espagnol :

— *El asesinato es un crimen imperdonable. Sé lo que hiciste, cabrón**.

Elle se décale d'un pas, un petit sourire narquois sur les lèvres, avant de retrouver son air angélique. Ma respiration se bloque à mi-chemin de mes poumons. Je ne comprends pas ses paroles jusqu'à ce que je me remémore la scène où Douglas tranche la gorge du mercenaire. Maria n'est pourtant ni voyante ni mentaliste. Elle a forcément vu quelque chose.

— Bienvenue chez moi... lui dis-je à contrecœur. Voici Drew, la sœur jumelle de Douglas. Et cette tête de con là, c'est Alaric.

— Oh... je suis si heureuse de vous rencontrer ! Ernest a déjà envoyé quelques photos de vous sur notre groupe de famille, s'exalte-t-elle avant de se tourner vers le petit prince. Tu dois être Douglas. Et toi... tu dois être Khaul, n'est-ce pas ?

— Oui, c'est ça.

Quelle horreur ! J'ai l'impression de vivre un véritable cauchemar. Étant donné que nous sommes tous en pyjama, et que le froid nous glace, Khaul propose de retourner à l'intérieur. Douglas et Alaric, tels des chevaliers servants, attrapent les valises de Maria et font une course pour arriver le premier. Drew et Khaul, quant à eux, marchent côte à côte. Ils sont tellement mignons. Ils échangent quelques paroles sous le regard désapprobateur de Maria.

— Ils sortent ensemble ? me chuchote la diablesse.

— Pas encore, mais c'est en cours, donc n'essaye pas de le séduire.

— Intéressant...

D'un geste brusque, elle me bouscule et entre dans le salon. Son jeu d'actrice se poursuit : ses yeux brillent de malice et elle affiche un sourire sournois.

* « Le meurtre est un crime impardonnable. Je sais ce que tu as fait, connard. »

— Waouh ! C'est tellement beau, c'est beaucoup plus grand que ce que je pensais ! s'exclame-t-elle avec un air émerveillé.

Loin d'être méfiants, mes amis se laissent berner par ses belles paroles. Elle les manipule avec une facilité renversante, même Drew est envoûtée par sa beauté. C'est un désastre.

Il me faut de la tequila, et vite !

D'un pas décidé, je me dirige vers la cuisine et me sers un verre – ou deux – pour noyer ma frustration. Khaul me rejoint quelques instants plus tard. Il me fixe tout en préparant son café :

— Tu m'as l'air nerveux. Est-ce que ça va ?

J'ai envie de lui dire que non ; que le meurtre du mercenaire me donne envie de vomir mes entrailles et que Maria me fait du chantage. Mais je ne peux pas lui dire tout ça. Khaul en a déjà assez fait pour Douglas. Il ne peut pas résoudre les problèmes de tout le monde ; c'est aussi à moi de gérer mes propres soucis. Je dois trouver par moi-même un moyen de contrer le plan machiavélique de ma sœur et surmonter la mort du mercenaire.

— Ouais... Je vais bien.

— C'est à cause du mercenaire, c'est ça ? Dis-le-moi si quelque chose ne va pas, renchérit-il.

— Non, pas du tout... Je t'assure que ça va, lui dis-je en essayant d'oublier tout le sang qui s'écoulait de la gorge du mercenaire.

— Tu mens très mal.

— Je sais.

Je coupe quelques rondelles de citron et attrape mon verre pour boire quelques shots. Khaul me dévisage pendant que je ressasse les événements de la veille dans ma tête.

— Est-ce que tu prévois de mettre au courant Hyder et Chad ? je lui demande.

— C'est prévu, oui. Ils font partie du plan que j'ai créé avec Faust, Pandora et Eliodas.

— Quel plan ?

— Tu le sauras bientôt.

Lorsque Maria s'avance vers nous, le petit prince s'éclipse aussitôt. La diablesse me fait face, agacée que mon colocataire soit parti. Pour enfoncer le clou, j'en rajoute une couche :

— Tu as vu ça ? Il est parti dès que tu es arrivée.

— Les hommes dans son genre aiment se faire désirer. Autrement, ce serait trop simple, chuchote-t-elle en s'asseyant sur un siège. Ce n'est qu'une question de temps.

— Laisse-le tranquille.

— Je trouve qu'il ressemble comme deux gouttes d'eau à mon futur petit ami. C'est dingue, tu ne trouves pas ? sourit-elle.

— Tu es venue pour draguer mes amis, c'est ça ?

— Pour être honnête, au départ, je suis venue à Ravenstein pour me marier avec un des héritiers du groupe Wellen, commence-t-elle à dire en faisant mine d'être pensive. Mais mon programme a sacrément changé entre-temps. Il a découvert que je le trompais avec son meilleur ami, me voilà donc de retour à la case départ.

Elle s'empare de mon verre de tequila, incline la tête en arrière et avale la liqueur cul sec. Je serre le bord du comptoir de toutes mes forces pour refouler mon envie de meurtre. Un sourire hypocrite se dessine sur mes lèvres :

— Et maintenant, que comptes-tu faire, chère sœur ?

J'ai dit « sœur » ? Ah non, je voulais dire : « pétasse » !

— Tu le sauras très vite, me chuchote-t-elle.

Dès que Maria a une idée en tête, rien ni personne ne peut l'arrêter. Je prends donc la décision de couper court à la conversation en sortant de la cuisine. Je rejoins mes colocataires dans le salon. Après quelques minutes, Maria arrive.

— Dites, maintenant que la sœur d'Ernest habite avec nous, comment on se répartit les chambres ? intervient Alaric comme s'il venait d'avoir une révélation.

Bien que sa question soulève un point important, il y a un danger imminent qui me préoccupe davantage. Maria ne quitte pas Drew du regard. J'espère que ma petite protégée ne sera pas une de ses cibles.

— Elle peut dormir dans la cave, réponds-je.

— Dans la cave ? T'es cinglé ! C'est sale et humide ! s'écrie Alaric.

— Et tu crois que j'en ai quelque chose à foutre ?

— Je peux lui prêter ma chambre et je dormirai dans celle de Drew en attendant, suggère Douglas.

Cette proposition met tout le monde d'accord. La chambre de Douglas est à l'autre bout de la mienne, cela me convient parfaitement. Les jumeaux montent à l'étage pour ranger leurs affaires, laissant derrière eux un silence pesant. Le visage d'Alaric affiche une expression étrange. Il a un léger rictus, comme s'il avait une idée démoniaque derrière la tête. Lorsqu'il prend la parole, et que je comprends ses intentions, ma conscience me hurle de le faire taire :

— Khaul, est-ce que tu pourrais faire un tour de la maison avec elle ?

— Pourquoi moi ?

— Parce que la maison t'appartient.

Bien entendu, Khaul n'a pas envie de paraître impoli. Il acquiesce et fait signe à Maria de le suivre. Alaric les observe avec un sourire mesquin sur les lèvres. Il a un regard que je connais bien, puisque j'ai le même quand j'aperçois mon couple préféré, Drew et Khaul.

— Ne t'avise même pas d'y penser, Alaric Sandrine Matthews !

Il me sourit avec insolence, insensible au regard mauvais que je lui lance, et il répond :

— Je ne vois pas de quoi tu parles...

— Tu vois très bien de quoi je parle !

— Arrête de me postillonner dessus, c'est dégoûtant ! se plaint-il en me poussant avec sa main. J'ai bien le droit de jouer les cupidons, non ?

— Non, non, non... Tu n'as même pas intérêt à les mettre ensemble !

— C'est ce qu'on verra ! me provoque-t-il.

La guerre des cupidons est déclarée.

CHAPITRE 22

DREW

Une semaine plus tard

Depuis que Maria vit avec nous, Ernest paraît nettement plus menaçant et volcanique que d'habitude. Je savais que leur relation n'était pas bonne, et que leurs liens étaient tumultueux, mais je ne pensais pas que c'était à ce point. Je ne décèle aucun sarcasme dans ses menaces. Ernest souhaite réellement que Maria parte.

En tant qu'amie d'Ernest, je devrais être de son côté, car il m'a toujours soutenue. Cependant, à l'égard de Maria, je ne peux pas m'empêcher d'éprouver de l'empathie. Elle n'est pas à son aise, et je ne peux que la comprendre : être perdue à Ravenstein, sans domicile fixe, avec le seul espoir d'obtenir l'aide de son frère, c'est une situation à laquelle j'ai déjà été confrontée. Malgré cela, Maria a su s'imposer avec sa joie de vivre et gagner la confiance de mes colocataires. Ernest et Khaulder restent néanmoins distants avec elle.

Cela fait une semaine que le mercenaire est mort et, depuis, Douglas n'arrête pas de faire des cauchemars plus violents les uns que les autres. Parfois, il hurle dans son sommeil de façon si assourdissante que mes colocataires débarquent dans ma chambre pour vérifier qu'il va bien.

Après le meurtre, son comportement nous a inquiétés énormément. À chaque fois que je le voyais, ses mains tremblaient tandis qu'il était d'une pâleur inhabituelle. Il ne mangeait plus, ne parlait plus, et ne dormait presque plus. Les remords lui faisaient ronger ses ongles à un tel point que les extrémités de ses doigts saignaient. D'aussi loin que je me souvienne, mon frère n'a jamais été aussi mal.

La culpabilité est en train de le détruire à petit feu et personne n'est en mesure de l'aider – pas même ses meilleurs amis. Il ne sourit qu'en présence de Maria pour faire bonne figure. Bien que Khaulder ait pris les choses en main pour qu'aucun mercenaire ne revienne, Douglas devient de plus en plus paranoïaque. Il a si peur de finir sa vie derrière les barreaux qu'il est persuadé d'être observé. Au début, nous voulions qu'il consulte un médecin, ou un psychologue, mais au vu de son comportement instable, mon frère aurait été capable d'avouer son crime sans s'en rendre compte.

— Ça y est ! On est tous là, annonce Hyder en nous observant un à un.

— Pourquoi est-ce que tu veux faire une réunion ? l'interroge Alaric.

— Je sais que ces derniers temps ont été difficiles, mais il faut que je vous dise quelque chose d'important, commence Hyder avec un sérieux qui ne lui ressemble pas. C'est à propos de Chad.

Sa voix se brise.

Je comprends mieux la raison pour laquelle Hyder ne voulait pas que Maria assiste à cette réunion improvisée. Il a fini par la convaincre de visiter le centre historique de Ravenstein.

— Chad est... révèle-t-il, mais sa voix se brise une fois de plus.

Son attitude est troublante. Bien que je ne le connaisse pas beaucoup, Hyder a toujours été du genre à sourire et à dégager une certaine joie de vivre.

— Il est mort ? s'écrie Ernest.

— Mais tais-toi ! Laisse-le parler ! grogne Alaric.

— Hyder, prends ton temps, déclare Khaulder comme s'il savait déjà ce qu'il allait dire.

— Non, grouille-toi ! s'impatiente Douglas.

Mon cœur commence à battre anormalement vite. Un calme s'installe dans le salon. Le suspense est à son comble.

— Chad est malade et... sa vie ne tient qu'à un fil.

— Quoi ? Depuis combien de temps ? s'offusque Ernest.

— À vrai dire… Il a toujours été malade. Il ne voulait pas vous embêter avec ses problèmes de santé, répond Hyder avant de poursuivre. J'ai essayé de le convaincre pour qu'il vous le dise, mais vous connaissez Chad, il attend toujours le moment parfait. Et il n'y a jamais eu de moment parfait. Je pense qu'il n'avait pas le courage de le faire, déclare-t-il avec le regard dans le vide.

— Putain de merde ! murmure Ernest alors que les autres sont sous le choc.

— Je l'ai vu ce matin… Il était si pâle, il était à peine reconnaissable… sanglote Hyder.

Ses pleurs coulent le long de ses joues et son sourire habituel laisse place à une bouche tiraillée par l'accablement. Il est complètement détruit par l'émotion, sanglotant avec tant d'ardeur, tant de tristesse et tant de chagrin que mon cœur se déchire en le voyant ainsi.

Sa douleur est contagieuse.

À mes côtés, la mâchoire de Khaulder se crispe. Il semble en savoir plus que les autres. Sa main frôle la mienne, seuls quelques centimètres nous séparent. Le temps d'un battement de cœur, j'ai envie de la saisir et de le réconforter, mais je me retiens.

— Chad est condamné.

Je me remémore les rares instants que j'ai passés en sa compagnie. Il a toujours été attentionné à mon égard, me gratifiant constamment d'un sourire radieux et sincère. Un nœud se forme dans ma gorge tandis que Douglas s'avance vers Hyder, le saisissant par le col.

— Tu mens ! Il ne peut pas mourir comme ça ! hurle mon frère.

— Lâche-le ! Tu vas lui faire mal, signale Khaulder en poussant mon jumeau.

— Je t'en supplie, dis-moi que c'est une blague ! Chad ne va pas mourir comme ça ! Il ne peut pas ! On comptait faire un tas de voyages avant de crever ! ajoute Douglas, avec une rage mêlée à de désespoir. On avait listé les pays qu'on voulait visiter ensemble et…

— Où est-ce qu'il est ? vocifère Alaric en enfilant sa doudoune.

— À l'hôpital… Mais, s'il vous plaît, n'y allez pas… Sauf s'il vous y autorise.

— Pourquoi ?

— Chad ne veut pas que vous le voyiez en train de mourir. Il veut qu'on se souvienne de lui quand il semblait en parfaite santé, pas malade… nous informe Hyder avant de reprendre la parole pour changer de sujet. Il y a autre chose que vous devez savoir.

Je fronce les sourcils.

— On t'écoute.

— Approchez, chuchote-t-il.

Ernest fait de grands gestes comme au théâtre pour qu'on se rapproche et qu'on forme un cercle. À présent, nos têtes ne sont plus qu'à quelques centimètres d'écart.

— Khaul m'a tout raconté concernant le mercenaire et il existe peut-être un moyen de régler ce problème, déclare Hyder.

— Et qu'est-ce que c'est ?

— Monter un coup.

Hyder prend une grande inspiration, sous nos yeux ébahis, et poursuit afin d'éclaircir sa pensée :

— Nous allons accuser Chad du meurtre du mercenaire.

CHAPITRE 23

ALARIC

Hyder est en plein délire.

C'est dégoûtant qu'il puisse, ne serait-ce qu'un instant, envisager un tel plan. Certes, je veux que Douglas s'en sorte, et qu'il devienne moins paranoïaque, mais c'est non. Il est hors de question que Chad soit sali de cette manière. Je me fiche de leurs arguments ; jamais, au grand jamais, je n'y prendrai part, c'est tout simplement contre mes principes. Chad mérite mieux. On ne peut pas l'accuser d'un meurtre qu'il n'a jamais commis. Il a toujours été là pour nous soutenir, pour nous tenir compagnie, pour nous aider, et c'est comme ça qu'il veut le remercier ?

— C'est sa dernière volonté. Je ne fais qu'énoncer et partager avec vous son plan, ce n'est pas mon idée, se dédouane Hyder en gardant son air attristé.

— Je m'en bats les couilles ! C'est Chad, bordel, Chad ! Il essaye tout le temps de nous protéger. On ne peut pas le laisser faire ça, dis-je tandis que tous les regards sont braqués sur moi.

Chad n'est plus apte à prendre des décisions. Il est vulnérable, certainement déboussolé, et ils veulent détruire sa réputation ! Je me tourne vers mes colocataires en espérant obtenir du soutien, et je réalise que Khaulder n'a pas parlé une seule fois. Il est resté silencieux depuis le début, comme s'il avait déjà encaissé la nouvelle depuis longtemps, comme s'il savait à l'avance ce qu'allait dire Hyder.

Je m'avance vers lui :

— Tu le savais, n'est-ce pas ?

Khaulder se dresse face à moi. Il me regarde un instant et acquiesce.

— Je l'ai su la semaine dernière, désolé.

La colère me pulvérise de l'intérieur. Comment a-t-il pu nous cacher une chose pareille ? Avant, c'étaient les BlackPills, maintenant, c'est la maladie de Chad, c'en est trop.

— Laisse-moi deviner : cette idée merdique vient de toi, pas vrai ?

— Non, elle vient techniquement de Pandora, me répond-il avec une aisance qui m'insupporte. Il a réussi à trouver un plan pour qu'on ne puisse pas être reliés à ce meurtre, mais à condition qu'on ait une personne à accuser. Chad s'est porté volontaire.

Douglas et Ernest tentent de me retenir afin que je ne lui saute pas dessus.

— Tu n'es qu'un fils de pute !

En entendant mes mots, Khaulder contracte sa mâchoire. Je n'aurais pas dû insulter sa mère, c'est vrai. Malgré tout, je ne m'adoucis pas. En fait, ma rage est toujours présente, et elle continue de grimper en flèche. Je viens d'atteindre ma limite à cause de leurs idées tordues, leurs problèmes rocambolesques et leurs caractères de merde. Depuis l'arrivée de Drew dans cette maison, nous ne sommes que dans le pétrin, et ça me gave. J'ai l'impression que tout me dépasse, que tout ce qu'on fait, c'est se détruire mutuellement.

— Retire ce que tu viens de dire ! s'énerve Khaulder en s'avançant davantage vers moi.

— Houlà, stop ! Temps mort. On se détend, là ! Y a pas à s'énerver comme ça, intervient Ernest en se mettant entre nous.

Je serre les poings, tente de canaliser mes pulsions, avant de finir par rouler des yeux. Qu'ils aillent tous se faire foutre – sauf Drew et Maria, évidemment.

— J'espère que vous le regretterez quand les gens commenceront à cracher sur son nom, dis-je en me plaçant sur la banquette près de la fenêtre. Vous êtes...

Ernest m'interrompt en mettant sa main contre ma bouche. Ma fureur est rapidement remplacée par de l'agacement. Tout le monde me dévisage. Ils se sont tous alliés pour se ranger du côté de Khaulder, le plaçant ainsi dans une position de supériorité. Et ça m'énerve.

❖

Plusieurs heures plus tard

Il est à peu près 20 heures et, à vrai dire, le bilan de cette journée n'est pas fameux. À part ignorer tous mes colocataires, je n'ai pas fait grand-chose. J'admets que j'ai de plus en plus envie de m'excuser auprès de Khaulder, mais ma fierté m'en empêche, c'est au-dessus de mes forces. Je décide donc de jouer la carte on-fait-comme-si-de-rien-n'était-et-on-oublie-ce-qu'il-s'est-passé.

Je m'installe sur le canapé en fixant Khaulder du coin de l'œil. Il lit tranquillement un bouquin sur le développement personnel. J'ai envie de lui poser des questions sur sa lecture pour engager la conversation, mais ça paraîtrait peu crédible. Tout le monde sait que les livres ne m'intéressent pas.

— Je l'ai, oh mon Dieu ! J'ai le rôle ! hurle Douglas en sautillant comme une puce.

— Comment ça ? demande Ernest.

— J'ai réussi à décrocher un rôle dans le prochain film d'un grand réalisateur ! Je serai le frère de l'héroïne.

— Sérieux ? Félicitations !

— Vanessa organise une soirée de dernière minute pour fêter ça. Il faut que j'y aille ! déclare-t-il, fou de joie.

Telle une fusée en plein décollage, Douglas s'empresse de se diriger vers la sortie. Le fait qu'il rejoigne Vanessa est une excellente nouvelle, cela lui permettra de se changer les idées. Le meurtre du mercenaire l'a tellement anéanti qu'il refusait de sortir de la maison, craignant que les policiers le recherchent pour l'emprisonner à vie. Bien que son état se soit amélioré ces derniers jours, Douglas reste encore instable. Il continue de faire des cauchemars et souffre d'insomnie.

Cinq minutes plus tard, Maria arrive dans le salon. Elle s'installe à côté de Khaulder sous le regard menaçant d'Ernest. À son tour, la pseudo-muette est sur le point de débarquer, mais elle loupe une marche et dévale les escaliers à toute vitesse. Elle finit aplatie au sol.

— Est-ce... commencé-je à dire, mais elle me coupe la parole.

— Je vais bien ! Tout va bien !

Je la revois en train de chuter, et je me retiens de rire.

Drew se relève comme si de rien n'était avant de sautiller vers le salon. Khaulder se lève pour s'assurer qu'elle va bien. Alors que je m'apprête à faire de même, un bruit étrange retentit : *toc, toc, toc.*

En théorie, personne ne toque à notre porte étant donné qu'il faut d'abord sonner au portail. Mon cœur s'emballe donc instantanément. Ernest s'empresse de s'agripper à un coussin. Khaulder, de son côté, ne semble pas surpris. Il lève la tête vers l'entrée et déclare :

— Xercès, tu peux entrer maintenant.

Et la porte principale s'ouvre.

CHAPITRE 24

KHAULDER

Toujours avec son visage sévère, Xercès débarque à l'intérieur de la maison alors que mes colocataires sont en pleine séance d'apnée. Drew et Alaric sont devenus aussi pâles qu'un linge. Maria également. Concernant Ernest, son teint a désormais des nuances rouge pivoine. Il ressemble à la tomate abandonnée au fond du frigo. Plutôt que me moquer, je devrais garder une attitude neutre, mais Ernest me pousse à agir autrement. Je réprime donc un sourire en voyant qu'il est en train de pleurer : ses yeux sont embués de larmes tandis que ses mains, crispées par le stress, m'envoient des signaux de détresse. Évidemment, Xercès en profite pour titiller davantage Ernest en s'avançant vers lui. Mon colocataire s'empresse alors de se cacher derrière Drew afin qu'elle soit son bouclier humain. Lorsque la crainte d'Ernest est à son apogée, ma main se pose sur Xercès pour qu'il arrête :

— Les humains ne sont pas des jouets.

— Ah, cette phrase ! Elle m'avait tellement manqué, m'avoue-t-il en mettant son bras au-dessus de mes épaules. Ça doit faire au moins un an qu'on ne s'est pas vus !

— Peut-être plus.

— Entre-temps, mon petit frère ne t'a pas trop embêté, j'espère ?

— Au contraire. Il m'aide tout le temps.

— Il se vante souvent de ça, affirme-t-il avant de se tourner vers tout le monde. Bon, assez parlé de Pandora ! Qui est la fameuse Drew que j'aimerais tuer mais que je dois protéger ?

Silence absolu.

J'observe attentivement la personne concernée afin de déceler toutes les émotions et sensations qu'elle pourrait ressentir à cet instant : elle n'a pas bougé. Drew est debout, droite comme un piquet, avec les mains tremblantes sous l'effet de la crainte engendrée par les ondes négatives de mon cher ami.

— Est-ce que c'est toi ? demande Xercès en désignant Maria.

— Non, c'est elle…

Drew lève la tête avec les paupières papillonnant à une vitesse hallucinante. Xercès n'attend pas une seconde de plus pour atterrir en face de sa nouvelle protégée. Alaric et Ernest implorent mon aide, mais je les ignore pour me concentrer sur le duo qui est en train de se former sous mes yeux.

Xercès n'a qu'une parole. Il m'a juré que Drew sera en sécurité à ses côtés, et je le crois. Il n'est pas comme son frère Pandora. Il sait se contrôler et agir de façon raisonnable. Il sait faire la part des choses.

— Impressionnant. Je pensais que tu ressemblerais à Douglas, mais tu es encore plus frêle que lui… commence Xercès en analysant scrupuleusement la jeune femme.

Leur promiscuité est problématique. Je sais qu'il ne lui fera pas de mal physiquement, mais psychologiquement, nous n'avons pas encore éclairci ce point. Je fais donc un pas en avant.

— Pas étonnant que ton ex-beau-père te voie comme une proie facile. Ton air innocent te rend facilement atteignable. Tu es le maillon faible de la maison, ça se voit. Te torturer serait un jeu d'enfant.

— Khaul… Fais quelque chose, me chuchote Alaric.

Xercès possède une ouïe particulière, alors forcément les paroles du boxeur ne passent pas inaperçues. Il le fusille du regard avant de se concentrer à nouveau sur Drew.

— Dis-moi, pourquoi est-ce que tu trembles ? demande-t-il pendant qu'Alaric se réfugie dans la cuisine avec Ernest. C'est de ma faute ?

Xercès est toujours comme ça avec les inconnus. Il aime les effrayer, ce n'est pas grand-chose.

— Je n'arrive toujours pas à croire qu'un être aussi insignifiant que toi brise la précieuse fiole de notre Khaul…

Xercès s'avance vers elle. Son animosité est de plus en plus palpable. Bien que Drew soit intimidée, elle parvient à soutenir son regard et à rester digne. Je décide d'intervenir :

— OK. On s'arrête là, ne la touche pas.

— Mais… je ne l'ai même pas touchée.

— Ne la menace pas non plus, on avait dit pas de représailles. Ta mission est de la protéger d'Orlando, pas de la traumatiser.

Il soupire en évitant mon regard. Contrairement à ce que pensent mes colocataires, Xercès n'est pas quelqu'un de manipulable. Il n'est pas mon pantin, et encore moins mon chevalier servant. Il n'agit que par sa propre volonté.

— Très bien. Pas de représailles, souffle-t-il en plantant ses pupilles dans les miennes.

Avec ses airs malveillants et ses regards dédaigneux, Xercès ne semble pas être un modèle de franchise. Pourtant, je sais qu'il est sincère et qu'il ne me trahira pas. Bien que Xercès ne soit pas une personne exemplaire, il m'est impossible de me sentir angoissé ou déstabilisé par sa présence. Il en va de même pour Eliodas et Pandora. Je les trouve même moins déstabilisants que Drew, celle-ci peut se révéler parfois troublante.

— Au cas où tu l'aurais oublié, ces gens-là sont comme ma famille, alors ce serait bien que tu ne les tues pas.

— D'accord, affirme-t-il sans détacher son regard du mien. Je n'en tuerai aucun.

Alaric et Ernest ont l'air sceptiques. Douglas l'était aussi au départ. Mais quand je lui ai révélé qu'Orlando était un pédophile et que sa grande sœur s'était suicidée à cause de lui, Douglas a immédiatement changé d'avis et Orlando n'a désormais plus droit à la rédemption. Il doit payer pour ses crimes, et Xercès est un atout inestimable pour nous débarrasser de cet homme. Une fois que mes autres colocataires comprendront cela, ils saisiront peut-être mieux mon choix.

Sans plus attendre, nous reprenons nos tâches respectives. Mes colocataires discutent entre eux tandis que Xercès et moi regardons attentivement les informations émises par la télévision au sujet du milliardaire Zhai Raylend, prêt à donner 100 millions de dollars à la première personne qui parvient à faire rire son petit-fils. Bien que nos yeux soient rivés sur la télé, Ernest ne peut pas s'empêcher de manifester sa présence en nous observant avec effroi. Son regard est oppressant et persistant, pourtant il essaye d'être le plus discret possible.

Depuis le jour où Xercès et Ernest se sont rencontrés, ils se comportent comme chien et chat. Xercès nourrit une sorte d'obsession pour lui : il veut le voir souffrir jusqu'à ce qu'il se mette à le supplier et à pleurer pour sa vie. C'est glauque, oui, mais cette facette de sa personnalité s'explique par son enfance partagée avec Pandora. Les deux frères ont pris goût à engendrer des châtiments corporels et à attiser un sentiment de trouble.

— Tu viens de recevoir un message de mon frère, remarque Xercès.

J'attrape mon smartphone et il se penche aussitôt vers moi pour lire le message de Pandora.

| Pandora – 23 : 21 | Xercès vient habiter chez toi ? Je suis jaloux !

Entre les frères, ça a toujours été une compétition. Ils détestent le favoritisme. Je lui réponds donc en expliquant la situation pendant que Xercès éclate de rire. Lorsque mon message est envoyé, des éclats de voix parviennent jusqu'à moi. Entre-temps, Alaric est parti chez ses parents, Maria est dans sa chambre, et Drew et Ernest jouent à des jeux de société dans le salon. Ils font du bruit, et ils attisent l'agacement de Xercès.

— Je déteste tes colocataires, affirme-t-il.

— Ha ha ! Mais tu ne détestes pas ta nouvelle protégée, n'est-ce pas ? déclare Ernest en riant nerveusement.

— Elle est fade.

— Désolée...

Malgré le fait qu'ils ne se connaissent que depuis deux heures, Drew est anéantie par les paroles de Xercès. Elle tremble de la tête aux pieds. Je ne saurais dire si son corps est sur le point de défaillir ou si elle contrôle la situation, c'est assez troublant.

— Essaye de faire un effort, Xers. Si tu ne veux pas la protéger, dis-le-moi tout de suite. Je demanderai à quelqu'un d'autre de le faire.

Il paraît sceptique, mais il opine de la tête tout de même.

— Je la taquinais, ne sois pas autant sur la défensive. Est-ce qu'on pourrait se parler en privé ?

Étant donné que Drew et Ernest ne veulent pas se mêler davantage à notre conversation, ils s'empressent de rejoindre la cuisine. Xercès et moi sommes donc seuls dans l'entrée. Il attend que la voie soit libre pour parler :

— Dis, tu n'aurais pas quelque chose à m'avouer ?

— Non, pas à ma connaissance.

— Eh, ne fais pas comme si tu ne comprenais pas mes sous-entendus. Tu sais bien que ma spécialité est de déchiffrer les sentiments des gens.

— Quoi ?

— Avoue, insiste-t-il.

J'essaye de deviner où Xercès veut en venir. Néanmoins, ce n'est pas facile. Je cache beaucoup de choses et mon ami les connaît toutes. Son comportement est donc suspect.

— Sache que je respecterai toujours tes choix et que tu n'as pas à t'en faire, parce qu'on ne te jugera pas. La vie est pleine de rebondissements.

— Viens-en au fait ! dis-je afin que ce suspense cesse.

— Je sais que tu l'aimes.

— Qui ?

Il pose sa main sur mon épaule avec un air sérieux :

— Ton colocataire, Alaric Matthews.

CHAPITRE 25

ERNEST

Protéger Drew avec un des Sept Démons, c'est probablement la pire idée du siècle. Khaul est intelligent et perspicace. Il sait bien que les Sept Démons détestent Drew et qu'ils n'auraient aucun scrupule à lui couper la tête. Je ne comprends pas sa façon de penser. Il aurait pu embaucher un garde du corps ou je n'en sais rien, moi… Sortir avec elle et passer toutes ses journées avec ! Mais non… Il a fallu que son choix se porte sur Xercès, le Persécuteur de glaces.

Ce maudit démon se classe en deuxième position. Il est plus redoutable qu'Eliodas. Il est terrifiant, sans cœur, et surtout, il passe son temps à bouffer des glaçons ! Mais quel genre de psychopathe fait ça ? En tout cas, pas celui qui devrait être en liberté. Xercès est pire que son petit frère, Pandora. J'ai bien failli me chier dessus en le voyant pour la première fois. Il m'avait étranglé avec un rideau parce qu'un pet s'était échappé de mes fesses, et cela ne lui avait pas vraiment plu. Heureusement que Khaul était là pour me sauver la vie.

— En fin de compte, je pense que je vais rester ici encore un peu, déclare Drew après s'être éclipsée moins de deux minutes.

Elle prend place en face de moi, le regard perdu dans le vide. Son teint est blafard, et son visage est marqué par la déception, comme si elle venait d'apprendre que le père Noël n'existe pas.

— Tu ne vas pas aux toilettes finalement ?

— Non, Khaulder et Xercès sont dans le hall d'entrée, et je n'ose pas les déranger, répond-elle.

— Oh, intéressant !

Je quitte ma chaise et me glisse silencieusement dans le hall d'entrée. Drew me lance un regard perplexe, me faisant signe de rester en place, mais je fais mine de ne pas comprendre. Marchant sur la pointe des pieds, je tends l'oreille pour écouter la conversation entre Khaul et Xercès. Je sais que je ne devrais pas fouiner ainsi, mais c'est au-dessus de mes forces. Lorsque Khaul discute avec un démon, seul, en tête à tête, c'est toujours captivant à entendre.

— Arrête, Ernest. Reviens ! chuchote Drew en restant assise sur sa chaise.

Je plaque mon oreille contre le mur et tente de comprendre ce qu'ils se racontent. Khaul est en plein dans un fou rire.

— Je crois bien que c'est la chose la plus débile que tu m'aies jamais dite, déclare le petit prince entre deux ricanements.

— Désolé, rétorque Xercès. La petite pyromane était en train de nous écouter, j'ai préféré brouiller les pistes.

— Drew était là ? s'étonne-t-il en reprenant son sérieux.

— Oui. Elle s'est approchée de nous, mais elle a fui aussi vite qu'elle est venue. J'ai senti son odeur.

J'entends Khaul soupirer et quelques bruitages non identifiés. Merde. Je devrais m'en aller avant que Xercès me repère avec son odorat surdéveloppé. Alors que je m'apprête à rejoindre Drew, le démon prend la parole :

— Elle dégage une odeur particulière, une odeur sucrée assez agréable... Est-ce que mon petit frère a déjà rencontré cette fille ?

Les choses sérieuses commencent. Je reprends ma place initiale et continue de les écouter avec attention.

— Oui, pourquoi ?

— Je vois.

— Il y a un problème ? le questionne Khaul.

— Non, mais il y en aura bientôt un si tu laisses mon frère s'approcher d'elle.

Mon souffle s'arrête.

Je mets ma main contre ma bouche en essayant de rester silencieux. Jamais, au grand jamais, je n'aurais imaginé que Xercès dirait une chose pareille à propos de Pandora. J'ai toujours su que la relation des frères Ashtrays était chaotique, mais je n'avais jamais eu l'occasion de les entendre se plaindre l'un de l'autre.

— Comment ça ?

— Mon frère a un goût prononcé pour les jeunes femmes comme Drew. Il aime quand elles sont douces et silencieuses. La pyromane a l'air de correspondre à...

Xercès laisse sa phrase en suspens avant de poursuivre avec un ton plus sec :

— Ernest, tu as exactement deux minutes pour dégager avant que je t'étrangle.

Sans un mot ni un bruit, mon corps se propulse vers le salon. Drew me dévisage pendant que mon cœur bat à toute allure. Je bois une gorgée de tequila en espérant que Xercès ne soit pas un homme rancunier. Je savais que j'allais être démasqué, mais après tout ce que j'ai entendu, cela en valait largement la peine.

— Alors, qu'est-ce qu'il s'est passé ? m'interroge-t-elle.

— Xercès m'a démasqué !

— Tu as pu les entendre ? s'empresse-t-elle de demander.

— Ouais ! Ils parlaient de Pandora et toi.

À en croire la réaction de la brunette, elle ne s'attendait pas à entendre le nom du Démon aux cheveux d'argent. Elle paraît aussi étonnée que moi :

— Mais ils parlaient d'Alaric quand j'y étais.

— Xercès a voulu brouiller les pistes parce qu'il savait que tu les écoutais, lui expliqué-je à voix basse.

Son visage s'illumine, comme si elle venait d'avoir une révélation, comme si tout prenait sens dans sa tête.

— Oh ! Donc, Khaulder n'est pas amoureux d'Alaric ? conclut-elle.

— Non, jamais !

Il est plus probable que nous soyons envahis par des extraterrestres que Khaul développe des sentiments pour Alaric. Rien n'est plus incompatible que ce duo. Bien qu'ils soient amis, ils ne peuvent pas se supporter longtemps dans la même pièce. Leurs disputes, souvent sur des sujets stupides, en sont la preuve. Alaric déteste avoir tort, tout comme Khaul.

Alors que je m'apprête à développer la raison pour laquelle ces deux-là ne seront jamais ensemble, la silhouette d'un homme apparaît dans le jardin, et mon cœur s'emballe.

Les lumières s'éteignent et se rallument comme dans un film d'horreur.

Je me fige une fraction de seconde avant de hurler de toutes mes forces :

— Ah ! Il y a quelqu'un dans le jardin !

Khaul débarque dans la pièce en même temps que Xercès, comme si de rien n'était. Il a les mains dans les poches lorsqu'il s'avance dans le jardin.

— C'est Zanner, ne panique pas.

Mon cerveau a du mal à assimiler ce que je viens d'entendre. Attendez un instant. Est-ce qu'il vient de dire que Zanner Rainsworth, le Diable incarné, est au milieu du jardin ? Je pourrais m'évanouir sans problème, mais je ne peux pas prendre ce risque. Si je suis inconscient face à Xercès, ce démon n'hésitera pas à s'en prendre à moi.

— Zanner ! C'est une raison de plus pour paniquer !

Khaul roule des yeux et s'avance vers le jardin pendant que Xercès me fixe avec ses iris bleus terrifiants. J'ai la sensation que cet homme peut sonder mon âme. De son côté, Drew a les yeux rivés sur le jardin, elle a l'air curieuse alors qu'elle devrait être plutôt effrayée. Zanner serait capable de la tuer sans raison.

— Zanner fait partie des Sept Démons ? me questionne Drew avec un calme renversant.

— Oui ! C'est le pire de tous !

Elle acquiesce, l'air de rien. Pourquoi n'est-elle pas aussi terrifiée que moi ? Zanner n'est qu'à quelques mètres de nous. Il peut nous tuer, nous briser, nous torturer ! Zanner n'est pas un simple démon, c'est le démon ultime, celui qui fait trembler tous les autres et qui nous lie aux BlackPills. Il va falloir que je la briefe davantage.

— C'est quoi les Sept Démons ? intervient Xercès en s'approchant de nous.

Oh, misère ! Comment n'ai-je pas remarqué qu'il était là ? J'aurais dû être plus discret. Les Sept Démons ne savent évidemment pas qu'ils font partie des Sept Démons. Cette appellation a été créée par Alaric, Douglas et moi pour désigner les étranges amis de Khaul. Bien sûr, Xercès, le Persécuteur de glaces, ne sait rien de tout ça.

— Je vous écoute. Je déteste attendre, poursuit le Persécuteur de glaces.

— Les Sept Démons, c'est… euh… ce sont sept individus redoutables qui agissent sous les ordres de Khaulder.

— Et tu en fais partie, renchérit Drew avec une volonté de nous nuire.

J'écarquille les yeux, stupéfait.

Xercès croise les bras contre son torse et nous toise du regard. Il n'a pas l'air d'aimer ce qu'on vient de lui dire. Ça y est, c'est la fin pour nous. Le Persécuteur de glaces va nous tuer sans la moindre hésitation. Il s'approche tel un lion sauvage pendant que Drew et moi reculons d'un pas. Mes mains tremblent sous l'effet de la peur qui me submerge.

— Je n'agis pas sous les ordres de Khaul, nous contredit-il en se penchant. Est-ce que c'est bien clair ?

Son ton est sec, sans appel.

À mes côtés, Drew tremble comme une feuille sous une brise d'automne. Xercès a les yeux scotchés aux siens. Il la regarde comme si je n'existais pas. Elle déglutit doucement avant de déclarer à voix basse :

— Oui, c'est très clair.

— Si je veux tuer l'un d'entre vous, ce n'est pas Khaul qui m'en empêchera. Ne l'oubliez pas.

Je secoue la tête, et Drew fait de même. Xercès quitte la pièce, nous laissant ainsi dans un silence pesant.

Décidément, cohabiter avec ce démon s'annonce mauvais pour ma santé mentale.

CHAPITRE 26

DOUGLAS

Deux semaines plus tard

Vivre sous le même toit que Xercès est une expérience unique. Il faut le vivre pour le comprendre. Cet homme n'est pas net : il dort à peine, observe chaque détail, et réagit au moindre bruit. Ses journées se résument à surveiller les alentours et à réagir face à la moindre menace. Au cours de ces deux dernières semaines, Ernest s'est attiré les foudres de Xercès à trois reprises. La première fois, c'est parce qu'il a osé utiliser les glaçons réservés à Xercès pour ses cocktails. La fureur de ce dernier l'a contraint à fuir la maison et à attendre le retour de Khaul.

La deuxième fois, c'est en voulant chatouiller Drew. La colère du démon s'est à nouveau déchaînée sur Ernest puisqu'il n'a pas aimé le contact physique avec celle qu'il est censé protéger.

Enfin, ce matin, Ernest a terminé le rouleau de papier toilette sans le remplacer. Manque de chance, Xercès est passé après lui...

Je vous laisse imaginer sa réaction.

Bien que le Persécuteur de glaces instaure un malaise constant dans la maison, je dois reconnaître qu'il fait un excellent travail avec Drew. Il veille sur elle à distance pour ne pas l'oppresser.

À mon grand soulagement, ils ne se sont jamais disputés. Drew est toujours polie avec lui, et Xercès lui rend la pareille, chacun faisant preuve de courtoisie et de respect envers l'autre. J'ai désormais la certitude que Drew est en sécurité avec Xercès.

Il remplit parfaitement sa mission de protecteur et je ne peux que lui en être reconnaissant. J'étais sceptique les premiers jours, mais tous mes doutes se sont dissipés. Je peux désormais célébrer l'anniversaire de Khaul en sachant que Drew est entre de bonnes mains !

— Joyeux anniversaire, Khaul ! Joyeux anniversaire !

Installé au fond d'une boîte de strip-tease, entouré de jeunes femmes aux regards suggestifs, notre cher Khaul souffle ses bougies sous un tonnerre d'applaudissements. Son agacement se ressent à des milliers de kilomètres. Évidemment, Khaul n'est pas un grand adepte des boîtes de strip-tease, mais on voulait que ses vingt-cinq ans soient mémorables, même Eliodas et Pandora se sont joints à nous pour organiser cette fête d'anniversaire diabolique. Nous avons préparé une liste de surprises pour rendre cette soirée inoubliable, à commencer par la présence de ces danseuses.

— Je vous déteste, grommelle Khaul en soupirant.

— Ne mens pas ! Tu nous aimes à la folie, et tout le monde le sait ! Pas vrai ? s'exclame Ernest, complètement ivre, en bousculant Pandora.

Le Démon aux cheveux d'argent plante alors ses yeux bleu électrique dans les siens. Le Mexicain prend peur et se presse vers Khaul pour trouver refuge auprès de lui.

Entre rires, altercations et danses, cette fête se révèle être un franc succès. Cela fait longtemps que nous ne nous sommes pas autant amusés. L'ambiance, les fous rires, la bonne humeur, tout ceci m'avait tellement manqué.

Je ne m'attendais vraiment pas à ce que cette fête surprise se déroule aussi bien. J'ai l'impression de respirer à nouveau, de vivre comme avant, d'apprécier véritablement ce qui m'entoure. À cet instant, le visage du mercenaire ne me hante plus. Le poids de ma culpabilité s'efface doucement. Je ressens néanmoins un léger regret d'avoir laissé Drew, Maria et Xercès à la maison pour s'occuper du chien de Chad. Évidemment, je n'aurais jamais laissé ma sœur participer au jeu de la bouteille.

— Qui tourne la bouteille ? demande Hyder manifestement surexcité.

— Moi, moi ! Je veux le faire ! lance Ernest en levant la main en l'air.

Vu sa réaction, celui-ci n'a pas l'air de réaliser qu'il a deux chances sur dix-huit d'embrasser Pandora ou Eliodas. Certes, Ernest a dix chances de tomber sur une des magnifiques filles qui nous ont rejoints, mais cela reste tout de même risqué.

Alors que nous retenons notre respiration, Hyder tourne la bouteille, et c'est Ernest et une jolie Indienne qui sont désignés. Forcément, mon colocataire est aux anges. Il s'avance vers elle, et dès qu'il prend son visage entre ses mains, ses lèvres s'écrasent sur les siennes. Comme dans les films, ce crétin décide de lever son pied gauche.

Le jeu reprend.

À présent, la bouteille pointe une rousse. En revanche, cette fois, ce n'est pas Ernest qui est choisi, mais Khaul.

— Quoi ? Non. J'ai dit que je ne jouais pas, lance-t-il.

Sa réaction est prévisible. Tout le monde sait qu'il serait incapable d'embrasser une fille qu'il connaît à peine. Khaul a horreur des contacts physiques avec des inconnus, d'autant qu'il accorde beaucoup d'importance à un simple baiser. Toutes ses relations amoureuses ont eu une phase de flirt de plusieurs mois. Aelys, son ex, a attendu près d'un an et elle a été rejetée plus de treize fois par Khaul avant qu'il finisse par sortir avec. Ils étaient vraiment mignons. Après leur rupture, Ernest, Chad et Alaric ont été dévastés. Ils l'étaient encore plus que Khaul. Encore aujourd'hui, ces derniers craignent que notre colocataire finisse seul... Ne vous méprenez pas, Khaul est un excellent petit ami. Le souci, c'est qu'il est difficile à approcher. Il faut souvent plusieurs semaines pour qu'il s'habitue à une personne, et parfois plusieurs mois pour qu'il commence à l'apprécier. C'est notamment pour cette raison qu'Ernest, Chad et Alaric passent leur temps à jouer les cupidons. Ils savent qu'autrement, Khaul ne ferait jamais le premier pas.

— Ton portable sonne, remarque Pandora en s'adressant à Khaul.

Le millionnaire profite de cette occasion en or pour échapper au baiser imposé. Il discute avec son interlocuteur pendant que je tourne la bouteille pour désigner la prochaine personne qui devra embrasser la belle rousse.

Quelques bribes de sa conversation arrivent jusqu'à moi. Mon sang se glace. Je me lève pour m'avancer bien que tout le monde m'incite à tourner cette foutue bouteille.

— C'était l'hôpital de Chad, annonce-t-il en raccrochant.

— Attends, quoi ? s'écrie Hyder.

— Ils ont essayé de te joindre, mais je crois que ton portable est en silencieux. Chad leur a donc donné mon numéro.

— Est-ce qu'il va bien… ? demande Ernest.

— D'après les médecins, son état s'est dégradé en début de soirée. Il ne passera probablement pas la nuit… Aucun membre de sa famille n'est à Ravenstein pour lui rendre visite.

Dans ma tête, tout se bouscule. Les événements sont rapides, trop rapides, et même si je suis totalement sobre, mon corps vacille de droite à gauche. Une fois à l'extérieur de la boîte de strip-tease, Khaul s'approche de sa voiture.

— Je vais à la maison pour récupérer le chien de Chad. Il voudra voir Pacco une dernière fois, affirme-t-il en étant sûr de lui.

Soudain, Drew apparaît comme un déclic dans ma tête. Chad serait également heureux qu'elle soit parmi nous.

— Est-ce… est-ce que tu pourrais aussi venir avec Drew ? S'il te plaît.

Ma voix est brisée par l'accablement. Je n'arrive pas à enlever cette boule dans ma gorge.

— D'accord, me coupe-t-il en prenant mes épaules. Respire un bon coup. Je t'envoie un message dès que j'arrive à l'hôpital.

J'inspire et expire profondément, pendant que Khaul poursuit :

— Ernest, arrête de pleurer. Chad se sentira coupable si tu as les yeux rouges. Et Hyder, n'hésite pas à faire des blagues, même si elles sont pourries… Alaric, je sais que c'est dur, mais il faut que tu essayes de rire. Il me dit souvent qu'il adore t'entendre rire…

Mes amis acquiescent d'un faible hochement de tête alors que Khaul s'oriente vers sa voiture. Je pénètre aussi dans mon véhicule, sur le siège conducteur, et quand on est prêts, nous roulons en direction de l'hôpital où se trouve Chad.

Au début, personne ne parle, puis Hyder se met à paniquer et à hurler comme une bête sauvage. L'espace confiné de la voiture s'est transformé en brouhaha assourdissant. Malheureusement, Khaul n'est pas là pour arranger cette engueulade collective. On aurait dû échanger nos places.

— La ferme, enfoiré ! crache Alaric.

— Tu parles à qui, là ? dis-je en le fusillant du regard.

— Conduis plus vite ! Crame ce putain de feu rouge, qu'est-ce que t'attends ? s'impatiente Ernest.

Avec la quantité d'alcool qu'ils ont ingurgitée, rien ne les arrête. Ils sont incontrôlables. Alaric est en train de se disputer avec Ernest, tandis qu'Hyder cherche à augmenter la vitesse de mon véhicule. Résultat : on fait des zigzags en plein milieu de la route ! Certains conducteurs n'hésitent pas à klaxonner et à lâcher quelques insultes au passage.

Je n'arrive pas à me concentrer. Nous sommes dans une véritable impasse. Bien que nous ayons frôlé la mort deux fois, ils ne veulent toujours pas fermer leurs gueules de merde ! Je n'entends que des fracas de voix, de ce fait, une immense envie de me défouler s'immisce progressivement dans chaque parcelle de mon corps. Il faut quc...

— Attention ! hurle Alaric.

Un silence.

Puis, le néant.

CHAPITRE 27

DREW

Depuis le départ des garçons pour leur fête d'anniversaire surprise, aucun mot n'a été échangé entre nous – pas un seul.

Xercès, telle une sentinelle, scrute chaque son, ses sens sont en alerte, il est prêt à défier le moindre murmure suspect. Maria, elle, n'a pas cessé de lorgner sa longue chevelure. Elle navigue parfois sur les réseaux sociaux, mais elle se lasse rapidement. Un long silence gênant, aussi fastidieux que les blagues d'Ernest, s'est installé entre nous. Le monde semble retenir son souffle. Même Pacco, le fidèle chien de Chad, se lasse des jeux et des caresses. L'ennui enveloppe chaque recoin du salon.

Quand je me lève du canapé, le silence règne. Le bruit d'une serrure retentit. Xercès, étant déjà préparé en cas d'intrusion, se précipite vers la porte d'entrée. Je le rejoins à petits pas. Maria, quant à elle, se réfugie derrière le comptoir de la cuisine avec une mine terrorisée.

— Drew !

Sous le regard abasourdi de mon protecteur, Khaulder surgit dans l'encadrement de la porte, son arrivée à l'improviste me laisse sans voix. Il s'avance vers moi et me domine par sa taille. Pourquoi est-il déjà à la maison ? Il est bien trop tôt pour que sa fête d'anniversaire soit finie. Il ne devrait pas être ici.

— Khaul ? s'étonne Xercès.

Avec ses yeux onyx braqués sur moi, Khaulder parvient à me clouer sur place. Je reste littéralement muette. Une lueur étrange danse dans ses iris, une part de moi est convaincue que son comportement a un lien avec Chad.

Je le sais.

Je le sais, car son regard est plus explicite que des milliers de mots. Il suffit de le regarder, ne serait-ce qu'une fraction de seconde, pour s'en rendre compte et en être persuadé. Khaulder est dans une profonde peine et, malgré tous ses efforts pour dissimuler ses sentiments, son chagrin est flagrant.

— Chad va mourir et...

Il ferme les paupières et les rouvre quelques instants plus tard. De toute évidence, il cherche à garder son calme. Il ne veut pas craquer devant Xercès, ni devant qui que ce soit, peut-être parce qu'il ne veut pas qu'on se préoccupe de son état. Khaulder fait toujours preuve d'un sang-froid inébranlable, tous mes colocataires l'admirent beaucoup pour ça.

— Ton frère veut que tu sois là, déclare-t-il en reprenant une voix posée.

Je ne m'oppose pas, ne parle pas, ne panique pas. Tout ce que je fais, c'est sortir de la maison et m'installer à l'intérieur de sa voiture. Il me rejoint une seconde plus tard avec Pacco dans ses bras. Dans une telle situation, perdre du temps est impardonnable, c'est une sorte de course contre la montre.

Si nous n'arrivons pas à temps, Chad sera peut-être parti pour toujours et nous n'aurons qu'à accepter cette fatalité.

— Merde, y a eu un accident vers le centre-ville ! Il faut qu'on prenne un autre chemin, annonce Khaulder en fixant son GPS. Accroche-toi.

Je secoue la tête en agrippant ma ceinture. Lorsque mon colocataire tourne brusquement le volant, mes yeux se ferment instinctivement, mes dents se serrent. Mon cœur tambourine avec une frénésie telle que je le sens bondir dans tout mon corps. Mon esprit se met alors à tisser des scénarios, allant des plus romanesques aux plus sordides, tandis que je prie intérieurement pour que Chad nous attende.

Je garde mes paupières closes sans oser les rouvrir par peur d'être plus effrayée que je ne le suis déjà – ou par peur d'affronter la réalité. L'angoisse me submerge. Chad occupe une place spéciale dans le cœur de mes colocataires. Il est tellement gentil, tellement doux et tellement généreux que personne ne peut le critiquer.

— On est arrivés. Tu peux rouvrir les yeux, me chuchote Khaulder.

Son visage, plus attendrissant que triste, est juste devant le mien. La distance qui nous sépare est si minime que mes poils se dressent. Avec réticence, je me dégage de son emprise visuelle afin de me ruer à l'extérieur du véhicule. À son tour, il sort de la voiture, et côte à côte, nous marchons vers l'hôpital.

Puisque je suis mal à l'aise et anxieuse quand je m'exprime à l'oral, Khaulder se charge de convaincre le personnel de l'hôpital d'emmener le chien de Chad avec nous. Bien que les règles d'hygiène soient strictes, une des secrétaires paraît touchée par notre histoire et nous autorise à filer en douce avec le chien dans nos bras. Khaulder me fait signe de le suivre, et c'est exactement ce que je fais.

— Vous pouvez entrer maintenant.

Je pense que cette voix appartient à l'infirmière. Tout ce dont je suis sûre, c'est que désormais, nous sommes dans la chambre de Chad, puisqu'il est là, allongé sur un lit, avec un teint anormalement blafard. Quand il nous voit, Chad tente de se redresser – en vain. Il en est physiquement incapable. Ses bras frêles, d'une maigreur extrême, ne possèdent pas assez de force pour qu'il puisse faire un quelconque geste. Sa fréquence cardiaque, inscrite sur l'électrocardiogramme, augmente à une allure considérable. Par conséquent, Khaulder s'empresse de courir vers lui :

— Putain, mec, n'essaye pas de bouger !

En me tenant au milieu de cette chambre d'hôpital dont les murs regorgent d'histoires, je replonge quelques années en arrière. Dans mes souvenirs, la pièce était plus grande, mais tout aussi dénuée de charme. En revanche, le lit reste inchangé : il est d'un blanc neutre et fade. Mon père occupait la place qu'occupe aujourd'hui Chad.

— Oh mon Dieu... Vous avez amené mon Pacco. Il est si beau. Coucou toi, sourit Chad alors que son chien lui saute dessus.

Je fais un pas en avant, mes mains tremblent jusqu'au bout des doigts. Chad ressemble beaucoup à mon père avant qu'il ne meure. Il avait le même rire. Je tente de maîtriser une crise d'angoisse qui menace de surgir, ce n'est vraiment pas le moment de céder à la panique.

— Ne fais pas cette tête, Drew ! Aujourd'hui est un jour spécial, sourit Chad lorsque je m'approche de son chevet. Joyeux anniversaire, Khaul.

À mes côtés, Khaulder se crispe. Il le remercie à travers un murmure. Plus je regarde Chad, plus mon cœur se comprime. Il est si différent de la première fois que je l'ai rencontré. Il est en train de s'éteindre de la manière la plus douloureuse qui soit.

— Khaul, ne me regarde pas comme ça... Je t'avais pourtant déjà dit que je n'étais pas beau à voir ! Quand Ernest viendra, je parie vingt dollars qu'il dira que je ressemble à un zombie, se moque Chad.

— Tu es beau, renchérit Khaulder avant de me proposer de m'asseoir sur l'une des deux chaises.

— Oh, toi ! Tu sais comment me flatter, se réjouit Chad. Dis-moi, ton anniversaire s'est bien passé ? Il paraît que Douglas a décidé de t'emmener dans un club de strip-tease.

Je ne peux pas m'empêcher de montrer mon étonnement. Je dois admettre que je pensais que les clubs de strip-tease n'existaient que dans les films.

— C'était horrible. J'aurais préféré le fêter à la maison, avec tout le monde, répond-il.

Étrangement, mon cœur s'emballe à ses derniers mots. Khaulder me lance un regard discret.

— Je sais que c'est ton anniversaire, et que ça devrait plutôt être l'inverse, mais... est-ce que tu pourrais m'accorder une faveur ? réclame le blondinet.

— Bien sûr.

— Je sais que je vais bientôt mourir et je n'ai pas envie qu'Hyder soit seul... Il ne doit surtout pas vivre seul. Il ne le supporterait pas.

Une fois de plus, Khaulder se crispe. Il contracte sa mâchoire comme s'il essayait d'encaisser des coups dans le ventre.

— Alors... est-ce qu'il pourra dormir dans votre maison ? poursuit Chad.

— Oui, bien sûr.

— Hyder aura beaucoup de mal à surmonter le deuil... Il lui faudra peut-être des mois ou des années pour tourner la page, mais je suis sûr qu'il s'en remettra. Préparez-vous à le voir dévasté... Il me considère comme sa seule famille.

— On prendra soin de lui, renchérit Khaulder.

— Je peux mourir en paix, alors !

— Mais arrête ! Tu ne vas pas mourir aujourd'hui, ni demain. On partira dans ma maison de vacances, et on fera le puzzle que tu aimes tant.

Bien qu'il ne le montre pas, Khaulder sait que la vie de Chad va s'éteindre bientôt, et que les espoirs ne sont plus qu'un amas de poussière. Chad peine à respirer correctement. Avant qu'on entre dans sa chambre d'hôpital, l'infirmière nous a prévenus qu'il pouvait mourir à chaque instant et que mes colocataires ne seraient certainement pas là à temps. Pourtant, Khaulder s'efforce de maintenir un certain optimisme. Ses efforts sont empreints de douceur, si bien qu'une douleur me transperce la poitrine. Son immense sourire, son enthousiasme et sa voix, tellement joyeuse, sont déchirants.

— Enlève ce tube, Chad. Tu n'en as pas besoin.

Le blond obéit, comme s'il était aveuglé par la confiance qu'il porte à son ami. En effet, il n'essaye pas de comprendre. Il le fait sans exiger aucune explication.

— Voilà, c'est mieux, déclare Khaulder en esquissant un sourire.

Le tube était un fardeau pour Chad, et mon colocataire en avait conscience. Je comprends alors ce que Khaulder cherche à faire : il souhaite embellir les derniers moments de Chad, car, à en juger sa fréquence cardiaque, il ne lui reste plus que quelques minutes.

— On aura une maison au bord de la plage, commence à raconter Khaul en prenant sa main.

Le visage de Chad s'illumine brusquement, tel celui d'un enfant à l'annonce d'un conte.

— Vraiment ?

— Oui, vraiment, sourit Khaulder en retirant un second tube.

Un autre sourire vient se dessiner sur les lèvres bleutées de Chad, contrastant avec son teint morbide.

— On pourra avoir un chat ?

Khaulder acquiesce :

— On en aura même deux.

Bien qu'il ne le montre pas, Khaulder est en train de souffrir jusqu'aux tréfonds de son âme. Chad est si absorbé par ses mots que c'en est poignant. Ce moment est un véritable supplice. Sous une insouciance feinte, je perçois le déchirement et l'amertume que ressent Khaulder. Il serre un de ses poings si fermement que ses jointures deviennent pâles. J'ai envie de lui prendre la main, de le rassurer autant qu'il nous rassure, mais je suis si emportée, moi aussi, par ses paroles que je n'ose pas l'interrompre.

— Ferme les yeux, tu pourras mieux imaginer, déclare Khaulder tandis que Chad n'arrête pas de sourire.

— C'est bon.

— Qu'est-ce que tu entends ?

— Le bruit des vagues, et le cri des mouettes qui survolent notre maison, déclare Chad avant de rouvrir les yeux, nous laissant voir ses iris qui pétillent de bonheur et de souffrance.

Il ferme à nouveau les paupières tandis que Khaulder poursuit son récit :

— Est-ce que tu vois Ernest ? Il est en train de pourchasser les mouettes.

— Oui. Je le vois... Pas loin, il y a Alaric qui éclate de rire parce qu'il vient de tomber, reprend Chad, les paupières toujours closes. Le ciel est magnifique, et le sable... tellement doux.

— Où est Hyder ?

— Près des vagues. Il n'ose pas mettre les pieds dans l'eau, craignant d'avoir froid... déclare-t-il en réprimant un petit rire. Douglas vient de le porter pour le lâcher dans l'eau. Toi, tu es déjà dans l'eau, et tu n'arrêtes pas de rigoler avec Drew.

Khaulder affiche un sourire :

— Et toi, où es-tu ?

— Sous un parasol, avec un puzzle, répond-il en ouvrant les paupières.

Chad a l'air d'y croire. En l'espace de quelques minutes, Khaulder est parvenu à lui redonner de l'espoir. Dans ses yeux émeraude, je parviens à voir le bonheur et la persévérance ; Chad souhaite vivre.

— Quand est-ce qu'on pourra aller là-bas ? l'interroge Chad.

— Bientôt.

— Est-ce qu'on... pourra y aller dès que je sortirai de l'hôpital ? rétorque-t-il avec insistance.

— Oui, c'est déjà prévu.

— Et on restera là-bas pour toujours ?

— Oui, pour toujours, répète Khaulder.

Chad ferme ses yeux, avec une certaine joie, et finit par chuchoter :

— J'ai tellement hâte.

Une larme perle le long de sa joue avant qu'il sombre dans un sommeil éternel, sous les sanglots silencieux de Khaul.

CHAPITRE 28

ALARIC

Depuis que nous avons été heurtés par une voiture, les battements de mon cœur n'arrêtent pas de s'accroître.

Boum. Boum. Boum.

Voilà les seuls sons que je parviens à entendre. Mon rythme cardiaque retentit comme le compte à rebours d'une bombe à retardement. Je me sens submergé par la peur de perdre un de mes meilleurs amis. En toute honnêteté, je n'en ai rien à foutre de perdre un bras ou une jambe. Tout ce qui m'importe, là, maintenant, c'est que toutes les personnes dans cette voiture soient en vie. Bien que je passe mon temps à les mépriser, à les contredire, à les ignorer, ces enfoirés sont comme mes frères, et je ne veux pas les perdre.

— Vous allez bien ? je demande faiblement.

Mes membres répondent progressivement à ma volonté. Je parviens à défaire ma ceinture sans ressentir la moindre douleur. L'adrénaline coule dans mes veines et mon cœur bat à tout rompre.

— Ça va. Mon cou me fait un peu mal, répond Ernest.

— Pareil pour moi, lance Hyder en se massant la nuque.

Le souffle coupé, je me tourne vers Douglas pour voir comment il va. Et, quand il me sourit, un poids énorme tombe de mes épaules. Dieu soit loué !

Nous venons d'échapper au pire. Avant que la voiture explose comme dans les films, on s'empresse d'en sortir afin d'appeler un taxi ou une ambulance. Il faut absolument qu'on se rende à l'hôpital de Chad. À l'heure qu'il est, celui-ci doit certainement nous attendre, il est hors de question qu'on perde une seconde de plus. Dès qu'on aura réglé les formalités avec l'autre chauffeur, on partira illico.

Il y a tellement de conneries que je dois révéler à Chad, comme le fait que c'était moi, le mystérieux père Noël du 21 novembre, ou encore que c'était moi, la personne qui volait ses cookies. Il y a également tellement de choses que je dois lui avouer, que je l'aime de tout mon cœur même si cela ne se voit pas forcément, qu'il est un mec en or et que ses conseils barbants m'ont toujours été utiles pour me remonter le moral. Bien qu'on se connaisse depuis longtemps, je n'ai jamais eu l'occasion de lui dire à quel point je tiens à lui… En ce moment même, Chad doit penser que je le déteste à cause de sa dernière volonté, celle de se rendre coupable d'un meurtre qu'il n'a jamais commis. Sous le coup de la colère, je l'ai appelé et je l'ai insulté de tous les noms. Je n'ai pas réalisé la violence de mes mots. Fragile comme il est, Chad a peut-être cru que ma colère était contre lui alors que ce n'est absolument pas le cas. J'ai toujours eu la fâcheuse tendance à insulter les personnes que j'aime vraiment.

— Attendez, taisez-vous ! vocifère Douglas.

Il s'éloigne de quelques pas afin de mener à bien sa discussion téléphonique :

— Allô ? Khaul ? continue-t-il en fronçant les sourcils. Drew est avec toi ?

Le millionnaire a sûrement été plus rapide que nous. En même temps, vu que Khaulder connaît toutes les ruelles de Ravenstein, ce n'est pas étonnant. Il a emprunté tous les raccourcis possibles de cette ville, même les plus pourris. Je regrette de ne pas être allé avec lui.

— On a eu un accident, déclare Douglas en faisant des gestes à Ernest pour qu'il se dépêche de régler nos comptes avec cet enfoiré de conducteur. Non, non, ne t'inquiète pas ! Rien de grave, tout le monde va bien.

— Chad, on arrive ! crie Hyder.

— Demande-lui comment va Chad ! s'exclame Ernest.

— Ouais, demande-lui pour Chad !

— Arrêtez de gueuler dans mon oreille, grogne Douglas en nous montrant son doigt d'honneur avant de reprendre. J'imagine que tu les as entendus. Alors ? Il va bien ?

Aucune réponse.

Douglas réclame immédiatement une explication, mais Khaulder reste silencieux, nous laissant dans une angoisse sans fin. Le visage de Douglas se décompose, son regard se perd dans le vide, créant un long silence entre nous.

Aucun cri. Aucune question.

Juste des larmes – beaucoup de larmes.

❖

Deux semaines plus tard

La mort de Chad a été un choc pour tout le monde.

À seulement vingt-six ans, il avait la vie devant lui, remplie de projets et de rêves inachevés. Son départ a été un coup dur pour chacun de nous, et il m'a fallu du temps pour accepter la réalité. Il a fallu que je le voie, lors de son enterrement, pour comprendre qu'il ne reviendra plus jamais. Ses délicieux brunchs me manquent déjà. Malgré le fait qu'il ne faisait pas partie de notre colocation, son absence a créé une ambiance morose dans la maison.

Ernest passe ses journées dans la cuisine avec une bouteille de tequila dans les mains tandis que Douglas n'arrive toujours pas à se remettre de la mort du mercenaire. Son regard, souvent terne et fatigué, reflète la douleur qui le consume. Drew, également affectée, semble porter le poids du monde sur ses épaules. Xercès, tel un véritable garde du corps, est constamment aux côtés de la pseudo-muette – lui, il n'en a rien à faire du décès de Chad. Quant à Khaulder, il ne sourit plus beaucoup. Douglas se préoccupe énormément de son état. À mon avis, qu'il sourie ou non, ça ne change pas grand-chose, puisque de toute manière, ce gars ne sourit jamais.

Le seul point positif, c'est Maria. Elle apporte une vague de fraîcheur inestimable. Elle nous prépare des petits déjeuners et nous cuisine des plats merveilleux, elle lave notre linge, fait même le ménage et parfois les courses. Lorsque je sors de ma chambre et que je me rends dans le salon, elle est toujours la première à me remarquer :

— Est-ce que ça va ?

— Ouais, ne t'inquiète pas, réponds-je d'une voix détendue.

Après s'être chuchoté des mots incompréhensibles à lui-même, Hyder me contourne pour se rendre à l'étage et personne ne semble y prêter attention. La mort de Chad le rend inconsolable. Ces deux-là formaient un duo inséparable. Ils partageaient un appartement et passaient leur journée côte à côte. Pour l'aider à surmonter son deuil, nous lui avons proposé de venir habiter chez nous pendant quelque temps. Étant donné que ce n'est que temporaire, nous avons mis un matelas gonflable dans la chambre d'Ernest afin qu'il ne soit pas contraint de dormir sur le canapé.

Contrairement à ce qu'on pensait, son attitude est de plus en plus bizarre. Depuis qu'Hyder s'est éclipsé à l'étage, nous ne sommes plus que quatre dans le salon : Maria, Drew, Xercès et moi.

— Drew, goûte-moi ça ! C'est ma spécialité ! Je l'ai préparée spécialement pour toi, s'exclame Maria en souriant.

— Ah, désolée, mais je n'aime pas vraiment la tisane, déclare la pseudo-muette.

— Mais... j'ai pris tellement de temps pour la faire... déplore Maria.

— Si tu ne veux pas la boire, donne-la-moi, dis-je à Drew en essayant de saisir la tasse de tisane, mais Maria m'en empêche.

— Non, non, c'est pour Drew ! Cette tisane est adaptée aux femmes, elle aide à réguler nos hormones, dit-elle. Mais, si tu en veux une, je t'en prépare une spécialement pour toi.

Xercès nous toise un par un, comme si nous étions devenus des ennemis à abattre. Il s'approche de la pseudo-muette et lui murmure :

— Drew, ne bois pas cette tisane si tu n'en as pas envie.

Une lourde tension s'installe dans la pièce. Le Persécuteur de glaces est sur ses gardes, comme toujours. Il se méfie de tout le monde, à l'exception de deux personnes : Drew et Khaulder.

— Mais bien sûr, Drew ! Si tu n'en veux pas, ne te force pas. Je te proposais juste cette tisane pour te redonner un peu d'énergie. C'est excellent pour la santé, tu verras... déclare Maria, gênée.

— Drew n'aime pas les tisanes, donc n'insiste pas, s'exclame Xercès en se dressant devant la Mexicaine.

— Mais...

— Je vais la boire ! Peut-être que ça va m'aider à aimer les tisanes, intervient Drew en tirant le bras de Xercès pour qu'il recule.

La pseudo-muette avale la tisane en affichant un sourire forcé et en levant le pouce, bien qu'elle déteste le goût de cette infusion. Contrairement à Khaulder, Drew ne sait pas dissimuler ses émotions. Elle veut simplement faire plaisir à Maria en buvant toute la tisane. Xercès semble mécontent de la voir se forcer. Son regard perçant est rivé sur Maria.

Je décide de fuir cette atmosphère pesante et me réfugie dans ma chambre. Épuisé, je m'allonge sur mon lit pour me reposer avant le dîner et m'endors rapidement. Mais mon rêve est interrompu, non pas par les cris affolés d'Ernest, mais par une mélodie assourdissante.

L'alarme incendie vient d'être activée pour la deuxième fois.

CHAPITRE 29

DREW

Une fois de plus, cette scène se répète.

Une flamme, particulièrement ardente, est en train de dévorer la soie des rideaux. Dangereuse, elle danse dans un rythme endiablé. Ses reliefs sont fascinants. Je me retrouve dans un état proche de l'envoûtement. À la fois perdue et troublée, je vacille involontairement au milieu du salon. D'où cela peut-il venir ?

Après quelques instants d'analyse, une bougie à la vanille attire mon attention – elle est semblable à la bougie qui avait déclenché un incendie lors de ma première nuit. Mais pourquoi est-elle là ?

Progressivement, mon trouble laisse place à la panique.

Je dois m'en éloigner, et vite. La fumée me pique déjà les yeux, son effet irritant est terriblement désagréable, et je n'arrive pas à m'en dégager. Je recule d'un pas mais la table basse m'en empêche.

— Putain, mais qu'est-ce que tu fiches ? Écarte-toi ! s'écrie Ernest en débarquant subitement dans le salon.

Je secoue la tête et, sans un mot, je contourne la table basse pour me réfugier dans la cuisine. Les garçons descendent tour à tour les escaliers avec une certaine forme d'incompréhension scotchée sur leur visage. Ils ne s'attendaient certainement pas à un tel revirement. Je n'y suis pour rien. Cette fois-ci, ce n'est pas moi qui ai déclenché ce feu.

— Passe-moi ça ! Allez, grouille-toi ! s'énerve Alaric en arrachant l'extincteur des mains d'Ernest.

— Déjà, baisse d'un ton ! Je ne suis pas ton chien.

— Ah ouais, on parie ?

Et c'est reparti pour une énième engueulade qui n'a aucun sens. Ils commencent à se disputer avec rage. Plusieurs insultes fusent, des menaces également, avant d'être stoppées par Xercès qui vient de saisir brutalement l'extincteur des mains d'Alaric. Mon frère se précipite vers moi.

— Je vais bien, dis-je doucement en voyant son visage tiré par l'inquiétude.

Ses traits s'adoucissent et un sourire se forme.

— Tant mieux, souffle-t-il à voix basse.

Quand l'incendie est définitivement contrôlé, créant ainsi une épaisse couche de fumée nocive, un long silence envahit la maison. L'atmosphère est pesante, presque suffocante, et lorsque Khaulder apparaît, les choses se compliquent.

Sous les yeux de tous, le brun s'avance dangereusement vers moi. Cependant, Xercès arrive à temps pour se mettre devant moi. Douglas, quant à lui, prend la parole pour me défendre :

— Si elle doit dormir dehors, je me porte volontaire à sa place !

— Drew ! Rassure-moi, tu ne l'as pas fait exprès, pas vrai ? m'interroge Ernest.

Aucun son ne sort de ma bouche tant je suis troublée. Bien sûr que non, ce n'était pas volontaire. Jamais je n'aurais fait ça de mon plein gré, surtout en sachant que ces derniers temps, mes colocataires sont ravagés par le deuil et la nostalgie.

— Qu'est-ce qu'il s'est passé ? me demande Maria.

Ma bouche s'ouvre, mais se referme aussitôt. Je laisse sa question en suspens. En vérité, je n'en sais rien. Je ne me souviens pas d'avoir allumé une seule bougie. C'est étrange. Une part de moi est persuadée que je suis innocente. Pourtant, tous les éléments portent à croire que je suis coupable.

— Xercès, décale-toi.

La voix de Khaulder retentit dans le salon, et c'est avec réticence que mon protecteur obéit. Que dois-je faire ? J'hésite entre garder le silence et me défendre. J'ai l'impression que personne ne va me croire et que nier les événements reviendrait à aller droit dans le mur. Suis-je fautive ou victime d'un coup monté ? En vérité, je n'en ai pas la moindre idée. Tout ce que je sais, c'est que son regard, teinté de tristesse, d'amertume et de sérieux, s'avère plus déstabilisant que de me mettre un couteau sous la gorge.

Pourquoi est-ce que je n'arrive pas à me souvenir ? Pourquoi ? Pourquoi aurais-je fait une chose aussi ignoble ? Et pourquoi me fixent-ils tous ainsi ? Ce n'est pas de la colère que je parviens à déceler dans leurs pupilles, mais plutôt de la déception, une profonde et intense déception. Je suis la source de leurs problèmes, c'est ce que j'arrive à lire dans leurs yeux. Ils ne montrent aucun énervement, ni aucune haine, juste du dégoût. Et c'est nettement plus douloureux.

En toute honnêteté, j'aurais préféré qu'ils me hurlent dessus, qu'ils me disent à quel point je suis irresponsable, qu'ils crient jusqu'à me déchirer les tympans ; mais au lieu de ça, ils ne disent rien.

— Je suis désolée.

— Non, tu ne l'es pas. Parce que ce n'est pas de ta faute, déclare mon jumeau en gardant la tête haute. C'est à cause de Xercès. Il était censé te surveiller et, à la place, il est parti se doucher !

— Que ce soit bien clair, je ne la surveille pas. Elle est assez grande pour faire ce qu'elle veut. Je ne suis pas son putain de baby-sitter ! Mon rôle, c'est de me débarrasser des intrus. Est-ce que c'est bien compris ? grogne Xercès.

— Calmez-vous. Tout le monde va bien, dit Ernest en s'incrustant dans la conversation. Personne n'est mort cette fois-ci.

— Arrête de parler, tu t'enfonces encore plus, grogne Alaric.

— Ouais, désolé ! Je m'en vais. Faites comme si je n'existais pas.

Après cette brève et gênante interruption, l'atmosphère tendue se dissipe peu à peu, mais ils continuent de me fixer avec insistance. Mes colocataires attendent tous la décision du propriétaire des lieux. Khaulder examine les alentours, contracte sa mâchoire, et souffle un bon coup. Il plante ensuite son regard dans le mien.

— Tu l'as fait exprès ? me demande-t-il.

— Non... pas du tout.

Une tempête fait rage dans ses prunelles. Il acquiesce et se tourne en direction de mes colocataires :

— Vous pouvez aérer pendant la nuit ? J'appellerai un décorateur d'intérieur demain.

Sur ces mots plus qu'inattendus, le grand brun quitte le salon. Étant donné qu'il est tard et que la nuit s'annonce courte, personne ne fait de remarque, et chacun file illico presto dans sa chambre.

❖

— C'est fascinant, prononce une voix féminine. Je dois admettre que tu m'impressionnes beaucoup.

Mes paupières s'ouvrent au même moment où mes sourcils se froncent – où suis-je ? Il me suffit d'une fraction de seconde pour me rendre compte que je me trouve dans ma chambre. Maria me tient compagnie.

Assise sur une chaise, le visage fermé, elle m'observe attentivement comme si j'étais devenue une adversaire à ses yeux.

— Tout le monde est à tes petits soins. Drew par-ci, Drew par-là, c'est tellement agaçant, lâche-t-elle en se levant les bras croisés sur sa poitrine. Tu ne fais pourtant rien d'exceptionnel.

Elle parle d'une façon si méprisante que je me sens blessée par la brutalité de ses mots.

— Je t'ai observée pendant toutes ces semaines, et tu es officiellement la fille la plus ennuyeuse que je connaisse, dit-elle en attrapant mon menton pour que je sois dans l'obligation de planter mes yeux dans les siens. Heureusement que tu as un beau visage.

Elle a bien plus de force qu'on pourrait le croire. Je m'éloigne en reculant, mais lorsque je me retrouve au bord du matelas, mon corps s'immobilise. Elle marque un long silence avant de poursuivre :

— Si tu oses te mettre en travers de mon chemin ou dire des méchancetés sur moi... je dirai à tous les policiers de la ville que ton frère est un assassin, déclare-t-elle.

Sa voix d'une sécheresse implacable résonne sans équivoque. Mon esprit peine à assimiler le chantage qu'elle me fait. Jusqu'à présent, Maria semblait inoffensive, l'apparence de la gentillesse incarnée. Les avertissements d'Ernest prennent soudain leur sens. Il m'avait mise en garde, et j'ai été assez naïve pour ne pas le croire. Je n'ai pas les mots pour exprimer ma stupéfaction.

À cet instant précis, un étrange sentiment me submerge. Je me sens totalement vulnérable et emprisonnée entre des griffes imaginaires. L'aura qu'elle dégage n'est pas synonyme d'innocence, ni de bienveillance, c'est comme si elle avait le pouvoir de me déchiqueter en mille morceaux.

— Je veux tout ce que tu as, réclame-t-elle en prenant appui sur le matelas pour se rapprocher de moi.

Mon cœur bat avec intensité comme s'il cherchait à s'échapper de ma cage thoracique, tandis que mes membres s'engourdissent sous la pression de sa main qui enserre mon bras.

— Je veux que Douglas s'inquiète pour moi.

Sa voix, habituellement cristalline et douce, est effrayante. Elle n'est plus cette femme adorable que je pensais connaître. Non. Elle est devenue une autre personne, mesquine et sournoise.

— Je veux que mon frère soit attentionné envers moi, dit-elle en renforçant son emprise.

Un long frisson me traverse le corps. Ses propos sont carrément flippants.

— Je veux que Khaulder m'aime.

Je suis complètement sous le choc. Elle n'a quand même pas dit ça. Mon esprit me joue forcément des tours.

— Et pour cela, tu vas m'aider, que tu le veuilles ou non, affirme-t-elle d'un ton assuré.

Maria se relève du lit afin de reprendre sa place initiale. Un peu d'air parvient enfin à se faufiler jusqu'à mes poumons.

Un sourire énigmatique aux lèvres, elle s'accroupit et dépose délicatement une bougie au sol, avant de disparaître de la pièce. Cette bougie n'est pas ordinaire, loin de là : c'est celle qui avait failli tout réduire en cendres la nuit d'avant.

CHAPITRE 30

KHAULDER

Un mois s'est écoulé depuis la mort de Chad et la douleur du deuil continue de rythmer nos journées. La maison est plongée dans une ambiance pesante. Le comportement d'Hyder suscite de vives inquiétudes. Son état de santé se dégrade chaque jour. Sa santé se dégrade chaque jour. Il multiplie les insomnies, les sautes d'humeur et les paroles incompréhensibles qu'il se murmure à lui-même.

J'aimerais faire appel à mon ami Marco qui est un excellent psychiatre. Mais mes colocataires s'y opposent fermement. Ils redoutent qu'un séjour en hôpital psychiatrique ne fasse qu'aggraver la solitude d'Hyder.

Ces derniers jours, Douglas et Ernest commencent à reprendre goût à la vie. Alaric, en revanche, est moins optimiste. Il a retrouvé l'usage de son bras, mais ses articulations sont encore fragiles. Il passe son temps à faire des siestes et à complimenter Maria. Je commence à croire qu'il est amoureux d'elle. Drew, quant à elle, ne semble pas porter Maria dans son cœur. Pourtant, elle n'est pas du genre à détester quelqu'un sans raison. Je la vois parfois la dévisager comme si elle tentait de la maudire par télépathie. Pour qu'elle agisse de cette façon, Maria a forcément dû lui faire du mal.

En ce qui concerne Orlando, ce connard n'a toujours pas montré le bout de son nez. Xercès commence à perdre patience. Il n'a qu'une hâte : se débarrasser de cet homme pour mettre un terme à sa mission de protecteur. Orlando n'a aucune chance face à Xercès. Néanmoins, je reste préoccupé à l'idée qu'Orlando parvienne à déjouer nos plans. C'est peu probable, mais pas impossible.

— Eh, demande-moi ce que je cherche ! murmure Ernest en me donnant un coup de coude.

Je relève la tête, et fronce les sourcils. Il attend patiemment que je croise son regard avant de reporter son attention sur son catalogue. Cet homme ignore décidément tout de l'art de la subtilité.

— Ernest, qu'est-ce que tu cherches ?

Aussitôt, son regard s'illumine. Il se tourne vers moi, comme s'il était surpris par ma question :

— Je cherche un cadeau pour Drew ! C'est bientôt son anniversaire, tu le savais ? Elle est née le même jour que Douglas.

— Ils sont jumeaux.

Ernest s'apprête à ajouter quelque chose, mais Douglas fait irruption avec un air paniqué :

— Merde, merde, merde !

Il n'ajoute aucune autre explication. Il arpente la pièce en prononçant des jurons. Alaric se positionne devant lui :

— C'est quoi le problème ?

— Ma mère et mon beau-père... Ils viennent dans deux jours pour nous rendre visite ! s'exclame-t-il, les yeux écarquillés. J'avais oublié ! Ils vont arriver dans deux putains de jours, pas dans deux semaines !

— Pourquoi tu paniques comme ça ? Détends-toi, répond Ernest en sortant une bouteille de tequila de nulle part.

— Que je me détende ? Mes parents ne vous connaissent pas ! Ils ne vous ont jamais vus !

— Ta mère m'a déjà vu une fois, dis-je en me remémorant le seul jour où je suis allé chez Douglas.

Dans mes souvenirs, sa mère m'aimait bien. En revanche, ce n'était pas le cas d'Orlando. Notre rencontre a été courte, mais suffisamment longue pour qu'on soit à deux doigts de se battre. Il avait fait une réflexion sur ma mère que je n'avais pas appréciée. Depuis cette altercation, Douglas ne m'a plus jamais invité dans sa maison. Il tenait à séparer sa famille de ses amis. Je n'avais donc pas eu l'occasion de rencontrer Drew à cette époque.

— Ouais, mais elle ne connaît pas les autres ! riposte-t-il en désignant vulgairement mes deux colocataires. Elle ne sait pas que tous mes colocs sont des alcooliques.

— On ne peut pas être parfait dans la vie, lâche Alaric.

— Parle pour toi, renchérit Ernest.

— S'il vous plaît, restez sérieux, c'est important. Il faut vraiment qu'on règle ça, affirme Douglas en désignant la partie brûlée du salon.

— Déjà fait, réponds-je presque immédiatement. Une femme de ménage et un décorateur d'intérieur vont venir cet après-midi.

Les yeux de Douglas scintillent. Il me remercie avant de prendre un bout de papier pour y inscrire tous les détails nécessaires afin de bien accueillir ses parents.

Évidemment, Douglas veut que tout soit parfait. S'il s'investit autant, c'est uniquement pour satisfaire sa mère. Il a toujours eu le sentiment de ne pas être à la hauteur de ses attentes, de ne pas être le fils qu'elle aurait souhaité. Les comparaisons constantes avec Drew n'ont fait qu'aggraver ce ressenti. Il est convaincu que ses parents préfèrent sa sœur jumelle. Douglas s'est longtemps senti comme le vilain petit canard dans sa famille, celui à qui on ne dit rien, celui qu'on laisse à l'écart.

— Vous connaissez un bon traiteur ? demande-t-il en détournant les yeux de sa feuille pour nous observer brièvement. Et un bon fleuriste ? Il faut des roses rouges ! s'exclame-t-il en se dépêchant de gribouiller des mots sur son papier.

— Regarde-le. Il n'arrive même pas à tenir un crayon correctement, me souffle Ernest à voix basse. Ça se voit qu'il n'est pas habitué, ce trou du cul.

— Je t'ai entendu !

— Franchement, je ne me sens même pas désolé, répond Ernest du tac au tac.

Douglas bondit sur Ernest. Ils commencent à se poursuivre dans toute la maison, comme deux gamins écervelés, sous le regard désespéré d'Alaric et moi.

❖

Deux jours plus tard

Les préparatifs pour l'arrivée des parents des jumeaux n'ont pas été faciles. Douglas n'a pas un bon sens de l'organisation, Drew non plus. Elle se laisse toujours gagner par la panique lorsqu'il s'agit de contacter un prestataire. Bien que leurs efforts partent d'une bonne intention, leur façon de faire est catastrophique. Ils n'ont aucune cohésion d'équipe – tout se mélange.

Il a fallu que je reprenne les choses en main en repartant de zéro. Réserver le traiteur, trouver un hôtel... Ces deux jours ont été mouvementés. Ce n'était pas forcément évident à cause de mon travail qui me prend un temps fou, mais cela en valait la peine.

— Allez, on se bouge ! Je veux voir vos sourires, dépêchez-vous ! déclare Douglas en courant dans tous les sens pour vérifier que chaque objet est bien à sa place. Soyez des gros lèche-culs avec mes parents, surtout ma mère ! Il faut qu'ils vous aiment, qu'ils me disent que vous êtes des gens bien ! reprend-il en s'adressant à Ernest et Alaric.

— C'est un peu exagéré, tu ne trouves pas ? demande Drew à voix basse, mais son frère ne l'entend pas.

— Je suis d'accord.

Surprise, elle bondit et se retourne vers moi. Drew m'observe un instant tandis que je lui adresse un sourire. Puis, comme si elle se réveillait d'une transe, elle se tourne brusquement vers son frère, ses oreilles virant au rouge vif. Ses joues s'empourprent, trahissant son embarras. Elle se décale pour s'installer à ma droite. Je sens son parfum floral envahir mes narines. Nos mains se cherchent et se frôlent. Je ne peux pas m'empêcher de me demander si elle aussi, son cœur s'emballe à tout rompre, si elle aussi, elle se sent bien à mes côtés.

— Il est où, Hyder ? Je lui ai pourtant dit qu'il devait rester dans le salon, soupire Douglas.

Depuis que Chad nous a quittés, Hyder traverse une phase difficile, et Douglas le sait aussi bien que nous. Étant donné qu'il n'est plus le même, nous ne pouvons pas prendre le risque de le blesser ou de lui dire que ses comportements sont parfois bizarres. Son cœur est fragile. Et personne ne doit l'abîmer plus qu'il ne l'est déjà.

— Pendant que je propose des cookies à Hyder, entraînez-vous à sourire sans ressembler à des psychopathes, ce serait bien, reprend Douglas avant de monter à l'étage.

Ernest tente une blague audacieuse pour remonter le moral des troupes :

— Je crois qu'il parlait de toi, Xercès.

À cette remarque, Xercès s'avance vers Ernest. Cependant, avant même que j'intervienne, Drew parvient à le retenir par le bras. Mes sourcils se froncent tandis qu'Ernest se met à former des cœurs avec ses mains en guise de remerciement.

En temps normal, Xercès n'obéit à personne.

— Ah, mais ils sont arrivés ! Venez-les accueillir avec moi, nous informe Ernest.

— Déjà ? s'étonne Drew.

Lorsque Douglas est stressé, il a tendance à s'emmêler les pinceaux. Ils n'étaient pas censés venir aussi tôt. Il va falloir que je fasse tout mon possible pour que cette journée se déroule parfaitement, car je sais à quel point ce repas compte pour lui.

J'ajuste une dernière fois ma cravate avant d'accompagner Ernest et Drew au portail de la maison.

— C'est magnifique ! Waouh ! s'extasie Veronica, la mère des jumeaux, en observant les alentours avec admiration.

— Je ne pensais vraiment pas que cette maison serait aussi jolie, enrichit Jayce, le beau-père. Où est mon petit agneau ?

— Ici.

La brunette sort de sa cachette, et c'est ainsi que commencent les retrouvailles familiales largement plus chaleureuses que celles d'Ernest avec Maria. Ils se sourient, se câlinent, et partagent quelques rapides anecdotes sur leur voyage.

Mon regard s'attarde d'abord sur leur beau-père dont le charisme est surprenant. Il est doté d'une carrure imposante – comme Eliodas – et d'une voix rauque – comme Zanner. Sa femme, quant à elle, est nettement moins grande. Elle ne ressemble pas beaucoup aux jumeaux. En revanche, ils partagent exactement les mêmes iris bleutés.

— C'est un vrai ? demande-t-elle en faisant référence à un tableau accroché dans le hall.

— Oui, réponds-je en m'avançant vers elle. Il vient directement d'Italie.

Quand Veronica me voit, ses yeux s'ouvrent telles deux soucoupes volantes. Depuis la dernière fois que l'on s'est vus, beaucoup de choses ont changé, à commencer par mon physique. C'est peut-être pour cela qu'elle me regarde avec étonnement.

— Nom d'un chien, tu es plus beau en vrai que sur Google Images ! Jayce, viens voir, c'est lui dont je te parlais, lance-t-elle comme si j'étais un simple objet.

Alors qu'ils me scrutent et me tripotent le visage, je ne peux pas m'empêcher de me sentir mal à l'aise et de vouloir fuir. Veronica est en train de me pincer les joues, c'est un véritable supplice. À mes côtés, mes chers colocataires profitent du spectacle en gloussant comme des dindes, en particulier cette raclure d'Ernest. Personne ne me vient en aide, pas même Douglas, ce fichu traître ! Veronica continue de vérifier la texture de mes joues quand Drew arrive pour stopper le massacre :

— Maman, arrête !

Je ressemble à un poisson, et ceci a un réel impact sur ma crédibilité.

— Mais regarde, il est adorable ! sourit Veronica.

Note à moi-même : Douglas a désormais une dette envers moi.

— Dites-moi, Khaulder Eastwood... Il me semble que vous êtes célibataire...

— C'est parti, allons manger ! Placez-vous où vous voulez ! Je vais chercher la bouffe, révèle Douglas en partant dans le salon.

Il prend soin de tirer sa mère et son beau-père par la main afin qu'ils ne s'égarent pas en chemin.

— Installez-vous face à moi, me dit Veronica tandis que je lance un signal de détresse à Douglas.

Sous son insistance, je cède en priant intérieurement pour que le temps passe vite et qu'elle ne me mette pas dans une situation embarrassante.

Alors que nous nous installons autour de la table, Veronica prend la parole :

— Donc, comme je le disais, il me semble que tu es célibataire, n'est-ce pas ?

Je tourne la tête de gauche à droite, puis l'incline de bas en haut, jusqu'à ce que je me rende compte qu'elle parle effectivement de moi. Merde. Qu'est-ce que je fais ? Qu'est-ce que je suis censé dire ? D'habitude, je ne perds jamais mes moyens, mais cette femme est forte. Peut-être serait-ce à cause de ses yeux bleu électrique, ou encore du regard insistant de son mari ? Je ne sais pas.

— Est-ce que tu serais intéressé par Drew ? Elle n'a pas de copain. À vrai dire, elle n'en a jamais eu ! poursuit Veronica.

Je m'étouffe en buvant une gorgée de vin rouge.

Prise au dépourvu, Drew est en train de faire les gros yeux à sa mère pour qu'elle se taise, mais visiblement, ceci n'a aucun effet puisque Veronica continue :

— Vous savez… Ma fille est toujours dans son coin, et c'est plutôt déprimant, parce que je ne veux pas qu'elle finisse seule, avec plein de chiens et plein de factures qui…

— C'est bon, maman. Je pense qu'il a compris, grogne Drew.

— Vero, qu'est-ce que tu fais ? Elle est mal à l'aise maintenant, chuchote son mari alors que toutes les paires d'yeux sont braquées sur la brunette.

Dans son regard bleuté, on peut clairement déceler la honte qu'elle ressent. Drew a les joues roses. Quand nos yeux se croisent, sa gêne se décuple.

La suite du repas se déroule sans encombre. Nous avons droit à une dizaine d'anecdotes sur les bêtises de Douglas.

À la fin du repas, nous décidons de laisser la petite famille ensemble. Alaric et Maria s'occupent de la vaisselle, Xercès est monté à l'étage pour se reposer, tandis qu'Ernest et moi préparons des cocktails non alcoolisés.

— On peut leur dire notre surprise ? J'ai tellement hâte, chuchote Veronica à son mari.

Nous ne sommes qu'à quelques mètres de la table, Ernest et moi n'avons donc aucun mal à entendre la conversation du couple Wheeler.

— Quelle surprise ? questionne Douglas.

Cette annonce attise particulièrement notre curiosité.

— La dernière fois, les choses n'ont pas pu se goupiller comme on le voulait, mais cette fois…

— Je savais que tu recommencerais avec ça ! Maman, tu casses les couilles ! J'ai une copine et elle s'appelle Vanessa !

Énervé, Douglas se lève de sa chaise afin de montrer son mécontentement. Sa mère lui jette sa serviette en pleine face et le gronde :

— Je t'interdis de me parler comme ça !

— Calmez-vous, tous les deux… implore Jayce.

— Je vais avoir vingt-trois ans. Je n'ai pas besoin d'aide pour trouver quelqu'un, c'est au moins la troisième fois que vous faites ça !

— Qui a dit que c'était pour toi ? se moque la mère des jumeaux.

Le ton est sec, sans appel. Ernest me regarde avec un air béat.

— Durant une escale à Smokytown, on a rencontré un homme charmant. Il est gentil, doux, et c'est un médecin. Il est actuellement à Ravenstein pour des vacances, et je me suis dit que ce serait l'occasion idéale pour qu'il rencontre Drew.

CHAPITRE 31

DOUGLAS

En toute honnêteté, ça ne m'étonne même pas que ma mère joue les entremetteuses. Depuis que je suis en âge d'avoir des partenaires, elle a toujours eu son mot à dire. Elle ressentait un besoin constant de mener des enquêtes approfondies sur mes conquêtes pour s'assurer qu'elles ne me feraient aucun mal.

Ce comportement vient de son expérience désastreuse avec Orlando, son deuxième mari. Elle était tellement aveuglée par l'amour qu'elle ne voyait pas à quel point il était détestable. Elle aurait aimé qu'on lui ouvre les yeux avant, qu'on choisisse pour elle. Depuis leur divorce, ma mère est déterminée à nous éviter le même sort. Elle refuse que je tombe amoureux de quelqu'un qu'elle n'aurait pas pu valider au préalable. C'est notamment pour cette raison que je ne lui ai jamais présenté Vanessa. Tout se passe bien entre elle et moi, mais je ne veux pas que ma mère y mette son grain de sel.

Avant que Jayce devienne son troisième mari, il a dû lui fournir son casier judiciaire et démontrer ses valeurs pour obtenir son approbation. Elle voulait s'assurer que Jayce soit irréprochable avant de l'accueillir dans notre famille.

Quand j'avais dix-huit ans, ma mère voulait que j'épouse la fille cadette de notre voisine. À mes vingt ans, elle a demandé à la fille de son amie de m'épouser, car elle correspondait à tous ses critères. Le pire fut quand ma mère s'est agenouillée devant Katarina pour lui demander – je cite : « Voulez-vous épouser mon fils ? »

Je vous l'accorde, c'était la honte !

Pendant près de trois mois, nous ne nous sommes pas adressé la parole une seule fois. Maintenant que j'y pense, sans l'intervention de Jayce pour renouer nos liens, nous serions probablement toujours en froid.

Jusqu'alors, ma mère ne cherchait des prétendantes que pour moi. Elle estimait que Drew était encore trop innocente pour sortir avec quelqu'un. Mais j'imagine qu'elle a fini par changer d'avis.

Je ne veux pas que Drew se retrouve piégée dans une telle situation comme je l'ai été. Je dois donc mettre un terme à cette absurdité, même si cela implique de me mettre à dos ma mère.

Drew me devance :

— Quoi ? Non !

— Attends, tu viens vraiment de refuser ? s'étonne ma mère, ahurie.

D'aussi loin que je me souvienne, ma sœur ne s'est jamais rebellée. Elle a toujours eu cette fâcheuse tendance à dire tout ce que notre mère voulait entendre. De ce fait, elle était la chouchoute de la famille ; celle qui encaissait, qui obéissait, qui existait pour les autres, ou pour faire plaisir à ma mère.

— Qu'est-ce que tu lui as fait ? vocifère ma mère en me fusillant du regard.

Encore une fois, ses paroles ne me surprennent pas. Accuser les autres est une habitude familiale. Ma mère ne peut tout simplement pas accepter que sa gentille fille ne soit plus le pantin docile qu'elle a élevé.

— Il n'a rien fait ! me défend Drew alors que tout le monde nous observe comme si nous étions devenus les stars d'un feuilleton télé.

— Tu pourrais au moins le rencontrer ! Trent est adorable. Demande à Jayce !

Drew reste catégorique et assurée face à notre mère – finalement, mon influence n'a pas que des effets négatifs.

— Je comprends que tu refuses, mais sache que Trent est quelqu'un de bien. Ce serait dommage que tu ne le rencontres pas, vous pourriez devenir amis. Tu n'es pas obligée, tu es libre de faire ce que tu veux, affirme mon beau-père en gardant une voix calme et posée.

D'un geste tendre, il offre un sourire à sa femme pour la calmer. Puis il se tourne vers Drew, et déclare d'un air serein :

— Tu me connais, Drew. Tu sais que je ne te présenterais pas n'importe qui. Je pense vraiment que Trent pourrait te plaire. Je l'ai mis à l'épreuve, je l'ai testé dans des situations extrêmes, et tu sais quoi ? Il a réussi tous les challenges avec brio. Je peux te garantir que Trent ne te ferait pas de mal… Après, si tu ne veux toujours pas, c'est ton choix. Et je le respecte.

Je déglutis doucement en entendant ses mots. Merde. Jayce est convaincant, son regard en dit long sur sa sincérité. Depuis qu'il est entré dans notre vie, il a toujours été honnête avec nous. Cependant, aussi gentil soit-il, Trent reste un inconnu et Drew a le droit de choisir ses fréquentations.

— Putain, Khaul ! Dis quelque chose, dis-je en hurlant.

Le brun sursaute comme s'il sortait d'une transe et, lorsqu'il remarque mon impatience, il me regarde avec incompréhension.

Je pensais qu'on pouvait se parler par télépathie, quelle déception !

— Qu'est-ce qu'il doit dire ? me questionne ma mère, confuse.

— Tu as quelque chose à dire, Khaulder ? l'interroge mon beau-père.

— Pas vraiment, non.

Parmi mes colocataires, Khaul est le seul à correspondre aux critères de ma mère et de mon beau-père. J'avais espéré qu'il intervienne pour jouer les faux petits amis.

— Drew, ce n'est pas fini ! Assieds-toi immédiatement sur cette chaise ! ordonne ma mère.

— Non, riposte ma jumelle.

Un hoquet de surprise s'échappe de ma gorge. Ma mère est complètement estomaquée, elle a les sourcils relevés et la bouche grand ouverte. Sa tête me rappelle les fois où elle découvrait mes bulletins scolaires.

— Non ? répète ma mère, incrédule.

C'est bien que Drew prenne enfin confiance en elle, mais elle doit y aller doucement. Bien que notre mère paraisse gentille au premier abord, elle peut se montrer terrifiante. Pour le moment, la fameuse veine de son front n'est pas encore sortie, c'est bon signe. Ah, non. Je retire ce que je viens de dire. La veine vient d'apparaître. Je profite de leur dispute pour envoyer un SMS à Khaul : « *Par pitié ! Dis à ma mère que vous sortez ensemble pour qu'elle laisse Drew tranquille.* » Il lit mon message et devient encore plus perdu qu'il ne l'était déjà.

Sous les cris assourdissants de ma mère, Drew s'apprête à quitter la pièce. Khaul entre alors en scène, attirant tous les regards sur sa personne. Lorsqu'il attrape ma jumelle par la main, mon cœur manque un battement. Je crache ma gorgée d'eau sur Ernest.

— On devrait leur dire, chuchote Khaul de manière suffisamment audible pour qu'on puisse l'entendre. C'est le moment idéal.

Un sourire malicieux éclaire son visage face à l'incompréhension de ma sœur. Il passe ensuite son bras autour de ses épaules et me lance un regard complice. Khaul est mon colocataire préféré ; voilà, c'est dit.

— Qu'est-ce qu'il se passe ? s'exclame ma mère.

— Ils sont ensemble ! Surprise !

Ma révélation fait l'effet d'une bombe. Le torchon de Maria tombe de sa main, Ernest s'étouffe avec sa salive, Alaric porte ses mains à sa bouche. Xercès, quant à lui, fait son apparition dans le salon avec un rictus aux lèvres. Mes parents, troublés par la nouvelle, peinent à trouver leurs mots. Le coup de théâtre est parfaitement maîtrisé, même mes colocataires ne se doutent pas une seconde de la mise en scène !

— Désolé. Notre relation est encore récente, on attendait le bon moment pour vous le dire, déclare Khaul en s'adressant à ma mère.

Évidemment, c'est un mensonge. Mon beau-père ouvre la bouche pour parler, mais Ernest le coupe avec enthousiasme :

— AHHH ! Donc, vous êtes ensemble ? Ça fait des mois que j'attends ça ! Et vous ne me l'avez pas dit ? Bande de petits coquins !

Ma mère est tellement obnubilée par le faux couple qu'elle oublie instantanément la présence de mon abruti de colocataire :

— Mais non, Khaulder ! Ne t'excuse surtout pas, c'est à moi de le faire !

— Tu aurais pu nous prévenir, Drew, intervient Jayce en buvant une gorgée de vin.

— Elle ne pouvait pas ! Leur relation était censée rester secrète, je mens.

Ma mère est aux anges, comme je m'y attendais.

Dès son arrivée, elle a jeté son dévolu sur Khaul, et c'est précisément pour cette raison que je l'ai choisi pour jouer le rôle du faux petit ami.

— Qu'en est-il de Trent ? l'interroge Maria.

— Qui ? lâche ma mère. Ah, oui... Trent. Il va s'en remettre !

— Et si ce n'est pas le cas ? insiste la belle Mexicaine.

— Écoute, chérie, ce n'est pas mon problème. Ma fille sort avec Khaulder Eastwood, lâche-t-elle sans aucune retenue.

Cette femme ne changera donc jamais...

Les discussions reprennent, cette fois dans une ambiance des plus agréables. Pas de disputes, pas d'insultes, juste de la joie et des anecdotes. Mon beau-père, comme à son habitude, ne manque pas de tester Khaul pour s'assurer qu'il est digne de Drew.

Entre rires et moqueries sympathiques, cette journée remporte un franc succès.

La soirée s'achève lorsque mes parents regagnent leur hôtel et que je révèle à tous la vérité : Khaul et Drew ne sont pas en couple. Ernest encaisse particulièrement mal la nouvelle.

Alors que je me dirige vers la salle de bains pour me doucher, l'attitude étrange d'Ernest attire mon attention. Accroupi devant sa fenêtre, il semble espionner quelqu'un.

— Qu'est-ce que tu...

— Tais-toi, me coupe-t-il.

Je m'approche dans la pénombre de sa chambre et découvre avec effroi que les frères Ashtrays et Eliodas sont dans le jardin. Khaul est avec eux. Ernest m'attrape par la veste pour que je m'accroupisse.

— Pourquoi est-ce que tu les espionnes ? Xercès va te tuer s'il le découvre.

— Parle plus doucement. Tu ne vas jamais croire ce qui est en train de se passer, chuchote-t-il.

— Je t'écoute.

— Il y a une embrouille entre Xercès et Pandora.

Une dispute entre frères ? Étonnant. J'ai toujours cru que Xercès et Pandora s'entendaient à merveille.

— Pourquoi est-ce qu'ils s'embrouillent ?

Avec méfiance, mes yeux s'arrêtent sur le jardin où se tient le trio. Xercès et Khaul n'ont pas l'air de bonne humeur face à Pandora. L'ambiance est tendue. Malgré la distance, nous pouvons les entendre. La chambre d'Ernest permet d'avoir une vue parfaite sur la scène.

— Xercès a découvert que Pandora envoyait des messages à Drew, déclare Ernest en sortant une boîte de pop-corn.

CHAPITRE 32

ERNEST

Douglas s'apprête à hurler de colère, mais je parviens à le faire taire. Ma vie en dépend. Si Xercès découvre qu'on est en train de fouiner dans ses affaires, il n'hésitera pas une seule seconde à me tuer.

— Xercès et Khaul sont en train de lui régler son compte, ne t'en fais pas.

Un soupir de soulagement s'échappe des lèvres de Douglas. Son corps se relâche peu à peu. Je peux alors retirer mes mains plaquées contre sa bouche.

— Pourquoi est-ce que Pandora ferait ça ? me demande-t-il en prenant soin de parler à voix basse.

— Il s'intéresse à Drew depuis plusieurs semaines. Il l'a même menacée pour qu'elle n'en parle à personne.

Le regard de Douglas s'assombrit. S'il y a bien une personne qui déteste les Sept Démons plus que moi, c'est lui. Douglas a toujours ressenti de la haine envers ces gens. Il ne les considère même pas comme des humains. Il a été le premier à contester la présence de Xercès au sein de cette maison. Depuis qu'Eliodas a cassé le bras d'Alaric, sa haine n'a fait que se décupler.

— Je vais tuer Pandora, menace-t-il en se relevant, mais je parviens à le retenir par la veste.

— Houlà, non. Un seul meurtre suffit. Tu as déjà tué assez de personnes, lui dis-je.

Ma blague n'a pas l'air de le faire rire. Il me toise du regard comme si je venais d'insulter toute sa famille. Je lâche mon emprise et lui désigne le jardin :

— Laisse Xercès et Khaul gérer ça. Ils le font très bien sans toi.

— Je te rappelle que Xercès est le frère de Pandora. Il va forcément défendre son frère.

— Pas sûr, non.

Ensemble, nous relevons la tête pour mieux observer la scène qui s'offre à nous. Malgré le fait que le jardin soit plongé dans l'obscurité, nous pouvons facilement distinguer quatre silhouettes grâce au clair de lune.

— Je suis désolé, OK ? Pas besoin de t'énerver comme ça, s'écrie Pandora en reculant d'un pas.

— C'est Eliodas qui t'a demandé de faire ça ? Il veut encore se venger d'elle ? demande Khaul.

— Non, pas du tout. Il n'a rien à voir avec ça, proteste Pandora alors que j'avale une poignée de pop-corn. J'aime les filles dans son genre, et vous le savez. Je me suis rapproché d'elle parce que j'en avais envie.

— Je suis chargé de protéger cette fille, donc tu touches ne serait-ce qu'un seul de ses cheveux, et je te fracasse la tête contre un arbre, prononce le Persécuteur de glaces.

— Oui, chef.

— Pandora, on est sérieux, déclare Khaul avant de lever la tête dans notre direction.

Bordel de merde.

Il nous a repérés. Je répète : Khaul nous a repérés ! Nous avons été pris en flagrant délit. La panique me frappe de plein fouet. Je tire une nouvelle fois la veste de Douglas pour qu'il se baisse afin que Xercès ne le voie pas. Je reste accroupi, le cœur battant la chamade, tandis que Douglas essaye de les écouter attentivement.

— Ils viennent de partir ! ronchonne le jumeau en se redressant. Je voulais entendre la suite, moi.

— Quoi ?! Où est-ce qu'ils sont partis ?

— Je n'en sais rien.

J'ai l'impression que mes poumons se sont débloqués. Je parviens à reprendre mon souffle.

Si le Persécuteur de glaces nous avait vus, c'est certain qu'il serait monté à l'étage pour nous massacrer. Il n'a aucun scrupule, aucun cœur : c'est un démon, un vrai.

❖

Le lendemain matin

Comme prévu, les parents des jumeaux sont de retour pour une nouvelle journée à la maison afin de célébrer une occasion spéciale. Drew et Douglas fêtent leur vingt-troisième anniversaire. C'est merveilleux, oui. Le souci, c'est que je n'ai pas de cadeaux.

— Khaul !

— Arrête de l'embêter ! Qu'est-ce que tu veux ? grogne Alaric.

— T'aurais de l'argent à me donner ? je lui demande.

— Khaul ! Ernest t'appelle ! hurle-t-il, aussitôt.

— Pourquoi est-ce que vous gueulez de si bon matin ? Je vous signale qu'on est en pleine semaine. Khaul travaille, nous répond Douglas en descendant les escaliers.

Et c'est à pas de géant que je cours en direction de la voiture de Douglas. Néanmoins, Alaric parvient à me devancer en ouvrant la portière du véhicule.

— Je prends la voiture ! lui dis-je.

— J'étais là avant toi, grogne-t-il sèchement. De toute façon, où est-ce que tu veux aller ?

— Je vais voir Khaul pour qu'il me file sa carte de crédit. J'en ai besoin pour acheter des cadeaux.

Alors que je me prépare à recevoir une tonne d'insultes de sa part, Alaric éclate de rire et s'installe dans la voiture :

— Allez, monte ! Je comptais faire la même chose que toi.

Je n'attends pas une seconde de plus pour m'asseoir sur le siège passager. Alaric lance le moteur et s'aventure ensuite sur les routes de Ravenstein.

À l'heure de pointe, les rues sont quasiment toutes embouteillées. Il a fallu presque une heure pour arriver devant le bâtiment où travaille Khaul. Alaric a réussi à récupérer sa carte de crédit.

Boutique après boutique, nos sacs se multiplient. Il est plus de 18 heures lorsqu'on est de retour à la maison. Tout le monde est déjà arrivé, même les parents des jumeaux.

— Vous avez déjà mangé ? demande Drew en passant dans le hall d'entrée.

— Ouais, répond Alaric alors que je cache le gâteau derrière mon dos.

— Drew ! Il faut que je te montre le haut que je t'ai acheté en Australie, déclare Veronica en tirant sa fille vers les escaliers.

— Maman... Je t'avais dit de ne pas m'acheter de vêtements, soupire la brunette en rejoignant l'étage.

La voie étant maintenant libre, je me rue vers la cuisine pour poser le gâteau dans un lieu sécurisé, en m'assurant que l'autre jumeau ne soit pas là.

— Où est Douglas ?

— Dans sa chambre. Jayce est en train de le distraire, répond Khaul en passant un verre d'alcool à Alaric.

Je viens à ses côtés, et ensemble, on place les bougies sur le gâteau à la vanille. Étant donné que je suis nul pour allumer un briquet, Alaric prend le relais. Au même moment, Maria place tous les cadeaux près de la table, tandis que Xercès prépare les couverts. Voilà ce qu'on appelle un beau travail de groupe ! Si seulement Hyder n'était pas recroquevillé sur lui-même, dans un coin du salon...

— Joyeux anniversaire ! Joyeux anniversaire ! Joyeux anniversaire, Drew et Douglas ! Joyeux anniversaire ! avons-nous chanté dès l'instant où les jumeaux débarquent dans le salon.

Je ne rate pas cette occasion en or de bousiller l'audition du boxeur avec ma douce et magnifique voix.

— Bon, maintenant, les cadeaux ! dis-je en sautillant de joie.

C'est dans une ambiance festive que commence l'ouverture des paquets ! Je trépigne d'impatience. L'ambiance est à la fête, détendue et joyeuse jusqu'à ce que Drew tombe sur la pile de cadeaux destinés à Douglas. La chute a été brève, mais je suis quasiment certain qu'elle n'était pas naturelle. Tout le monde est sous le choc. Certains cadeaux sont aplatis et d'autres brisés. Alors que je m'apprête à prendre la parole, j'aperçois le regard vicieux de Maria pile dans ma ligne de mire. Elle sourit. Drew la fixe un instant avant de s'excuser auprès de son frère. Putain, j'aurais dû m'en douter : Maria la pute est derrière tout ça ! La chute de Drew ne peut pas être une coïncidence. Afin de déterminer l'étendue des dégâts, les jumeaux commencent à ouvrir leurs cadeaux. Drew a reçu des bijoux, une tablette graphique et une paire de pantoufles chauffantes. Douglas, lui, découvre un casque de réalité virtuelle endommagé, un parfum hors de prix brisé en mille morceaux et une sculpture scindée en deux.

Il est dégoûté et il le fait bien comprendre à sa jumelle.

— Je suis désolée… s'excuse Drew alors que son frère est rempli de frustration.

— Tu vois bien que ta sœur ne l'a pas fait exprès. Ce ne sont que des cadeaux. Pas la peine de chouiner comme ça, bougonne sa mère en le dévisageant.

— J'ai le droit d'être déçu.

— Oui, mais ne t'acharne pas sur Drew. La pauvre petite se sent mal, renchérit Jayce.

— Toujours à la défendre ! souffle Douglas. Vous ne changerez jamais.

Avant que ses parents ne disent une parole de plus, Douglas quitte la maison en claquant la porte d'entrée, laissant derrière lui un froid glacial. Le malaise se dessine sur le visage de Drew, elle lance un regard désapprobateur à ses parents et se précipite à l'extérieur pour tenter de rattraper son frère. Xercès s'apprête à la suivre, mais Khaul lui fait signe de ne pas le faire. Les parents des jumeaux ne tardant pas à les rejoindre.

— On devrait les laisser en famille, chuchote Khaul en s'adressant à Xercès.

Le Persécuteur de glaces acquiesce et recule.

Tout le monde, ici présent, sait que les Wheeler ont de gros problèmes de communication. C'est peut-être le moment parfait pour qu'ils puissent mettre les choses au clair. Je décide de lancer un film à la télé en attendant que la situation s'arrange. Je m'assois sur le canapé, aux côtés de Khaul et Alaric, et appuie sur la télécommande. Cependant, rien ne s'affiche. Les piles ne fonctionnent pas. Je me lève pour chercher de nouvelles piles. Mon regard s'arrête soudain sur un objet minuscule que je n'avais jamais vu auparavant. Je fronce les sourcils et le décroche du meuble TV afin de l'observer de plus près.

— Qu'est-ce qu'il y a ? me demande Khaul.

Bordel de merde. C'est la caméra d'Orlando.

Comment est-ce qu'on a pu louper ça ? Mon cœur rate un battement lorsque je réalise la gravité de la situation. Cette caméra donne une vue d'ensemble sur le salon, à l'endroit exact où le mercenaire a été tué.

CHAPITRE 33

DREW

Bien que mes souvenirs s'estompent, égarés dans les années qui se sont écoulées, une image résiste à l'oubli : l'amour inconditionnel que ma mère vouait à mon père. Il a été son premier mari, son premier véritable amour. Sa mort a plongé ma mère dans une douleur insurmontable. Il nous était impossible de combler un tel vide. Mon père représentait le cœur de notre famille. Il nous unissait, nous soutenait, c'était un homme incroyable. Ma mère était au bord du suicide quand il est décédé. Son addiction à l'alcool et à la drogue avait atteint son summum, elle n'était plus que l'ombre d'elle-même. Au bout d'un moment, elle a essayé de façonner mon frère à l'image de mon père. Malgré tous ses efforts, Douglas est resté fidèle à lui-même. Au plus grand désespoir de ma mère, mon jumeau a été incapable de devenir quelqu'un qu'il n'était pas.

Leur relation s'est alors considérablement dégradée. Ma mère passait son temps à nous comparer l'un à l'autre, insistant sur ses défauts afin de le rabaisser. C'est notamment pour cette raison que mon frère est parti de notre cocon familial dès ses dix-huit ans. Ma mère a eu beaucoup de regrets, mais elle avait aussi beaucoup de dignité. Il lui était impossible de s'excuser auprès de son fils, elle a donc préféré jouer la carte de l'indifférence.

Quand je suis partie vivre avec Douglas, ma mère a continué à me bombarder de messages, cherchant à savoir comment il allait, ce qu'il mangeait, s'il était bien entouré. Dans un sens, ils se ressemblent. Ils ne savent pas s'excuser, ni communiquer leur amour à travers les mots.

— Vous allez attraper froid si vous restez dehors, nous interpelle notre mère.

À mes côtés, Douglas se crispe. Il se tourne et grogne :

— Je sais. Je suis assez grand pour le savoir.

Ma mère s'avance, mon frère recule. Sous son regard confus, elle continue de s'avancer afin de lui enrouler doucement un foulard autour du cou. Elle lui replace ensuite une mèche de cheveux :

— Parfois, j'oublie que tu n'es plus un enfant.

Jayce me lance un regard pour me signaler que l'heure est venue. Depuis quelques semaines, Jayce a élaboré un plan pour rétablir les liens entre Douglas et ma mère. Il a réussi à faire comprendre à ma mère qu'elle devait présenter des excuses à mon frère. Le moment est bien choisi pour qu'ils aient enfin une conversation sincère. Je peux percevoir sur le visage de ma mère qu'elle s'en veut et qu'elle souhaite vraiment arranger les choses. Ce long voyage aux côtés de Jayce semble l'avoir aidée à être une meilleure mère.

Je m'avance en direction de la porte d'entrée, Jayce en profite pour me chuchoter quelques mots :

— Je vais rester au cas où les choses ne se passeraient pas comme prévu.

J'acquiesce avant de franchir le seuil de la porte. Puis je marche vers le salon depuis lequel j'entends des cris. Ernest est plus hystérique que d'habitude. Il hurle pendant qu'Alaric tente de le calmer à coups de coussin sur la tête. Xercès est dans le jardin afin d'éloigner Hyder et Maria des hostilités. Khaulder fait les cent pas mais il s'arrête dès que nos yeux se rencontrent. Il s'approche de moi, et Ernest l'interrompt :

— Drew ! On a un problème. On vient de trouver une des caméras de ton ex-beau-père à côté de la télévision.

Mon cœur s'arrête de battre. Le monde s'écroule devant mes yeux.

Orlando, Orlando, Orlando...

Une fois de plus, son prénom résonne dans ma tête à la manière d'une prière incessante et insupportable. Cet homme ne s'arrêtera jamais. J'essaye de cacher l'angoisse qui me submerge :

— Elle était là depuis tout ce temps… ?

— Oui ! Cet abruti d'Alaric avait mal vérifié le salon ! Il a loupé la caméra alors qu'il m'a fallu moins d'une seconde pour la trouver ! grogne Ernest.

— Pas besoin de rejeter la faute sur moi… Je ne l'ai pas fait exprès, souffle Alaric.

— Tout est de ta faute ! Si tu ne l'avais pas laissé entrer dans la maison, on n'en serait jamais arrivés là ! Orlando a peut-être une vidéo de Douglas en train de trancher la gorge d'un gars ! vocifère Ernest de plus belle.

Ma gorge se noue tandis que l'image d'Orlando ne quitte pas mon esprit.

— Je dois aller à l'étage…

Sous les regards stupéfaits de mes colocataires, je quitte le salon pour rejoindre ma chambre. Il me faut de l'alcool pour encaisser la nouvelle. Orlando me hante, comme à son habitude. Je fouille au fond de mon armoire et attrape la fameuse bouteille de vin que je garde en cas d'extrême urgence. Je bois une gorgée, une autre, puis m'arrête lorsque j'entends toquer à la porte.

Khaulder est là, appuyé contre l'embrasure de la porte. Il me regarde un instant :

— Est-ce qu'il t'a envoyé un message ?

— Non… rien depuis la dernière fois.

— C'est bon signe alors. Peut-être que sa caméra ne marchait pas et qu'il n'a pas de vidéo, tente-t-il pour me rassurer.

— Orlando adore le suspense. Il aime apparaître quand on s'y attend le moins. Il aime aussi être imprévisible. Peut-être qu'il attend seulement le bon moment pour nous dénoncer à la police. Il… il…

La panique me frappe à nouveau. D'aussi loin que je me souvienne, Orlando a toujours aimé l'inattendu. Mon souffle devient alors de plus en plus court. Khaulder s'approche et pose ses deux mains sur mes épaules. Il se penche et me réconforte :

— Il ne fera rien, ne t'inquiète pas.

Son souffle chaud s'écrase doucement sur ma peau. Mes poils se hérissent. La promiscuité de nos deux corps me foudroie sur place, et mon cœur s'accélère à un rythme effréné. Khaulder paraît sûr de lui, une tempête fait rage dans ses prunelles. Une chaleur soudaine m'envahit, m'obligeant à prendre une gorgée de vin supplémentaire pour trouver la force de soutenir son regard qui s'est enlacé au mien.

Khaulder a le genre d'yeux qui pénètrent directement votre âme, traversant des couches de mensonges et d'illusions pour révéler les vérités les plus sombres enfouies en dessous.

— Douglas m'a dit que tu avais déjà rencontré Orlando. Est-ce que c'est vrai ? je lui demande même si je connais déjà la réponse.

En y repensant, je n'ai jamais eu les détails de sa rencontre avec Orlando.

— Oui, une fois. C'était avant d'aller à un concert. Ton frère devait changer de vêtements, il m'avait invité chez vous pour que je n'attende pas sous la pluie.

Je me souviens que ce concert avait été désastreux pour Douglas. Il y avait beaucoup trop de monde. La chaleur y était si intense qu'il n'était pas passé loin du malaise. Depuis, Douglas n'a jamais remis les pieds à un concert. Khaulder allume la lampe à nos côtés avant de poursuivre :

— Je ne t'ai pas vue ce jour-là.

— Tu es déçu ?

— Peut-être bien, chuchote-t-il.

Je me sens rougir. L'odeur enivrante qu'il dégage n'arrange pas vraiment les choses. Sa façon de me regarder me trouble tellement que j'en suis paralysée.

— Ta mère m'a parlé de toi, c'était assez court, mais je me souviens qu'elle m'avait dit qu'on avait le même sac à dos.

— Ah bon ? Tu avais aussi un sac jaune ?

— Oui, c'était tellement plus simple pour le retrouver, me répond-il.

— Mais oui ! C'est ce que je disais à Douglas, mais il n'arrêtait pas de se moquer.

Il affiche un sourire, dessinant ainsi ses fossettes. Sa fascinante beauté me bouscule. Je suis émerveillée par ses dents blanches et parfaitement alignées.

— La discussion avec ta mère n'avait pas duré longtemps, elle m'avait demandé d'apporter une tisane à Orlando. C'est là que je l'ai vu pour la première fois, commence-t-il à raconter quand je plante mes yeux dans les siens. Il savait qui j'étais. Mon père a été son employeur durant plusieurs années, et il le détestait. Son premier réflexe a donc été de m'insulter. Il a ensuite mentionné ma mère et j'ai fini par lui renverser la tisane dessus.

— Vraiment ?

— Heureusement, ta mère et ton frère sont arrivés pile à ce moment-là. Ils nous ont empêchés de nous battre.

Je souffle, outrée :

— Et dire que Douglas ne me l'a jamais dit.

— Depuis, ton frère n'a plus jamais voulu que je vienne chez vous. Ni aucun de ses amis, d'ailleurs.

— Tout ça à cause de cette dispute ?

— Non. La dispute avec Orlando n'y est pour rien, révèle-t-il avec un calme renversant. Douglas ne voulait pas qu'on te rencontre. Tu as été un sujet de débat avec nos amis de l'époque. Ton frère évitait toujours de parler de toi, du coup on s'est mis à imaginer comment tu pouvais être.

— Qu... quoi ? dis-je en pouffant de rire.

L'alcool commence à faire effet. Je ressens de plus en plus l'envie de me rapprocher de lui. Nous ne sommes qu'à quelques centimètres d'écart.

— Ça ne se voit pas forcément, mais ton frère est assez possessif envers toi.

Je le regarde, sceptique, pendant qu'il poursuit :

— Le jour de ton arrivée dans cette maison, Douglas nous a tous mis en garde. Il a dit qu'il ne nous pardonnerait jamais si on osait te faire des avances.

— J'ai du mal à imaginer mon frère dire ça.

Sa voix grave me fait frissonner. Je déglutis en m'appuyant contre l'armoire pour ne pas tomber à la renverse. Sa cuisse frôle la mienne, faisant ainsi valser mon cœur dans un rythme endiablé. Il ouvre la bouche, puis la referme aussitôt, comme s'il venait de se perdre dans ses pensées. Il m'est impossible de garder les idées claires, ou de déterminer le sentiment qui me submerge.

Je n'arrive pas à me décider, car le choix est difficile.

Devrais-je être euphorique face à son rapprochement ou terrifiée par ce bruit qui vient du placard ?

CHAPITRE 34

KHAULDER

Nos regards se dirigent en même temps vers le grand placard. Il y a forcément quelque chose à l'intérieur, quelque chose de vivant. Je recule d'un pas en inspectant le meuble.

— Tu as entendu ? demande Drew à voix basse.

— Ouais.

Je remonte les manches de ma chemise et m'approche du meuble sous le regard affolé de la brunette.

— On devrait peut-être appeler Xercès, propose-t-elle.

La curiosité me pousse à ouvrir le meuble. Je n'ai pas besoin de Xercès pour ce genre de choses. Je peux le faire seul. Lorsque j'ouvre les portes du placard, Drew émet un sursaut de surprise. Mes yeux s'arrêtent alors sur un lézard, caché sous une pile de vêtements.

Je le reconnais, c'est celui d'Ernest. Il a voulu en adopter un comme animal de compagnie.

— Oh, mais c'est Rex ! s'étonne Drew en s'approchant timidement. Qu'est-ce qu'il fait là-dedans ?

— Ernest a dû laisser son terrarium ouvert.

J'attrape le lézard afin de le remettre dans la chambre d'Ernest où est situé son habitat en verre, orné de roches et de quelques branches. Pendant ce temps, Drew m'observe en silence. Elle a l'air intriguée par chacun de mes gestes.

Lorsque nos regards se croisent, une sensation étrange m'envahit. Ma conscience s'emballe, me hurlant de m'éloigner, de ne pas m'approcher davantage – Douglas ne me pardonnerait pas s'il savait ce que j'aimerais faire à Drew. Je sais que je ne devrais pas me tenir aussi près d'elle, pourtant je m'avance d'un pas, dans l'espoir qu'elle recule, me donnant ainsi une raison de m'éloigner. Mais Drew ne cille pas, elle soutient mon regard avec une intensité troublante. Mon sang coule dans mes veines comme un feu liquide. J'ai l'impression de me noyer dans ses yeux bleu océan.

Peut-être est-ce à cause des verres d'alcool que je suis aussi désireux d'entrer en contact avec elle, avec sa peau, sa chaleur. Un frisson parcourt mon échine, et je sens mon sang bouillonner dans mes veines. L'envie de l'embrasser me submerge, mais je sais que je ne peux pas, que je ne dois pas céder à cette tentation. Mon cœur se serre alors que je la regarde à nouveau, mémorisant chaque détail de son visage, avant de reculer d'un pas afin de lutter contre mon désir.

— Tu devrais aller voir si Douglas s'est réconcilié avec ta mère. Peut-être que ces deux-là sont en train de se battre, on ne sait jamais avec eux...

Elle écarquille les yeux et secoue la tête, comme si elle venait d'avoir une révélation :

— Ah oui, c'est vrai !

Drew dévale aussitôt les escaliers pendant que je me rends dans la salle de bains pour me rincer le visage. Lorsque je relève la tête, Xercès apparaît dans le reflet du miroir, derrière moi. Je souffle et appuie mes paumes de mains contre le meuble sans détacher mes yeux de son air amusé :

— Si tu as quelque chose à me dire, fais-le maintenant.

Il croise les bras contre son torse et s'appuie contre le cadre de la porte.

— J'ai trois choses à te dire.

Je m'essuie le visage pendant qu'il commence ses explications :

— Pour commencer, tu devrais savoir que ton ami Hyder a des envies de meurtre.

— Il a essayé de s'en prendre à toi ?

— Non, bien sûr que non. Il n'oserait jamais. Il est stupide, mais pas à ce point, déclare-t-il avant de reprendre la parole. La deuxième chose que tu dois savoir, c'est que Maria s'amuse à manipuler Drew et Ernest.

— Comment ça ?

— Pour le moment, je n'ai aucune preuve mais tu devrais te méfier d'elle. Tu as l'air d'être son genre d'homme idéal.

Je crois que tous mes colocataires savent que Maria a un penchant pour moi. Il faut dire qu'elle n'est pas subtile, elle s'arrange toujours pour être à côté de moi lors des repas ou pendant les soirées film. Ernest m'a suffisamment mis en garde pour que je ne sois pas surpris d'apprendre qu'elle est une bonne manipulatrice.

— Et c'est quoi la troisième chose que tu dois me dire ?

— Zanner t'attend dans le jardin.

— Maintenant ?

— Oui. Il t'a appelé, mais j'imagine que tu étais trop occupé avec la pyromane.

Merde. Je n'attends pas une seconde de plus pour descendre les escaliers. Ernest tente d'attirer mon attention, mais je lui fais signe de me parler plus tard. Zanner déteste attendre. Il est debout dans le jardin, avec une cigarette à la main. Lorsque j'arrive à sa portée, il me réprimande.

— Tu es en retard.

— Désolé... J'ai eu un contretemps.

Zanner me regarde, sceptique. Je dois admettre que notre rendez-vous m'était complètement sorti de la tête. Si Xercès ne m'avait pas prévenu, c'est certain que je n'y aurais pas pensé.

— Je me suis occupé des mercenaires. Ils ne représentent plus un problème pour toi ou tes colocataires.

— Comment as-tu fait ?

— Crois-moi, Khaul, déclare-t-il en écrasant sa cigarette. Tu n'as pas envie de connaître les détails.

Je déglutis, sachant qu'il est une fois de plus à la tête d'un massacre. Zanner n'est pas un homme exemplaire. Les atrocités qu'il a perpétrées me glacent le sang rien que d'y penser. Contrairement aux autres démons, Zanner a commis des actes impardonnables qu'on ne souhaiterait pas même à son pire ennemi. Il n'a pas toujours été un meurtrier sanguinaire ; ce sont les BlackPills qui l'ont rendu aussi monstrueux.

Personne ne naît mauvais, on le devient. Zanner en est la preuve vivante.

Étant donné que nos rencontres sont rares, Zanner et moi commençons par rattraper le temps perdu. Je lui raconte tout : la mort de Chad, le retour d'Orlando, l'état de santé d'Hyder devenant de plus en plus inquiétant. Zanner est attentif à chacune de mes paroles. Il n'est pas bavard, en revanche, ses remarques sont toujours pertinentes. Quand je suis avec lui, j'ai tendance à oublier le monstre qu'il est.

— Il va falloir que j'y aille. Marco m'attend, annonce Zanner en regardant sa montre.

— Marco est en ville ?

— Oui, et il ne devrait pas tarder à te rendre visite.

Zanner me salue une dernière fois avant de s'éclipser comme par magie. Il est doté d'une vitesse surhumaine, mes yeux arrivent à peine à le suivre. Je retourne à l'intérieur de la maison et tout le monde est dans le salon à discuter.

— Tout s'est bien passé avec Zanner ? m'interroge Xercès en avalant des glaçons.

— Oui. Le problème avec les mercenaires est officiellement réglé. Il s'en est chargé.

— Du Zanner tout craché.

— Les parents des jumeaux sont partis à leur hôtel ? je lui demande en remarquant qu'ils ne sont pas présents.

— Ils viennent de partir à l'instant. J'ai cru comprendre que les choses se sont arrangées entre eux.

— Tant mieux.

Au bout de la pièce, Ernest et Drew jouent aux cartes. Ils ont l'air de s'amuser.

— Zanner t'a dit autre chose d'intéressant ?

— Marco devrait bientôt nous rendre visite.

Son visage se décompose. Marco est le plus grand rival de Xercès.

Mes colocataires ont souvent tendance à le sous-estimer, en grande partie à cause de sa taille moins imposante qu'Eliodas et de son apparence semblable à celle d'un mannequin de magazine.

Cependant, ils ne savent pas que Marco, à l'instar de Zanner, compte parmi les rares personnes ayant reçu une dose de Black-Pills. Sa puissance est donc bien supérieure à celle d'un être humain.

CHAPITRE 35

DREW

Quatre jours plus tard

Un virus s'est propagé au sein de notre maison.

Ernest a été le patient zéro, c'est en début de semaine qu'il a commencé à tousser, à vomir et à avoir des frissons. Le jour suivant, Douglas et Alaric ont montré les mêmes symptômes. Après leur guérison express, Khaulder et moi pensions être tirés d'affaire, mais la fièvre est apparue sans qu'on s'y attende.

J'ai passé les dernières vingt-quatre heures à tousser et à vomir mes tripes. La fatigue est toujours présente, mais elle est bien plus supportable qu'avant. Du côté de Khaulder, la maladie ne semble pas l'affaiblir plus que ça. Il a profité de son jour de repos pour faire quelques réparations dans la cuisine. Hyder, Maria et Xercès, quant à eux, paraissent être dotés d'un système immunitaire infaillible. Ils se portent bien.

Khaulder et moi sommes devant un médecin afin qu'il prescrive un traitement adapté. Si nos chers colocataires n'avaient pas dévalisé le stock de médicaments, peut-être qu'on aurait pu éviter cette visite médicale.

— Tenez, ça ne devrait pas durer longtemps, s'exclame le médecin en nous donnant nos ordonnances. Bonne journée à vous !

— Merci, à vous aussi, répond Khaulder alors que Xercès et moi sommes impatients de quitter cette pièce.

Je n'ai jamais vraiment aimé les visites médicales, elles ont toujours été une source d'angoisse pour moi. Lorsque mon mutisme est apparu, j'ai consulté beaucoup de médecins et de psychologues. Ces séances me semblaient interminables, et je me sentais oppressée.

Quand Khaulder nous fait signe d'ouvrir la porte, Xercès et moi avons instinctivement envie de fuir. Lui non plus n'a pas l'air d'être un grand fan des médecins. Pourtant, il a voulu nous accompagner – un geste que je trouve adorable. Nous nous dirigeons vers l'ascenseur, et au moment où je m'apprête à appuyer sur le bouton, Xercès me devance.

— Pas la peine de t'acharner sur les boutons, remarque Khaulder en entrant également dans l'ascenseur.

— Pourquoi les portes prennent une éternité pour se fermer ? s'impatiente mon protecteur.

— Arrête d'appuyer comme ça. Tu vas casser le mécanisme.

Les portes métalliques se referment et je sens immédiatement le soulagement de Xercès. Peut-être a-t-il eu une expérience traumatisante avec un médecin par le passé ? En tout cas, sa nervosité semble se dissiper dès que nous quittons la pièce d'examen. Soudain, un fracas assourdissant retentit, et nous sommes projetés dans tous les sens. Heureusement, je parviens à prendre appui sur le bras de Khaulder pour éviter de tomber à la renverse.

— Attends, c'était quoi ça ? lâche le grand brun.

— À ton avis ? On est bloqués, rétorque le démon.

— Putain, fait chier !

— Il n'y a pas de numéro d'urgence ? je demande en m'avançant vers le tableau de commande.

— Non. Je n'en vois pas, répond Xercès.

— Il y en a forcément un, renchérit Khaulder en s'approchant également.

— Je sais, mais je n'en vois pas.

Mon protecteur a raison. Aussi étonnant que cela puisse paraître, le numéro d'urgence a été effacé par le temps et le mauvais entretien de l'ascenseur. La chance n'est vraiment pas de notre côté.

— On n'a pas de réseau en plus, déclare Xercès en mettant son manteau par terre pour s'asseoir dessus. L'attente s'annonce longue.

— Je n'ai même pas la force de crier pour que des gens nous entendent, affirme Khaulder avant de s'asseoir à côté de Xercès.

— De toute manière, personne ne t'entendrait. Vous étiez les derniers patients de ce médecin.

— Ah.

Je m'assois à mon tour, les mains moites et le cœur palpitant fortement dans ma poitrine. Ils semblent assez détendus pour des personnes qui risquent de passer la nuit dans un ascenseur aussi délabré.

— Il n'y a pas assez d'oxygène pour trois personnes, on devrait peut-être trouver un moyen de sortir de l'ascenseur en démontant le plafond… proposé-je dans un élan désespéré.

Au-delà du manque d'oxygène, que faire si l'un de nous ressent le besoin pressant d'uriner ? Tant de questions sans réponse tourbillonnent dans ma tête à cet instant précis.

— Bonne idée, mais je ne pense pas que ce soit nécessaire, déclare Khaulder.

— Je préfère attendre l'arrivée des renforts que de toucher au plafond de cet ascenseur, remarque Xercès.

— Mais… on n'a pas de réseau.

Khaulder retire son collier avec précaution et me l'offre pour que je puisse l'examiner. Le pendentif, une pierre noire d'une beauté saisissante, suscite ma curiosité. En l'observant de plus près, je découvre qu'il n'est pas tout à fait banal : une minuscule lumière rouge et un tout petit bouton se cachent sur l'un de ses côtés.

— C'est une balise de position. Lorsque j'appuie dessus, ma localisation est envoyée à mes proches. Elle n'a pas besoin de réseau pour fonctionner.

— Oh, mais c'est incroyable !

— Zanner me l'a donnée pour mon anniversaire, sourit-il.

— J'ose espérer que ça ne sera pas Zanner qui répondra à l'appel. Je doute que Drew soit prête psychologiquement à lui faire face.

Jusqu'alors, Zanner a toujours été au cœur de nos sujets de conversation entre colocs, mais je n'ai jamais eu l'occasion de le rencontrer en personne. Le mystère qui tourne autour de lui est si grand que je commence à être curieuse à l'idée de le voir.

Je me demande s'il est aussi redoutable que sa réputation le laisse entendre. Je l'imagine comme un démon avec des ailes et des cornes, un démon qui ne ressemble pas à un être humain. Ernest le décrit souvent comme le diable.

— Tu préfères que ce soit Marco qui nous sauve ?

Khaulder pouffe de rire pendant que Xercès lui répond avec un ton tranchant :

— Plutôt mourir que de lui être redevable.

— Pourquoi est-ce que tu ne l'aimes pas ?

Je regrette mes paroles dès l'instant où je ressens le poids du regard de Xercès peser sur moi. Il est évident qu'il ne veut pas aborder ce sujet.

Khaulder s'approche discrètement de mon oreille pour y murmurer quelques mots, son souffle chaud caressant ma peau :

— Marco a réussi à battre Xercès alors qu'il avait les yeux bandés.

— Vraiment ?

Khaulder secoue la tête, sourire aux lèvres, pendant que mon protecteur nous dévisage d'un air mauvais. J'ai toujours cru que Xercès était quelqu'un d'intouchable et que Zanner serait le seul à parvenir à le vaincre. Ernest décrit Xercès comme le deuxième plus fort des démons. Il ne m'a jamais vraiment parlé de Marco, si ce n'est pour dire qu'il est doté d'une beauté renversante.

— Le match n'était pas équitable, se plaint Xercès.

— Et pourquoi ça ?

— Marco a consommé des BlackPills. Moi, non.

Je fronce les sourcils, troublée. En quoi les BlackPills donnent-elles un avantage ? J'ai toujours considéré ces pilules comme un remède miracle destiné à soigner des maladies incurables – c'est ainsi que Douglas les a toujours présentées.

— Les BlackPills peuvent augmenter la force et la vitesse de ceux qui en consomment. Elles peuvent également les rendre plus intelligents et plus habiles, m'éclaire Khaulder.

— Sans ces foutues pilules, Marco ne m'aurait jamais battu, grogne Xercès.

L'attente se poursuit dans l'ascenseur, et la fatigue nous assomme de plus en plus. J'ai des sueurs froides et je frissonne à cause de la fièvre, et même enveloppée dans le manteau de Khaulder, je continue de trembler de froid.

Alors que Xercès entame un récit sur sa haine envers les médecins, nourrie par des souvenirs douloureux chez son dentiste qui s'amusait à pratiquer des soins sans anesthésie, une nausée me submerge.

— Je crois que j'ai envie de vomir, avoué-je avec ma main contre ma bouche.

— Maintenant ? me questionne Khaulder en se levant.

— N'y pense même pas ! proteste Xercès en se levant également.

— Désolée... mais... Eurk, commencé-je à dire avant d'être interrompue par une remontée.

— Putain, mais elle est sérieuse en plus ! Ne t'approche pas de moi ! vocifère Xercès en appuyant sur les boutons de l'ascenseur.

Lorsque Khaulder s'apprête à prendre la parole, les portes de l'ascenseur grincent et s'ouvrent lentement. Nous découvrons que la cabine est coincée à mi-hauteur, nous offrant un petit espace pour atteindre le sol.

Un visage apparaît alors, et je suis immédiatement frappée par sa beauté. Il ne dégage pas la même aura que les autres démons. Il ressemble plus à un mannequin qu'à un tueur en série.

— Besoin d'aide, peut-être ? déclare-t-il en nous tendant sa main.

— Marco ! Tu tombes à pic, souffle Khaulder avant de me faire signe de sortir la première.

J'attrape la main du nouveau démon et parviens à remonter à la surface. Alors que Khaulder et Xercès montent à leur tour, je m'éloigne pour expulser tout ce que j'ai dans l'estomac. La sensation d'acidité me dégoûte, mais je me sens tellement plus légère. Lorsque je me retourne, je suis horrifiée de constater que tout le monde me fixe.

— Elle vomit souvent ou... ? demande Marco pendant que je m'essuie la bouche avec un mouchoir.

Xercès répond avec un ton sec et sans appel :

— Seulement quand elle te voit, connard.

— Toujours aussi aigri, à ce que je vois.

— Khaul, arrête-le. Il me provoque, s'indigne mon protecteur en serrant les poings.

— Bah alors, tu ne sais plus te défendre ? se moque Marco.

La tension entre eux s'intensifie. Xercès s'avance vers Marco, prêt à lui asséner un coup de poing, mais Khaulder s'interpose entre eux.

— Arrêtez ! Ce n'est vraiment pas le bon moment, déclare-t-il d'une voix ferme.

— C'est lui qui a commencé ! s'exclame Xercès.

— Drew, peux-tu aller avec Xercès dans la voiture ? Je vous rejoins dans quelques minutes.

Je hoche la tête et attrape le bras de Xercès pour l'entraîner hors de l'ascenseur. Bien qu'il grogne, il ne résiste pas. Nous rejoignons ainsi le parking sans encombre. Alors que je me penche pour vomir une fois de plus, Xercès continue de se plaindre de Marco. Je me redresse, m'essuie la bouche et sors mon téléphone portable, qui vibre frénétiquement sous l'assaut de notifications que j'ai manquées. J'ouvre les messages et découvre avec stupéfaction le désastre.

— Il y a un problème ? Tu es toute pâle, prononce-t-il en me dévisageant.

— Il faut qu'on rentre à la maison. Hyder a essayé de tuer Ernest.

CHAPITRE 36

ALARIC

Depuis le début de la journée, Drew, Xercès et Khaulder sont introuvables. Malgré les appels incessants de Douglas, le trio reste injoignable. Nous avons été contraints de neutraliser Hyder sans leur aide, et cela n'a pas été facile. Ernest a encore du mal à se remettre de l'attaque. Heureusement que nous étions là pour empêcher qu'il se fasse étrangler. Il aurait pu y laisser sa vie. Douglas et moi avons ramené Hyder dans la cave et l'avons attaché à une chaise avec de la corde. Puis, nous avons scotché sa bouche pour stopper ses hurlements.

— Enfin ! Ils m'ont répondu ! s'exclame Douglas en regardant son portable. Ils arrivent. Ils sont en route.

Une vague de soulagement me submerge. Putain. Ils en ont mis du temps ! Je suis tellement heureux de savoir qu'ils seront bientôt là. Je n'aurai plus à m'occuper d'Hyder. Le simple fait de le voir ainsi me fend le cœur. Il a le teint cadavérique, le regard dans le vide, les cernes marqués.

— Hyder… Pourquoi est-ce que tu as fait ça ? je lui demande en m'accroupissant devant lui.

— Éloigne-toi ! Tu vois bien qu'il n'est pas dans son état normal, vocifère Douglas, mais je l'ignore.

Mes yeux ne quittent pas ceux d'Hyder qui me scrute avec un air mesquin gravé sur le visage. Son regard est empreint d'une intensité menaçante, comme s'il souhaitait ma mort, comme s'il ne me reconnaissait plus. Toutes ces années passées ensemble semblent avoir été effacées, emportées par le vent. Pourtant, Hyder n'est pas un démon. Il n'est pas malveillant, il ne l'a jamais été. Son changement soudain est survenu après la mort de Chad, peut-être que cet événement l'a profondément affecté au point de lui faire perdre la tête.

— C'est à cause de Chad que tu es comme ça ? poursuis-je en m'approchant davantage.

À ces mots, Hyder tente de défaire les cordes et se met à grogner comme un chien enragé. Je quitte la cave pour me réfugier dans le salon où Ernest m'attend avec un verre de tequila. Il aura fallu attendre une demi-heure pour que le trio montre le bout de son nez.

Khaulder et Xercès sont les premiers à entrer dans la maison. Je me lève pour les accueillir :

— Vous êtes enfin là ! Vous étiez où ? On vous attend depuis…

— On était coincés dans un ascenseur, me répond Khaulder avec un grand calme. Où est Ernest ?

— Ici ! s'exclame le Mexicain.

— Est-ce que ça va ? s'inquiète Drew.

— Oui, oui.

Le soulagement se dessine sur le visage de la pseudo-muette. Ses traits se détendent, comme si un poids invisible venait de lui être retiré.

— Où est Hyder ? nous demande Khaulder.

— Venez, suivez-moi.

Je descends dans la cave et les invite à me suivre en faisant de grands gestes. Hyder se tient à présent devant nos yeux. Il est attaché à une chaise comme une bête de foire, avec un scotch noir sur la bouche.

— J'étais allongé sur le canapé et il m'a étranglé avec ses mains, murmure Ernest en s'adressant à Khaulder.

D'habitude, Hyder déteste la violence et tout ce qui va avec. Ce n'est pas un monstre. Lorsqu'Ernest nous montre les marques sur son cou, le regard de Khaulder s'assombrit. Il reste cependant silencieux et attentif. Pendant ce temps, Hyder gigote dans tous les sens, manquant de tomber de sa chaise. Il se met à grogner une nouvelle fois.

J'essaye alors de calmer Hyder qui s'apaise au bout de quelques minutes. Une sensation de victoire se forme dans mon organisme. Et, alors que personne n'est d'accord, je retire le scotch de sa bouche pour qu'il puisse s'exprimer.

Cependant, la situation prend une mauvaise tournure. Mon ami me mord violemment le poignet, me provoquant une douleur atroce.

Je sens distinctement ses dents acérées dans ma chair et la volonté qu'il a de me blesser. Un hurlement s'échappe de mes lèvres, et avec l'aide de mes amis, je me dégage de son emprise. Lorsque j'y parviens, mon corps est propulsé au sol et le sien également. Douglas m'aide à me relever tandis que Xercès remet la chaise en place.

Toujours attaché par les cordes, Hyder éclate de rire – un rire diabolique, dénué de sagesse et de lucidité, à l'instar de ce qu'il est devenu.

À cet instant, mon unique souhait n'est pas de le comprendre, mais de m'assurer qu'il reste enfermé dans cette cave pour un long moment.

CHAPITRE 37

DREW

Son visage est terne et sans éclat, il ne s'en dégage aucune allégresse comme c'était le cas avant. Hyder n'est plus le même, et il suffit de croiser son regard, ne serait-ce qu'un instant, pour le réaliser. Il affiche un air plus sadique que Pandora, plus nébuleux qu'Eliodas, et plus provocant que Xercès. Dès qu'il plante ses yeux dans les miens, mon sang ne fait qu'un tour alors que mon corps se crispe. C'est comme s'il se nourrissait de ma crainte et de ma peur. Son sourire, plein de mauvaises intentions, me rend vulnérable, et il le sait parfaitement. Je recule donc d'un pas ; néanmoins, ce n'est pas assez.

Il est si loin et si près à la fois.

Bien que je sois en sécurité avec mes colocataires, une intense angoisse me gagne. Hyder souhaite ma mort – c'est certain. La manière dont il m'observe n'est pas saine. Il cherche à m'effrayer et à me faire comprendre ce qu'il veut. Je dois partir de cet endroit au plus vite. Pourquoi mes jambes restent-elles immobiles ?

— N'y pense même pas ! Tu mords encore une fois quelqu'un et je te défonce, lâche Khaulder en se mettant devant moi.

En guise de réponse, Hyder sourit malicieusement et, aussitôt, mon colocataire frappe sur sa chaise :

— Et ça t'amuse, en plus ?

À la suite de ce coup infligé au meuble en bois, Hyder tombe à la renverse en étant toujours attaché avec les cordes. En voyant nos réactions, personne ne s'attendait à une telle violence. Tout le monde pensait que Khaulder ferait un discours émouvant pour le raisonner. Nous avons tort sur toute la ligne. Le beau brun est furax, et sa colère s'amplifie quand un sourire se dessine sur les lèvres du détraqué.

Gonflé à bloc, Khaulder saisit brutalement le col de son ami et, sans aucune hésitation, lui colle un rapide crochet du droit. Puis, un autre. Du sang gicle. Mon frère s'empresse d'intervenir pour mettre un terme à ce massacre :

— Mec, tu vois bien qu'il est mal ! Arrête !

Avec désinvolture, Khaulder lâche sa prise, avant de donner son feu vert pour que Xercès relève la chaise du détraqué. Ernest et Alaric, quant à eux, observent la scène avec stupéfaction.

— Je n'en ai rien à foutre ! Quand on est mal, on n'essaye pas de tuer ses propres amis ! Ernest a failli y rester, affirme Khaulder en faisant les cent pas afin de contrôler ses pulsions.

— Je sais, mais quand même. Tu rends les choses plus difficiles qu'elles ne le sont déjà, le réprimande Douglas avec sévérité.

À ces mots, Khaulder quitte la cave.

Pendant ce temps, mon jumeau tente de raisonner Hyder – en vain. Ce dernier ne flanche pas. Son visage demeure toujours aussi impassible, malgré les paroles rassurantes de Douglas et d'Alaric.

Je n'avais jamais vu une personne aussi indifférente et aussi dénuée de sentiments.

— On l'a perdu. C'est fini, déclare Ernest dans un murmure à peine audible.

Je déglutis en continuant de fixer mes chaussures. Il a peut-être raison en fin de compte. Hyder n'est plus le même, et il ne sera probablement plus jamais comme avant. Hyder et Chad ont toujours été les plus silencieux de la bande. Néanmoins, ils n'étaient pas délaissés pour autant. En fait, ils étaient de loin les plus appréciés du groupe. Il n'y avait jamais aucune tension ni aucun problème avec eux. Ils s'entendaient avec tout le monde, du plus bagarreur au plus excentrique, Hyder et Chad mettaient tous les garçons d'accord.

— Drew ?

Instantanément, mes yeux croisent ceux de Xercès.

— Je m'en vais. Tu viens avec moi ? reprend-il.

D'un hochement de tête, j'acquiesce.

Étant inutile dans cette cave et ne me sentant pas spécialement à l'aise, il vaut mieux que je m'en aille. Sa présence me perturbe. J'ai l'impression qu'il me regarde et c'est déstabilisant, surtout lorsqu'on sait qu'il est capable de tuer un être humain.

— T'es sûre que ça va ? m'interroge Xercès une fois que nous sommes sortis.

Je ne veux pas qu'il se rende compte de ma crainte passagère ; par conséquent, j'arbore un faux sourire et je hoche la tête. De nature méfiante, Xercès soupçonne forcément quelque chose. Il s'avance vers moi et ajoute :

— Hyder est attaché. Il ne te fera rien.

Xercès ne se trompe jamais. Il sait déchiffrer toutes mes peurs.

— Merci.

— Et puis, de toute façon, je serai là, continue-t-il alors que nous marchons vers le salon. Ce petit con ne pourra même pas t'approcher que je l'aurai déjà aplati par terre.

Son sourire est contagieux.

Depuis le début, Xercès prend son rôle de protecteur à cœur. De ce fait, j'éprouve beaucoup de reconnaissance à son égard.

— Je vous gêne peut-être, les amoureux ? nous lance Maria en se relevant du canapé.

Quand je m'apprête à prendre la parole, Ernest débarque de nulle part pour riposter :

— Waouh, tout doux par là ! Ne t'avise pas de vouloir caser Drew avec un démon !

— Attendez, quoi ? grogne Alaric en sortant également de la cave pour nous rejoindre. Qu'est-ce que j'ai raté ?

Et voilà qu'en quelques secondes à peine, ils se tiennent tous autour de nous, exigeant des explications claires et précises. Bon sang ! Je n'arrive pas à croire que je me retrouve dans une situation pareille.

— J'ai seulement dit que Drew et Xercès formeraient un beau couple, lance Maria en me faisant un clin d'œil.

Ces propos engendrent un grand engouement auprès d'Ernest et Douglas ; ces deux-là sont tellement outrés qu'ils font semblant de vomir.

— Ah, dégoûtant ! Xercès a au moins dix ans de plus qu'elle ! Certes, l'amour n'a pas d'âge, mais la prison pour pédophilie, ça existe ! riposte Ernest, rapidement coupé par Xercès.

— Je rêve ou tu viens de me traiter de pédophile ?

— Quoi... ? Non, bien sûr que non ! Xercès, je n'oserais jamais, voyons, se défend Ernest.

Avec les Sept Démons, on peut s'attendre à tout. Et c'est notamment pour cette raison qu'Ernest trouve refuge derrière le dos de Khaulder. Au passage, un petit cri s'échappe de sa bouche quand Xercès le fusille du regard. Maintenant que j'y pense, c'est vraiment fascinant, la façon dont réagit Ernest face à une situation dangereuse. Avant de le connaître, je ne savais pas qu'on pouvait fuir nos responsabilités aussi vite.

— Quelqu'un peut m'expliquer comment on en est arrivés là ? demande Douglas en étant toujours focalisé sur le précédent sujet.

Maria, étant la fautive de cette histoire, répond :

— Bah, en fait... J'étais sur le point de prendre l'air et je suis tombée sur eux. Elle souriait et lui aussi, et c'était adorable, alors je les ai trouvés mignons... Vous ne trouvez pas ?

— Non, déclare Khaul.

Tous les regards se braquent sur lui.

— Hein ! ajoute Alaric.

— Pardon ? reprend Douglas.

— *Qué ?* rétorque Ernest.

Personne ne s'attendait à une réponse de sa part, puisqu'en règle générale, Khaulder ne participe jamais à ce genre de conversations.

— Vous n'allez quand même pas me dire qu'ils vont bien ensemble, si ? les questionne-t-il en croisant ses bras.

— C'est horrible, non ! s'écrie Ernest.

— Tu exagères ! Les gens peuvent s'aimer sans aucun jugement, souffle Maria.

— J'ai envie de tous vous tuer, mais je suis trop fatigué pour le faire, déclare Xercès.

Sans un mot de plus, mon protecteur se dirige illico à l'étage. En fin de compte, Ernest n'est pas le seul à fuir ses responsabilités aussi vite que la lumière.

Douglas et Alaric rejoignent également leurs chambres et, quelques instants plus tard, Khaulder fait de même. Je me retrouve donc seule avec Ernest et Maria. Un silence, particulièrement gênant, s'installe dans la pièce jusqu'à ce que Maria décide de quitter les lieux. La tension s'apaise alors, et un certain calme revient.

Ernest partage avec moi quelques anecdotes ainsi que son envie de travailler dans l'entreprise de Khaulder. Puis, au bout d'un moment, il décide de monter à l'étage pour s'endormir dans les bras de Morphée.

Désormais, je suis seule, et je dois admettre que c'est assez déstabilisant. Je n'aime pas cette atmosphère. Hyder pourrait surgir à tout moment. Mon ventre gargouille tellement qu'il me fait mal. Je prépare rapidement des nouilles instantanées et, quand je m'apprête à rejoindre ma chambre, des bruits de pas m'interrompent.

Par réflexe, je me cache derrière le comptoir de la cuisine en m'accroupissant, mon cœur battant la chamade. J'entends :

— Y a quelqu'un ?

Dieu merci, cette voix n'est pas celle d'Hyder, mais celle d'Alaric. Le soulagement est à son apogée.

— Putain, je le savais ! vocifère le boxeur d'une voix suffisamment forte pour que je l'entende. Comment tu as réussi à te détacher ?

Aucune réponse.

Tout ce que je parviens à entendre ensuite est un violent fracas de corps dans le salon ainsi des gémissements sourds. Mon cœur se met à battre comme une bombe à retardement.

La lumière s'éteint. Puis, la peur s'empare de moi. Je n'arrive plus à respirer correctement. Mon souffle s'arrête. Et je suis incapable d'y remédier.

Les bruits, de moins en moins forts, me poussent à imaginer un scénario catastrophique. Que dois-je faire ? Il faut absolument que je prévienne les autres, mais… comment ? Mon portable n'est pas dans ma poche. Envahie par l'angoisse qui monte, mon regard se tourne vers le salon et je parviens à voir Alaric malgré l'obscurité de la nuit : il est inerte… avec une corde autour du cou.

Mon sang se glace et mon corps se crispe. Mon âme, quant à elle, s'apprête à s'envoler dans les airs. Cette scène est si choquante que je suis figée, ne réussissant à faire aucun mouvement. Je me persuade que tout ceci est faux, que ma vision est défaillante, toutefois, le clair de lune me contredit en soulignant nettement sa silhouette. Il n'y a aucun doute. Mon colocataire gît par terre.

Mais, alors... Si ce n'est pas Alaric, qui me tapote l'épaule ?

CHAPITRE 38

KHAULDER

Les éclairs grondent dans le ciel tandis que la pluie coule à flots, comme le soir où j'ai rencontré Hyder pour la première fois. Il se tenait là, près de notre allée, le corps vacillant de droite à gauche, en train de pleurer. Ses vêtements étaient trempés et remplis de sang et de boue ainsi que son visage. Il était dans un état pitoyable. J'ai connu Hyder bien avant mes colocataires, bien avant Chad. Malgré toutes ces années à ses côtés, Hyder n'a jamais voulu me parler de son passé et je n'ai jamais essayé d'en savoir plus.

J'avais confiance en lui. Et il m'a trahi.

Par sa faute, Ernest a failli perdre la vie. Il y a beaucoup de choses que je peux tolérer et pardonner, mais cette tentative de meurtre n'en fait pas partie.

Son comportement est inacceptable.

— AHHH !

Je me réveille en sursaut avec des sueurs froides. Xercès se réveille à son tour en observant les alentours avec méfiance. Nos yeux se croisent et nos voix se coordonnent :

— Drew !

Xercès saute de son matelas gonflable pendant que je cours en direction de la porte. Nous avons tous les deux le réflexe d'aller vérifier dans la chambre de Drew si elle y est.

— Vous avez entendu ? demande Maria.

Douglas est dans la chambre de sa jumelle, mais elle n'est pas avec lui.

— Où est ta sœur ? je vocifère alors qu'il essaye de se remettre de son réveil brutal.

— Le cri vient du salon, déclare Xercès. C'est peut-être Orlando.

J'acquiesce avant de me diriger vers les escaliers. Douglas retrouve ses esprits à la vitesse de la lumière. Il nous rejoint avec les cheveux en bataille et les yeux encore à moitié clos. Je descends donc les escaliers aussi vite que possible, suivi de près par les autres. Il me suffit d'une fraction de seconde pour reconnaître Alaric. Il est par terre, le dos contre le canapé et une corde entourant mollement son cou. Lorsqu'il nous aperçoit, celui-ci nous sourit avant de nous dire silencieusement de regarder vers la gauche.

Drew est là, sous le choc, les yeux rivés sur le corps immobile d'Hyder. La poêle dans ses mains laisse à penser qu'elle l'a assommé. Quand elle réalise que nous sommes présents, elle lève les yeux vers moi :

— Je n'ai pas fait exprès.

Dans ses prunelles, il y a un mélange d'euphorie, de peur et de remords. Étant donné qu'elle vient de mettre KO notre ami, elle ne sait pas vraiment comment se sentir et je dois admettre que sa réaction est plutôt comique. En voyant sa tête, on pourrait croire qu'elle a croisé un fantôme.

— Putain, tu es la meilleure, Drew ! Longue vie à toi ! s'écrie Ernest.

Pendant ce temps, Douglas se presse vers la cuisine pour s'assurer que sa chère sœur est intacte :

— Tu vas bien ?

Drew secoue la tête, sous le regard soulagé de son frère. Elle n'a aucune égratignure sur le visage. Xercès m'interpelle, mais je n'entends que le son de mon cœur qui frappe contre ma cage thoracique.

— Khaul, est-ce que tu m'entends ?

— Désolé. Tu disais ?

— Tu veux que je ramène Hyder dans la cave ? me propose-t-il.

— Oui, s'il te plaît.

Il n'attend pas une seconde de plus pour attraper le corps d'Hyder comme un sac à patates. Alaric le regarde en silence. Il est certainement déboussolé par le fait qu'Hyder ait essayé de le tuer avec une corde. Il monte à l'étage, et Maria fait de même. Ernest ne tarde pas à les rejoindre pour aller se coucher.

— Où est Xercès ? demande Douglas en regardant autour de lui.

— Il est dans la cave avec Hyder.

— Ah, merde ! Est-ce que tu peux rester avec ma sœur le temps qu'elle mange ses nouilles ? J'ai vraiment trop envie de dormir.

— Ses nouilles ?

— Ouais, elle a fait des nouilles. Toute seule. À côté de la cave, grommelle Douglas en accentuant chaque mot qu'il prononce.

D'un regard qui en dit long, ce dernier fixe sa jumelle en croisant ses bras contre son torse. Évidemment, après un tel regard, Drew se sent coupable. Pourtant, elle ne le devrait pas. Dans cette maison, elle est probablement la personne la plus responsable et la plus raisonnable de toutes – il est vrai que la concurrence n'est pas rude.

C'est dans un silence presque mélodramatique que Douglas quitte les lieux, en loupant, au passage, une marche d'escalier. Je pouffe de rire, face à son ridicule, avant de me tourner vers la cuisine pour me servir un verre d'eau. Pendant ce temps, Drew mange ses nouilles qui ne sont pas assez cuites. Elle grimace et je la taquine :

— C'est dégueulasse, pas vrai ?

— Un peu, oui.

Elle est embarrassée. Je sais qu'elle n'oserait pas jeter toute cette nourriture devant moi. Je me charge donc de me débarrasser de son plat.

— Mais... mes nouilles ! riposte-t-elle en se levant de son siège.

— Je m'en occupe. Laisse-moi faire.

Je retrousse mes manches. Après avoir saisi quelques pommes de terre, de la viande, des épices et du miel, me voilà prêt pour cuisiner un de mes plats signature. Je dépose toutes mes trouvailles sur l'îlot central, sous l'incompréhension totale de la brunette, dont les yeux brillent d'une lueur intrigante.

— Comment est-ce que je peux t'aider ? propose-t-elle.

— En me tenant compagnie.

— Marché conclu, sourit-elle.

Elle me regarde attentivement pendant que je commence à découper mes pommes de terre. Elle paraît hypnotisée par mes faits et gestes.

— Qu'est-ce que tu prépares ? lance-t-elle avec sa voix douce et mélodieuse.

— Du magret de canard au miel, tu as déjà goûté ?

Drew secoue la tête :

— Non, jamais, mais ça a l'air vraiment bon !

— C'est le plat préféré d'Ernest.

Elle se penche davantage sur l'îlot central, ses coudes reposant dessus, un sourire de joie illuminant son visage. Son enthousiasme est contagieux, et je ne peux m'empêcher de sourire en retour. Nous discutons de tout et de rien jusqu'à ce que la session cuisine s'achève. Drew s'empresse de déguster son assiette. Ses yeux s'écarquillent de plaisir à chaque bouchée. Elle me couvre de compliments.

— Est-ce que tu as une couleur préférée ? me demande-t-elle entre deux bouchées.

Quand j'étais enfant, tout ce que je possédais était rouge : mes vêtements, mes jouets, et même ma chambre. Le rouge s'imposait à moi comme une évidence, un choix que je n'aurais jamais remis en question.

Mais tout a changé lorsque j'ai vu la couleur de ses yeux pour la première fois et que j'ai réalisé que le bonheur pouvait s'y refléter. Le rouge m'a soudainement paru pâle et décevant en comparaison. À travers ses yeux bleus, j'avais l'impression qu'elle pouvait sonder mon âme et percer tous mes secrets.

Le rouge a longtemps été ma couleur favorite. Mais je n'avais pas encore vu les yeux de Drew avant de faire ce choix.

— Bleu.

— Ah oui ? Moi aussi ! renchérit-elle.

Un gloussement furtif résonne dans le hall d'entrée. Je tends l'oreille en essayant de reconnaître ce rire. Mes colocataires s'imaginent peut-être que je ne les ai pas entendus, mais je ne suis pas dupe. Je sais qu'ils sont là depuis le début, cachés comme des enfants espiègles, sur les marches d'escalier.

— Sortez de votre cachette ! leur dis-je pendant que Drew savoure son plat.

Aussitôt, des bruits de pas précipités se font entendre, révélant la fuite de certains par les escaliers. Ils auraient pu assumer leurs actes au lieu de s'enfuir aussi lâchement. Je suis presque certain qu'Ernest fait partie de cette bande de traîtres.

— Mince. Je suis grillé, affirme Xercès en sortant de l'obscurité avec les mains en l'air. Alaric, Maria et Ernest viennent de partir à l'étage.

— Et Douglas ?

— Il ronfle comme un porc dans sa chambre, répond Xercès en s'approchant. Je dois te dire quelque chose.

— Y a un problème ?

— Ouais, un gros problème même, me lance-t-il en regardant de droite à gauche.

Drew est la seule à être avec nous, mais elle est tellement concentrée à manger qu'elle ne nous écoute pas. À la fois confus et intrigué par les paroles de Xercès, ma mâchoire se contracte. Venant de sa part, ça ne présage rien de bon.

— Il y a quelque chose qui ne tourne pas rond chez Hyder. Il a chuchoté des mots vraiment glauques.

— C'est-à-dire ?

— Je sais que je te l'ai déjà dit et que tu ne voudras pas que je m'en prenne à lui, mais sache qu'il veut tous vous tuer.

— Je sais.

— Et donc ?

— Marco prend la relève pour s'occuper de son cas.

Malgré leurs différends, Xercès reconnaît les compétences de son éternel rival. Marco est l'un des meilleurs dans sa discipline. Il fait partie des plus jeunes diplômés en psychiatrie. Cela fait presque trois ans qu'il exerce à l'hôpital psychiatrique Harkeem, où ma mère a rencontré Zanner.

Dès que mes paroles arrivent à ses oreilles, son visage se détend. Il sait qu'Hyder sera entre de bonnes mains, car si Marco ne parvient pas à le guérir, personne ne le pourra. Alors que je m'apprête à parler, Drew pousse un cri de surprise, se lève de sa chaise et se précipite vers moi. Elle panique en silence et me montre sa messagerie :

| Orlando – 23 : 21 | Je connais tous tes secrets, mon petit cœur.

Le message est accompagné d'une vidéo montrant Douglas en train de commettre un meurtre.

CHAPITRE 39

ERNEST

Aujourd'hui, c'est l'anniversaire de la petite amie de Douglas, et nous sommes tous invités ! N'est-ce pas fantastique ? Vanessa Bridge est une actrice de longue date, elle a grandi sous les projecteurs. Sa fête d'anniversaire promet d'être remplie de célébrités internationales et de belles femmes. On dit même que la talentueuse actrice Cayena Manolian sera parmi nous. Rien que d'y penser, je bouillonne d'impatience ! Je n'ai jamais été invité à une fête aussi prestigieuse.

À mes côtés, mes colocataires ne partagent pas vraiment mon enthousiasme. Leur visage est marqué par la fatigue. Depuis qu'ils ont appris qu'Orlando possède une vidéo montrant Douglas en train de tuer le mercenaire, l'ambiance à la maison est devenue tendue. Tout le monde est en panique, sauf moi. Avec tout l'alcool que j'ai ingurgité, je n'ai pas le temps de me laisser envahir par le stress !

— Arrête, Ernest ! Ne bouge pas ! grogne Khaul.

— Il a raison ! T'es chiant, renchérit Alaric. La soirée est dans une heure, calme-toi un peu !

Je suis tellement excité que je ne peux m'empêcher de sautiller sur mon siège. Tous mes colocataires me fusillent du regard.

— On arrive quand ? dis-je en observant la route.

— Pose-moi encore une fois cette question, et je te jure que je te balance sur la prochaine autoroute, grommelle Khaul.

Je fais aussitôt signe de fermer ma bouche.

Il roule des yeux et se concentre à nouveau sur sa conduite. De toute évidence, Khaul m'en veut encore. Ça ne fait que deux jours, pourtant il regrette déjà de m'avoir embauché comme assistant. Lorsque mes nouveaux collègues de travail ont appris que je vivais en colocation avec leur patron, ils étaient méfiants à mon égard. Personne n'osait m'adresser la parole mais, maintenant, grâce à mes petites anecdotes, tout le monde m'adore. Il est vrai que je n'aurais pas dû raconter à ses employés que leur patron, aussi redouté soit-il, est en réalité un talentueux cuisinier et lecteur de livres psychologiques. Je n'aurais pas dû leur confier non plus qu'il est amoureux d'une fille dont le nom commence par D et se finit par « rew » – ce détail était peut-être de trop.

En arrivant dans son entreprise, j'ai immédiatement remarqué le côté sérieux et inaccessible de Khaul. Il dégage quelque chose de différent. Il ressemble à un homme d'affaires qui serait le héros d'un roman et qui finirait par sortir avec la petite secrétaire. Heureusement pour Drew, c'est moi sa secrétaire.

— Ils ont des voituriers ! Quelle classe ! dis-je dès notre arrivée à destination.

— C'est immense ! C'est deux fois plus grand que notre maison ! rétorque Alaric pendant qu'on descend du véhicule.

— Waouh... c'est beau ! admire Drew, bouche bée.

Khaul n'a pas l'air aussi impressionné que nous. Il se contente de donner ses clés au voiturier avant de s'avancer vers l'entrée avec les mains dans les poches. J'oublie parfois qu'il a grandi dans ce monde où tout s'achète avec une facilité renversante. Il a fait ses études à l'Olympe, l'école la plus prestigieuse de Ravenstein, qui rassemble une centaine d'adolescents extrêmement riches destinés à gouverner le monde. Cette maison n'a donc rien d'étonnant pour lui. Il arrive à la porte principale afin de saluer Douglas et Vanessa. Je le rejoins aussitôt avec Drew et Alaric.

— Tu es la sœur jumelle de Douglas, n'est-ce pas ? sourit Vanessa. Et vous devez être ses fameux colocataires ?

Maintenant que j'y pense, c'est la première fois que je vois cette femme. Pourtant, cela fait presque un an qu'elle est en couple avec Douglas. Il nous a toujours dit qu'il ne nous présenterait que la femme de sa vie. J'imagine que les choses se concrétisent de plus en plus entre eux.

— Oui, répond la petite brunette.

— Je suis tellement heureuse de vous rencontrer ! Douglas m'a déjà montré des photos de vous pour que je puisse mieux vous reconnaître ! Alors, si ma mémoire est bonne, vous devez être Alaric, Khaulder et Ernest, dit-elle en nous pointant du doigt avant de s'arrêter devant Xercès. Oh ! Et tu es le copain de Drew ?

— Encore ? s'étonne le Persécuteur de glaces.

Mais c'est dingue ! Pourquoi tout le monde pense qu'ils sont ensemble ? Xercès est clairement plus vieux que Drew ! Ça se voit, ça se sent. Douglas et Alaric ont l'air du même avis que moi puisqu'ils grimacent en même temps. Khaul, quant à lui, ne dit pas un mot, mais il a le regard noir et la mâchoire contractée. Jusqu'à récemment, personne n'avait pensé à caser un de ses démons ! J'ose espérer qu'il est jaloux qu'on s'approche de Drew, et pas de Xercès !

— Non, non, pas du tout ! panique la brunette.

— Merde ! Je suis désolée, oh non, c'est tellement embarrassant ! s'écrie Vanessa.

— Tu n'es pas la première à penser qu'ils vont bien ensemble, lui chuchote Douglas.

— Ah bon ? Me voilà rassurée, souffle Vanessa avant de reprendre. Mais, alors, comment t'appelles-tu ? Je suis désolée, peut-être que Douglas m'a parlé de toi, mais je n'arrive pas à me rappeler.

— Xercès.

Le visage de Vanessa se décompose aussitôt. Elle tente de dissimuler son émotion en souriant, mais je devine la peur qu'elle ressent. Douglas a dû lui parler des Sept Démons – c'est d'ailleurs étonnant. Il n'avait jamais pris la peine d'en parler à sa sœur jumelle avant qu'elle débarque à la maison. Vanessa semble avoir de grandes chances d'être la femme de sa vie. Elle lance un regard vers Douglas et se racle la gorge :

— Vous… vous pouvez aller à l'intérieur ! Il y a un tas de boissons et de nombreux assortiments de tapas, servez-vous !

Mon ventre gargouille rien que d'y penser. Je n'attends pas une seconde de plus pour pénétrer dans l'immense demeure où une vingtaine d'invités sont déjà là. Pendant que Xercès et Drew se précipitent sur le buffet, Alaric, Khaul et moi nous dirigeons vers le bar où sont alignées de nombreuses bouteilles d'alcool. Un barman est là pour nous servir. Ici, tout est gratuit ! C'est le paradis. Maria n'a pas été invitée, et c'est merveilleux, tout comme Xercès, mais Khaul a réussi à négocier pour qu'il vienne afin d'assurer la sécurité de Drew.

— C'est vrai que sans les connaître, on peut croire qu'ils sont ensemble, déclare Alaric avec les yeux rivés sur la brunette et le Persécuteur de glaces.

Khaul manque de s'étouffer avec son verre de rhum pendant que je mime un vomissement.

— Bah, quoi ? Ne faites pas cette tête ! Vous le pensez aussi, n'est-ce pas ? renchérit Alaric.

— Non, pas du tout !

— Ton avis ne compte pas. Tu n'es jamais objectif ! s'indigne-t-il en sirotant son verre.

— Drew ne sortirait jamais avec un gars comme Xercès !

— Ah oui, tu crois ? lance Alaric avant de se tourner vers le petit prince. Et toi, qu'est-ce que tu en penses ? Au-delà du fait que tu trouves qu'ils ne vont pas bien ensemble, ça, on a compris, tu nous l'as déjà dit. Mais est-ce que tu penses qu'il pourrait se passer un truc entre eux ?

— Pourquoi est-ce que tu me demandes ça ?

Khaul a un visage fermé. La conversation n'a pas l'air de lui plaire.

— Parce que tu connais bien Xercès. Tu ne trouves pas qu'il est… gentil avec Drew ?

Bon, ça ne me fait pas plaisir de l'admettre, mais Alaric a raison. Depuis que Xercès est devenu le garde du corps de la brunette, il ne m'a jamais paru aussi docile. D'habitude, ce n'est qu'avec Khaul qu'il est protecteur et patient. Xercès n'a jamais été menaçant à l'égard de Drew. Il a toujours été irréprochable.

— Xercès est gentil avec les gens en qui il a confiance, répond Khaul en observant également le duo improbable.

Je ne sais pas si cette discussion y est pour quelque chose, mais depuis le début de la soirée, Khaul n'a pas cessé de jeter des coups d'œil vers Xercès et Drew. Il est clairement jaloux, reste à savoir de qui.

De notre côté, Alaric et moi avons passé notre temps à séduire des filles. Nous avons réussi à obtenir quelques numéros, mais nous n'avons pas pu approcher la célèbre actrice Cayena Manolian. Cette femme est tellement belle et charismatique qu'elle est constamment entourée par un groupe de filles semblables à des gardes du corps. Notre seul espoir se porte donc sur Khaul. Bien qu'il n'appartienne pas au monde du cinéma ou du divertissement, il a beaucoup de connaissances depuis qu'il a été le petit ami d'Aelys, une chanteuse populaire à Ravenstein. Forcément, Cayena Manolian doit le connaître d'une manière ou d'une autre.

— Non, hors de question que je fasse ça, refuse-t-il de façon catégorique.

— Allez, s'il te plaît ! Je veux juste un autographe.

— Demande-lui toi-même ! Pourquoi est-ce que je dois t'accompagner ? grogne-t-il.

Alaric me lance un regard moqueur. Il n'a pas arrêté de me dire que Khaul n'accepterait pas, mais j'ai tenté ma chance. On ne sait jamais, tout peut arriver ! Je continue d'insister bien que Khaul ne vacille pas. Il reste sur ses positions en se contentant de boire son verre à côté de Xercès et Drew.

— Cayena est entourée de filles qui rejettent tous les gars qui osent s'approcher d'elle ! Si tu viens avec moi, elles me laisseront forcément passer !

— Elles nous rejetteront comme les autres, affirme-t-il.

Je roule des yeux, Alaric aussi. Nous savons tous les deux que notre colocataire n'exploite pas assez son potentiel. Avec une situation financière comme la sienne et un visage pareil, il n'aurait aucun mal à séduire une femme comme Cayena Manolian.

— Bah, quoi ? poursuit-il en ne comprenant pas le regard que je lui lance.

— Khaul, franchement, tu te sous-estimes. Je te rappelle que tu es connu comme l'héritier beau gosse de Ravenstein.

Il pouffe de rire alors que c'est la stricte vérité. Je m'apprête à poursuivre, cependant Khaul m'en empêche. L'expression de son visage change complètement. Il se lève de son siège, en même temps que Xercès, et dit d'une voix incertaine :

— Jamaal ?

Je me retourne pour faire face à l'homme qu'on surnomme le Fantôme. Il est la définition même de furtif. Malgré sa grande taille, Jamaal est aussi discret qu'une souris. Il agit comme un informateur. Il n'est ni violent comme Eliodas, ni terrifiant comme Xercès. En revanche, ses apparitions inattendues me donnent toujours la chair de poule.

— J'ai quelque chose à te dire, mais tu n'as pas répondu à mes messages, intervient Jamaal.

— Ah merde, désolé. Je n'étais pas sur mon portable. De quoi tu veux me parler ?

OK, arrêtez tout. J'ai besoin de reprendre la scène depuis le début. Alors, si je comprends bien, cet homme a fait irruption dans cette soirée privée simplement parce que Khaul n'a pas lu ses messages ? Pourquoi se donner tant de mal ? Il aurait pu attendre comme tout le monde. Ces démons sont incorrigibles. Leur manière de penser est vraiment différente de celle du commun des mortels – pauvres humains que nous sommes !

Jamaal nous scrute l'un après l'autre et déclare d'une voix forte :

— Je connais la nouvelle cachette d'Orlando.

CHAPITRE 40

DREW

— Ah bon ? s'étonne Khaulder.

— Il habite à présent dans le quartier nord de Ravenstein, réplique un homme que je n'ai jamais vu auparavant.

Il est apparu si brusquement que mon cœur s'est emballé. Tout le monde a l'air de le connaître. Il a une peau noir ébène, des yeux noisette, un nez plat et des cheveux crépus. Son aura égale celle de Xercès, c'est forcément un des Sept Démons. Autrement, Ernest ne serait pas aussi effrayé.

— Il change souvent de position, donc... commence à dire le potentiel démon.

Khaulder pose son verre sur la table et s'avance vers lui :

— Eliodas et Pandora sont avec toi ?

— Oui, ils attendent dans la voiture.

— Dis-leur que j'arrive.

L'homme acquiesce et disparaît aussi vite qu'une fusée. Khaulder se tourne alors vers nous afin de faire face à notre stupéfaction. Évidemment, cette annonce fait l'effet d'une bombe. Mon cœur a gonflé comme un ballon de baudruche. Xercès est le premier à prendre la parole :

— J'irai à ta place.

— Non. Tu m'as déjà assez aidé, Xers. Je n'ai pas envie de te mêler à ça.

— Laisse-moi au moins t'accompagner. Je te garantis que je ne ferai qu'une bouchée de cet homme.

Xercès n'est pas intimidé, car il sait pertinemment qu'Orlando ne fait pas le poids contre lui. Il possède toujours une longueur d'avance sur les autres. Khaulder paraît hésitant, puis lorsque ses yeux rencontrent les miens, son dilemme semble prendre fin. Il déclare alors :

— Veille sur mes colocataires pendant mon absence. Je te fais confiance.

Xercès soupire, exprimant ainsi son désir d'affronter Orlando. J'ai également envie de me joindre à lui, mais ma présence ne ferait que compliquer les choses. Orlando n'hésiterait pas à m'utiliser pour retourner la situation à son avantage. Mon cœur se serre de douleur en voyant Khaulder s'éloigner progressivement.

Après son départ, nous restons chez Vanessa jusqu'à ce qu'il n'y ait presque plus d'invités.

Douglas a préféré rester avec sa copine et nous avons fini par rentrer à la maison.

— Il est bientôt 3 heures du matin, vous pouvez aller dormir, signale Xercès pendant que nous essayons de lutter contre le sommeil.

— T'inquiète, on n'est pas fatigués ! rétorque Ernest.

— Non ! Pas du tout, réponds-je.

— Menteurs, vos yeux sont tout rouges, nous réprimande Xercès avant de reprendre. Il est possible que Khaul ne rentre pas ce soir.

— Ah bon ? Pourquoi ? demande Alaric entre deux bâillements.

— Il y a eu des complications.

— Des complications ? je répète.

— Oui et...

Soudain, la porte d'entrée s'ouvre. Khaulder apparaît sur le seuil de la maison. Il a le visage amoché, les cheveux en bataille et son haut est taché de sang frais. Je me précipite vers lui pour le voir de plus près.

Il nous fixe un instant, surpris :

— Oh, vous ne dormez pas ?

— Ils t'attendent depuis tout à l'heure, déclare Xercès.

— C'est mignon, sourit Khaulder en s'avançant dans la cuisine.

— Pourquoi ton haut est plein de sang ? Tu as tué Orlando ? Il est mort ? s'égosille Ernest en le suivant.

Khaulder ne répond pas. Il attrape la trousse de soin dans le placard du haut en grimaçant légèrement. Son t-shirt se soulève lorsqu'il fait ce geste et dévoile ainsi une plaie sur son ventre et des griffures sur son dos.

— Tu es blessé ? le questionne Alaric.

— Ce n'est pas grand-chose, affirme-t-il, alors que ses blessures ne semblent pas superficielles. Vous pouvez aller vous coucher. Ne faites pas attention à moi.

— Allez, raconte ! On n'attend que ça, ronchonne Ernest.

— Orlando nous a piégés, annonce Khaulder en s'appuyant sur l'îlot central de la cuisine.

— Quoi ? s'écrie Ernest.

— Mais on a quand même réussi à effacer la vidéo, ne t'en fais pas.

Le poids de la culpabilité m'envahit à nouveau, me faisant me sentir comme une âme impuissante. Par ma faute, Khaulder a été confronté à Orlando. Mon cœur se serre, alourdi par le fardeau de mes regrets.

— Et maintenant, est-il mort ? demande Xercès.

— Non, pas encore.

La déception est visible sur le visage de chacun.

Orlando semble imbattable. J'avais secrètement espéré qu'un des Sept Démons lui arracherait le cœur pour de bon. Il incarne tout ce que je déteste, tout ce que je maudis.

— Tu peux aller dormir. Je vais rester éveillé toute la nuit au cas où Orlando viendrait à l'improviste, me chuchote Xercès en voyant qu'Ernest et Alaric ont déjà rejoint leur chambre pour finir leur nuit.

— Tu ne dors pas ?

— Non, je peux faire une nuit blanche, me répond-il à voix basse.

Avant de le connaître, je l'imaginais comme un homme avec un cœur de glace, dénué de sentiments. Pourtant, Xercès fait désormais partie des personnes les plus attentionnées qui m'entourent. Il me fait penser à mon père – à l'exception bien sûr de son métier de tueur à gages. Alors que je m'apprête à répliquer, Khaulder prend les devants :

— Xercès, viens ici. J'ai besoin d'aide.

Mon protecteur pouffe de rire et le nargue :

— Ah oui, vraiment ? Tu as besoin d'aide pour tes blessures ?

— Oui.

— Et depuis quand tu as changé d'avis ? Je croyais que mes mains étaient trop froides pour toi.

Khaulder roule des yeux et soupire :

— Laisse tomber. Je vais le faire tout seul.

En entendant ses paroles, ma conscience me crie de réagir, j'ai toujours eu la fâcheuse tendance de trop réfléchir avant d'oser quoi que ce soit. C'est le moment ou jamais si je veux être utile.

— Attends ! Je vais t'aider !

— Non, non, ne t'inquiète pas. Je peux m'en occuper tout seul. Je voulais juste embêter Xercès.

— Ah... ?

Je m'arrête sur ma lancée et m'assois sur le comptoir de la cuisine. Tous mes espoirs de me rendre utile viennent d'être anéantis.

— Drew ! Attrape ! rétorque Xercès en me lançant un objet non identifié.

Aussi étonnant que ce soit, mes réflexes fonctionnent. J'attrape la bouteille de désinfectant de justesse. Xercès sourit et poursuit :

— Ne l'écoute pas, il a besoin d'aide.

Khaulder ne le contredit pas. Il hésite quelques instants avant d'admettre à voix haute :

— Ouais, peut-être un peu.

Je quitte donc mon siège, animée par une soudaine poussée d'adrénaline. Mon cœur palpite plus intensément dans ma poitrine.

La dernière fois que j'ai soigné les blessures de quelqu'un remonte à mes onze ans. Orlando avait griffé le dos de Denver jusqu'au sang et elle ne voulait pas aller chez le médecin. Elle m'avait demandé de la soigner alors qu'elle avait pleuré toutes les larmes de son corps.

— Je vous laisse. Je vais prendre une douche, signale Xercès.

— Tu t'es déjà douché tout à l'heure, intervient Khaulder en le fusillant du regard.

— Vraiment ?

Xercès arbore un sourire moqueur en quittant la cuisine, nous laissant seuls. Depuis que je les connais, Xercès et Ernest ne m'ont jamais caché le fait qu'ils aimeraient que Khaulder et moi soyons plus proches. J'ai toujours trouvé ça étrange, car tout le monde sait qu'il ne s'approche pas de n'importe qui et qu'en plus nous n'avons pas démarré de la meilleure façon.

— Où sont tes blessures ? Je suis prête, lui dis-je en tenant le spray désinfectant dans une main et la compresse stérile dans l'autre.

Il se rapproche de moi, provoquant un crépitement au creux de mon ventre. Il est si près de moi et pourtant il reste inatteignable. Ses yeux marron, presque noirs, se posent à nouveau sur moi, et je me répète inlassablement de ne pas me faire d'illusions.

— J'en ai une sur le dos, me dit-il en soulevant son haut.

J'aperçois un énorme hématome ensanglanté et recouvert de taches bleutées. La douleur a dû être insupportable.

Je lève les yeux vers lui :

— C'est Orlando qui t'a fait ça ?

Il ne dit rien, comme s'il savait que la réponse ne me plairait pas. Je m'en veux d'avoir attiré Orlando jusqu'ici. Il ne serait jamais venu à Ravenstein si je n'avais pas été là. Tout est de ma faute.

— Ce n'est pas aussi douloureux que ça en a l'air, finit-il par me répondre alors que mes remords me rongent de l'intérieur.

Je sais qu'il ment. Une part de moi a envie de le croire. Je souris avant d'asperger la zone de désinfectant puis, avec délicatesse, je tapote la blessure à l'aide d'une compresse. Sa peau frémit à mon contact, peut-être parce que mes mains sont brûlantes.

— Ça y est ! J'ai fini.

— Déjà ? s'étonne-t-il en se tournant pour me faire face.

Une fois de plus, nos corps sont si proches que je sens son parfum qui m'enivre. Ce qu'il dégage me déstabilise, il est irrésistible. Je ne devrais pas ressentir cela.

Pour Khaulder, je ne suis que la sœur jumelle de Douglas ; rien de plus, rien de moins.

— Tu... devrais mettre des glaçons pour atténuer l'inflammation. Oh, attends ! Il me semble qu'on a une poche de glace dans le congélateur ! lui dis-je en profitant de cette occasion pour élargir l'espace qui nous sépare.

J'attrape la poche de glace pour la lui tendre aussitôt. Khaulder me fixe un instant avant de s'avancer vers moi pour attraper la poche :

— Merci.

Lorsque son souffle chaud s'écrase sur ma joue, notre promiscuité me perturbe à nouveau. Je peux voir chaque trait de son visage, je peux anticiper chaque geste qu'il entreprend. La distance entre nous disparaît progressivement. Ses yeux, dont les pupilles sont dilatées, brûlent comme des flammes incandescentes, et descendent vers mes lèvres. Les battements vifs de mon cœur sont de plus en plus irréguliers et forts. La tension monte en flèche. Puis il brise le silence :

— La soirée chez Vanessa s'est bien passée ?

Je me racle la gorge et secoue la tête :

— Oui, c'était génial. Il y a eu un feu d'artifice, un concert privé et même un gâteau de six étages, c'était impressionnant ! Dommage que tu n'aies pas pu rester jusqu'au bout.

— Arrête, tu vas me faire regretter d'être parti, proteste-t-il en prenant appui sur l'îlot central.

— Je retire ce que j'ai dit. La fête n'était pas terrible.

Mon humour a l'air de lui plaire puisqu'il émet un rire sincère – sa dentition parfaite pourrait faire envie aux marques de dentifrice.

Nous poursuivons notre discussion dans le salon. Les anecdotes de Khaulder me gardent éveillée. Je l'écouterais volontiers pendant des heures.

Cependant, une pensée me trotte dans la tête et je suis incapable de la chasser. Cela fait désormais plus de huit mois que j'habite dans cette maison, et avec Douglas, on avait établi que je déménagerais quand nos parents auraient trouvé un appartement. Mon frère aimerait que je reste, mais il n'a jamais eu l'occasion d'en parler à Khaulder.

— Mes parents… Ils ont trouvé un appartement à Bloomsworth.

J'aurais aimé voir sa réaction, s'il est déçu, ou heureux, peut-être rassuré, mais son regard est rivé sur son verre d'eau.

Je ne parviens pas à le voir davantage.

— Oh, c'est vrai que ça fait déjà sept mois !

— Le temps est passé tellement vite.

Khaulder ne répond pas. Il boit son verre d'une traite et se relève du canapé pour se rendre à la cuisine. Je l'observe avec attention afin d'interpréter chacun de ses mouvements.

— Leur nouvel appartement a l'air vraiment bien. Ils ont une belle terrasse et une grande cuisine, dis-je en me levant également du canapé.

J'attrape mon verre vide dans le but d'avoir un prétexte pour rejoindre à mon tour la cuisine.

Khaulder se cale sur le comptoir et me fixe avec ses yeux onyx :

— Ah oui ?

— Ils aimeraient que je vive avec eux.

— Et c'est ce que tu veux ?

La tension monte. Une boule se forme au creux de ma gorge. Je pose mon verre et secoue la tête.

— Non. J'ai envie de rester ici.

Vivre dans cette maison a souvent été difficile, mais je ne regrette rien. Je crois même que je ne me suis jamais sentie aussi épanouie. J'ai l'impression de revivre, d'être enfin à ma place. Et le fait de voir le soulagement sur le visage de Khaulder ne fait que renforcer mon ressenti.

Il se penche vers moi. Nos visages ne sont plus qu'à quelques centimètres l'un de l'autre et nos souffles s'entremêlent.

— Reste aussi longtemps que tu voudras, Drew.

À présent, nos lèvres sont si proches qu'elles pourraient se frôler à tout instant. Il a toujours ce regard irrésistible qui me donne envie d'entendre ses pensées. Mon cœur bat si vite qu'il est à deux doigts de transpercer ma poitrine. La chaleur de sa main sur ma hanche me paralyse tel un venin puissant. Je ne respire presque plus.

Boum. Boum. Boum.

Mon cœur a du mal à se canaliser. Les émotions bouillonnent dans mon ventre. Il attrape mon menton et le relève doucement. Ses yeux me scrutent un instant avant que ses lèvres s'écrasent tendrement sur les miennes. Nos corps se collent comme deux aimants tandis que nos langues dansent dans un rythme endiablé. Ses mouvements sont langoureux et fascinants. Nos souffles s'entremêlent à nouveau entre deux baisers, mon corps est en feu.

Soudain, un bruit de pas retentit. Xercès débarque en trombe. Pris au dépourvu, Khaulder et moi avons aussitôt le réflexe de nous tourner pour faire comme si de rien n'était.

— Vous êtes encore éveillés, tous les deux ? Il est presque 7 heures du matin, s'étonne-t-il.

— Pourquoi tu te précipites vers la porte ? contre-attaque Khaulder pour changer de sujet.

— À travers la fenêtre de ta chambre, j'ai vu un homme derrière le portail. Je voulais vérifier si ce n'était pas Orlando.

— Quoi ?

Xercès et Khaulder s'empressent de marcher en direction du portail pendant que je les suis avec mes petites jambes. Évidemment, ils sont bien plus rapides que moi. Je les attends sur le seuil de la maison, frissonnant sous le souffle frais du matin. Après quelques minutes d'attente angoissante, ils reviennent et je ne résiste pas à l'envie de leur poser la question qui me brûle les lèvres :

— Alors, est-ce que c'était lui ?

— Peut-être bien, me répond Xercès. Il va falloir qu'on appelle des renforts. Ce connard est en train de péter les couilles.

— Tu veux que j'appelle Marco ou Eliodas ? propose Khaulder.

— Non, appelle-les tous, déclare Xercès. Il faut qu'on réunisse ceux que vous surnommez les Sept Démons.

CHAPITRE 41

KHAULDER

Les Sept Démons.

Cette façon de les désigner m'a toujours dérangé, mais au fond, je dois admettre que certains d'entre eux ne ressemblent pas tout à fait à des humains. Zanner est la première personne à faire partie des Sept. Il est mon plus vieil ami, celui qui m'a tout appris, celui qui m'a pris sous son aile. Il s'est comporté comme le père que j'ai toujours voulu avoir. Mes colocataires le décrivent souvent comme le Diable incarné, car il inspire la peur à tous ceux qui le croisent. Pourtant, Zanner est probablement la personne la plus attentionnée et fidèle que je connaisse.

C'est grâce à Zanner que j'ai rencontré Marco. Je l'ai connu avant qu'il consomme des BlackPills. Bien qu'on n'ait été que de simples connaissances à l'époque, Marco n'a pas hésité à risquer sa vie pour sauver la mienne. J'étais pourchassé depuis plusieurs semaines par un ennemi de Zanner, et Marco a failli mourir en voulant me sauver. C'est grâce aux BlackPills qu'il a pu survivre.

Plus tard, j'ai croisé le chemin des frères Ashtrays, un duo de tueurs à gages. J'ai fait appel à leurs services pour éliminer celui qui avait tenté de m'assassiner. Depuis ce jour, nous sommes restés en contact. Peu de temps après, j'ai rencontré Eliodas qui errait dans les rues de Ravenstein avec la ferme intention de venger son frère décédé. Je lui ai apporté mon aide et je l'ai présenté aux frères Ashtrays qui l'ont accueilli comme un membre de leur famille.

Quant à Faust, il était mon voisin et il partageait son domicile avec une vieille femme insupportable. Un soir, alors que je sortais mes poubelles, je l'ai surpris en train d'empoisonner la vieille femme. Il a tenté de me faire taire, mais il a vite compris que je ne dirais rien.

Jamaal, lui, est apparu dans ma vie assez tardivement. Il a tenté de pirater mon compte et, finalement, nous avons sympathisé à travers ma messagerie. Il cherchait à gagner de l'argent pour rembourser les frais médicaux de sa grand-mère, alors je lui ai offert le moyen d'alléger ses dettes.

Ces rencontres sont toutes le fruit du hasard. Ils ne se connaissent pas forcément entre eux, car je n'ai jamais jugé utile de les réunir dans la même pièce. Leurs personnalités sont tellement volcaniques qu'ils ne pourraient pas s'entendre.

— Tu es sûr que c'est une bonne idée ?

— J'en suis certain, soutient Xercès.

S'il y a bien une chose que j'ai retenue dans ma vie, c'est qu'il faut toujours se fier aux paroles de Xercès. Il ne prendrait jamais le risque de me décevoir.

— Ils vont venir ici, à la maison ? nous questionne Drew avec le teint pâle.

— Oui, ce sera bien plus pratique, répond Xercès en posant une main sur son épaule. Ne t'en fais pas, tu seras en sécurité avec nous.

Je contracte la mâchoire et fixe Xercès avec un regard sévère. Il m'adresse un sourire en hochant la tête. Il retire ensuite sa main de son épaule.

— Je sais bien, mais… commence à dire Drew avant d'être interrompue par Xercès.

— Souviens-toi d'une chose, chère pyromane : s'attaquer à toi, cela revient à s'attaquer à Khaul et à moi. Personne n'a envie que ça se finisse aussi mal.

— Il a raison. Aucun d'eux ne toucherait à un seul de tes cheveux.

— Merci, souffle-t-elle avec un sourire sur ses lèvres rosies.

Les traits de son visage s'adoucissent. Mes amis ne représentent plus un danger pour elle. Après ce qu'il s'est passé avec Eliodas, il a fallu que je les mette tous en garde pour que cet incident ne se reproduise plus. Ils savent donc que je ne tolérerai aucunes représailles.

— Drew, tu devrais aller dormir. Tes yeux commencent à être rouges, déclare Xercès.

— Ah bon ? s'étonne-t-elle avant de reprendre. Je vais aller me coucher alors.

— Bonne nuit, lui dis-je doucement, luttant contre l'envie de lui dire de rester.

— Tu ne vas pas dormir ? me demande-t-elle.

— Non, pas encore.

Je sens son regard brûlant sur ma peau. Elle me fixe avec une intensité qui semble suspendre le temps. Puis, avec une douceur mêlée de regret, elle se détourne pour retourner dans la maison. Le soleil s'est déjà levé et les oiseaux commencent à chanter : je devrais également me coucher, mais mon petit doigt me dit que Xercès a d'abord quelque chose à me dire.

— Je t'écoute.

Lorsque mes paroles arrivent à ses oreilles, Xercès pouffe de rire. Je croise mes bras contre mon torse en attendant qu'il me réponde.

— Félicitations pour votre premier bisou.

— Quoi ? Tu nous as vus ?

Il secoue la tête :

— Non. J'étais à l'étage.

— Alors, comment tu as su ?

— Tu as une bonne mine quand tu es heureux.

Xercès a raison, et je n'ai même pas la force de le contredire. Mon cœur me paraît aussi léger qu'une plume, tandis que je me remémore chaque détail de ce baiser qui m'a semblé durer une fraction de seconde. Je repense à la douceur de ses lèvres, à la chaleur de son souffle, à son odeur enivrante. J'ai eu l'impression que tous nos problèmes s'étaient évaporés.

— Est-ce que Zanner sait qui est Drew ?

— Non, pas vraiment.

Une grimace s'affiche sur son visage. Xercès n'a pas l'air d'apprécier ma réponse.

— Je vois. Il faudra rester aux aguets dans ce cas. Ils ne doivent surtout pas être côte à côte.

Je secoue la tête pour lui montrer mon approbation. Drew et Zanner ne doivent en aucun cas s'adresser la parole. Il y a autant de chances qu'ils s'entendent mal que bien, nous ne pouvons pas nous permettre de prendre ce risque. Il suffit d'une parole déplacée, d'un geste mal interprété ou d'un simple pet pour que Zanner s'énerve. Tous mes autres colocataires savent que Zanner ne doit être approché sous aucun prétexte, car s'il s'en prend à eux, je pourrais ne pas être en mesure de les défendre. Beaucoup de personnes s'accordent à dire que je domine les Démons, que je suis leur maître, mais c'est faux.

Les Sept Démons sont avant tout des humains.

Et je ne contrôle pas les humains.

Xercès et moi discutons encore quelques minutes avant que je décide de retourner à l'intérieur de la maison pour récupérer mon portable et envoyer un message à tous mes petits démons. Xercès a préféré rester à l'extérieur pour surveiller le portail. Je monte donc à l'étage et constate que le temps est passé à une vitesse impressionnante. Il est déjà 8 heures, et je n'ai pas fermé l'œil de la nuit. Je ressens de plus en plus la fatigue et le fait que mon corps soit recouvert de bleus n'arrange pas vraiment les choses. Ce connard d'Orlando ne m'a pas loupé.

J'avance dans le couloir et remarque sur mon passage que la chambre de Drew est ouverte. Je m'approche pour m'assurer que tout va bien. Elle est allongée dans son lit, enveloppée dans sa couette, avec la bouche entrouverte. Elle émet de légers ronflements, plutôt étranges mais mignons.

J'attends quelques instants avant de fermer sa porte. Lorsque je me dirige vers ma chambre, mon portable vibre dans ma poche. Mes yeux s'écarquillent en voyant que Zanner est le premier à répondre à mon invitation :

| Zanner – 8 : 03 | D'accord. J'y serai.

CHAPITRE 42

DOUGLAS

Trois jours plus tard

Un démon par-ci, un démon par-là.

Ils sont partout : dans le jardin, dans les chambres, dans le salon. Il suffit de tourner la tête pour en voir un, c'est terrifiant. Les Sept Démons sont presque au complet. Pandora, Xercès et Eliodas sont dans le jardin, Jamaal est à l'étage, tandis que Faust et Khaul discutent tranquillement dans le salon.

Zanner n'a toujours pas fait acte de présence, et c'est justement notre sujet de conversation numéro un. Jusqu'à présent, nous n'avons jamais rencontré cet homme. Il ne rend visite qu'à Khaul. Son existence relève donc de la légende urbaine. Tout le monde le connaît, mais personne n'a été confronté à lui.

— Vous ne pensez pas qu'on devrait aller voir la police pour tous les dénoncer ? chuchote Maria en s'adressant à Alaric, Ernest et moi.

Elle n'a pas entièrement tort. Nous savons tous que ces hommes sont des criminels, des véritables ordures. Cependant, nous n'avons aucune preuve, aucun moyen de les faire enfermer derrière les barreaux. Les Sept Démons excellent dans l'art du crime, donc forcément, toutes les preuves ont été détruites. Et puis, de toute façon, Khaul ne nous le pardonnerait pas. Il tient à ses démons, et on ne compte certainement pas le trahir ainsi.

Finalement, après ce que j'ai infligé à ce mercenaire, je devrais aussi être considéré comme un démon. J'ai ôté la vie à un être humain, et cet acte continue de me ronger de l'intérieur malgré tous mes efforts pour tourner la page. Je vais devoir vivre le restant de mes jours avec cette mort sur la conscience, et c'est atroce. Peut-être que ce mercenaire avait une famille, des amis, des enfants. Je ne suis pas certain de pouvoir me pardonner un jour ce que j'ai fait cette nuit-là.

Je m'en veux terriblement d'avoir laissé Chad porter le chapeau pour le crime que j'ai commis.

— Ils te tueraient avant même que tu aies le temps d'aller au commissariat, déclare Alaric.

Le teint de Maria pâlit. Elle déglutit en observant le trio dans le jardin. Bien qu'elle habite chez nous depuis plusieurs semaines, Maria est encore perturbée par les Sept Démons. Ils ont déjà montré une certaine hostilité à son égard. Eliodas a même tenté de s'en prendre à elle, en l'accusant de manipulations, mais Alaric a pu intervenir avant que ça dégénère. J'imagine que c'est devenu une tradition qu'Eliodas s'en prenne aux nouvelles arrivantes. Drew est déjà passée par là. Les débuts ont été difficiles, mais elle s'en est bien sortie.

Qui aurait pu imaginer que Khaul et elle finiraient par se rapprocher ? Certainement pas moi. Tout le monde pensait que j'allais être furieux en apprenant qu'ils s'étaient embrassés, mais ce n'est pas le cas.

Après l'incident avec le verre d'alcool, j'ai réalisé que Drew était assez mature pour prendre ses propres décisions. Ce n'est pas à moi d'intervenir dans sa vie. Elle est libre de vivre comme elle l'entend, et je la soutiendrai quoi qu'il arrive. De plus, elle n'a pas jeté son dévolu sur n'importe qui. Khaul est un homme bien. Il ne lui ferait jamais de mal. Je le sais, car je le connais depuis de nombreuses années. Il est probablement le seul homme que je juge digne d'elle.

Ding, dong.

Le trio de démons entre dans le salon. Ainsi, tous les regards sont braqués sur la porte d'entrée. Seul un démon peut sonner à la porte sans passer par le portail, mais qui est-ce ? Il en manque deux.

— C'est sûrement Marco ou Zanner, suggère Jamaal en apparaissant derrière mon dos.

Mais qu'est-ce qu'il fiche là, bon sang ? Je ne l'avais même pas remarqué. Apparemment, Ernest non plus. Au lieu de réagir comme une personne normale, ce crétin se met à hurler dans mes oreilles. Tous les regards se tournent alors vers lui – comme vous le savez déjà, nous sommes en compagnie de cinq démons – et Ernest continue à hurler comme si sa vie en dépendait. Il s'accroupit pour tenter de se dissimuler de la vue de tous.

— Désolé, ne faites pas attention à lui.

Khaul se lève pour ouvrir la porte. Et c'est là qu'apparaît un homme dont la beauté me surprend à chaque fois. Il a le visage d'une célébrité et la carrure d'un sportif de haut niveau.

— Marco ! s'écrie Faust.

— Polo ? chuchote Ernest, à mes côtés.

Le Mexicain se relève pour découvrir le nouvel arrivant. Tout comme je l'ai été, il est frappé par la beauté du nouveau démon. Il devrait être mannequin ou acteur, quel gâchis !

— Merci d'être venu, déclare Khaul en l'accueillant chaleureusement.

— Tu peux compter sur moi, tu le sais bien.

Xercès grogne. Il n'a pas l'air heureux de voir Marco. C'est surprenant. J'ai toujours cru que les Sept Démons s'entendaient tous à merveille et qu'ils étaient une réplique exacte des sept nains – évidemment, inutile de préciser que Khaul ferait une excellente Blanche-Neige. Il a toujours eu une âme de princesse.

— Zanner n'est pas encore arrivé ? demande Marco en entrant.

À mes côtés, Maria est sous le charme. Elle s'empresse de chuchoter à l'oreille de son frère pour lui demander tout ce qu'il sait sur ce démon. Malheureusement pour elle, Ernest ne connaît pas grand-chose sur Marco. Tout ce que nous savons sur lui, c'est qu'il a été un apprenti du mythique Zanner.

— Non, mais il ne devrait pas tarder, répond Khaul.

Soudain, les lumières s'éteignent, nous plongeant ainsi dans une obscurité partielle. Ernest s'empresse d'allumer la lampe torche de son portable pour veiller à ce qu'aucun démon n'en profite pour le prendre par surprise. Drew me revient aussitôt en tête, elle est dans sa chambre pour appeler nos parents. Elle doit certainement penser qu'il s'agit d'une coupure d'électricité.

— Il arrive, signale Eliodas.

Je dois admettre que j'en ai la chair de poule. Zanner fait toujours des entrées fracassantes, c'est une véritable diva. C'est plutôt culotté de sa part de couper l'électricité alors qu'il est en retard.

— Qu'est-ce qu'il se passe ? demande Drew en descendant les escaliers.

Ernest dirige la lumière de son portable vers elle afin de l'éclairer. Son geste part d'une bonne intention, cependant c'est à cause de sa lampe torche que nous voyons la chute phénoménale de Drew. Elle dévale les escaliers à une vitesse impressionnante sous les yeux de tous, avant de finir aplatie par terre. Aïe, ça doit faire mal !

L'électricité revient et on peut donc admirer la position embarrassante de Drew. Son visage est cloué au sol et elle a raison de ne pas se relever tout de suite car, devant elle, se tient le plus dangereux des démons : Zanner Rainsworth, le Diable incarné.

Il est la définition même du charisme. Mon cœur s'est arrêté un court instant. Je n'ai jamais été aussi intimidé par une personne, c'est comme s'il pouvait m'étrangler à distance. L'angoisse devient de plus en plus oppressante. Ernest, Alaric et Maria ont la respiration lourde. Les visages de mes colocataires ont les traits tirés par la peur ; c'est comme si nous étions confrontés à la Mort en personne. Il est vêtu d'un costume entièrement noir. Une partie de son visage est recouverte de cicatrices et de sang frais. Une petite voix me dit que ce n'est pas son sang, mais celui d'un autre. Il a l'aura d'un tueur en série. Je comprends mieux la raison pour laquelle les démons le redoutent. Ils ne font pas partie de la même catégorie.

— Te voilà, enfin ! Tout le monde t'attendait, s'exclame Marco.

Pendant ce temps, Khaul et moi avons le réflexe d'aider Drew à se relever. Elle essaye de cacher son visage, mais je vois bien qu'elle est aussi rouge qu'une tomate. Je crois qu'elle ne pouvait pas faire pire pour une première impression. Les démons autour de nous ne peuvent pas s'empêcher d'émettre des rires discrets.

— Qui est cette fille ? demande Zanner en dévisageant ma jumelle.

Le Persécuteur de glaces s'avance pour faire face au démon ultime :

— C'est Drew. La pyromane.

Le Diable incarné ne répond pas. En revanche, son regard en dit long. Il semblerait qu'il connaisse déjà ma jumelle. Il la fixe un instant avant de rejoindre le salon. Tous les démons se poussent pour lui ouvrir un passage. Ils sont nettement plus intimidés par lui que par Khaul. Il n'a pourtant pas un physique spécialement terrifiant ni dégoûtant.

— Désolée... chuchote Drew en se redressant.

Bien que je sois à côté d'elle, Drew prend appui sur le bras de Khaul afin de reprendre son équilibre.

— Est-ce que ça va ? lui demande-t-il.

— Oui, oui, répond-elle à voix basse. J'ai dû louper une marche, rien de grave.

Alors que nous nous dirigeons tous vers la grande table où de belles assiettes de nourriture sont dressées, Khaul et Drew marchent devant moi, m'offrant ainsi une vue dégagée sur tous les regards posés sur eux.

Ernest les observe avec tendresse, Alaric et Maria affichent un air de dégoût, Xercès leur adresse un sourire complice, Pandora et Eliodas roulent des yeux, Jamaal semble surpris, Marco également, tandis que Faust les juge d'un regard sévère. Zanner, quant à lui, les fixe avec attention comme s'il avait une idée derrière la tête.

Ce repas s'annonce mouvementé.

CHAPITRE 43

ERNEST

Zanner est à côté de moi, et j'ai envie de péter depuis plus d'une heure. Pourquoi a-t-il fallu que je mange des putains de pois chiches ? Le destin est contre moi, c'est terrible. Je ne peux même pas me lever pour aller aux toilettes, car le pet est coincé entre mes fesses. Si je bouge, ne serait-ce qu'un peu, ma vie est finie : Zanner me tuera sans la moindre hésitation.

Alors que je me concentre pour contrôler mes gaz, la main de Drew me tapote l'épaule. Je sursaute, et c'est le drame. L'odeur se répand aussi vite qu'une rumeur. Mon cœur s'arrête.

— Ah, mais c'est horrible cette odeur ! s'exclame Marco.

Zanner se lève de son siège et me fixe avec des yeux rougeoyants. Merde, c'est la fin. Le démon ultime est sur le point de me réduire en poussière. J'ai toujours pensé que ma mort serait causée par un cancer du foie ou un accident de voiture, mais je n'avais jamais imaginé que cela pourrait être à cause d'un pet.

— Il l'a fait exprès ! grogne Zanner alors que je me lève également de mon siège.

— Désolé, c'était plus fort que moi.

Un pet s'échappe une nouvelle fois de mes fesses. C'est tellement inattendu que je suis aussi surpris que les personnes autour de cette table. Je vous jure que je tiens à ma vie ! Satanés pois chiches ! Je fais le serment de ne plus jamais en manger ! Pourquoi est-ce qu'il a fallu que Khaul soit dans le jardin avec Xercès et Eliodas ? Il est mon seul espoir.

— Encore désolé, c'est sorti tout seul.

Khaul est le seul à pouvoir me sortir de cette situation. Alaric, Maria et Douglas sont tellement pétrifiés par le Diable qu'ils n'osent même pas se lever de leur siège. Les autres démons s'amusent de la tournure des événements. Ils me regardent en n'attendant qu'une chose : que Zanner me tue.

Une douleur apparaît soudain dans ma gorge, c'est comme s'il m'étranglait. Pourtant, le démon ultime n'a pas bougé. Il est debout, devant moi, avec les mains dans les poches de son costume. Comment est-ce qu'il fait ça ? Est-ce la puissance des BlackPills ?

— Non, s'il vous plaît, arrêtez ! intervient Drew en se mettant entre Zanner et moi.

Ma petite Drew est comme un ange tombé du ciel. Elle tend les bras afin que Zanner ne soit plus en mesure de s'en prendre à moi. Son geste est beau et émouvant. Cependant, Drew n'a pas l'air de comprendre qu'elle vient de signer son arrêt de mort.

— Ne te mêle pas de ça. Tu vas le regretter, déclare Zanner avec une voix rauque.

— Vous... vous allez le tuer ? bégaye-t-elle sous mon regard impuissant.

— Peut-être bien.

— Tout ça à cause d'un pet ?

— J'ai déjà tué pour moins que ça, lui répond Zanner calmement.

— Et vous trouvez ça normal ? Vous êtes...

Drew n'a pas le temps de terminer sa phrase que Pandora apparaît pour plaquer sa main contre sa bouche. Marco, alias le plus beau des démons, s'avance à son tour pour se mettre en face de la courageuse Drew.

— Eh, tu ne devais pas être muette, toi ? Khaul n'a pas dû te prévenir, dit-il avec un sourire aux lèvres.

— Relâchez-la tout de suite. Je suis curieux de savoir ce qu'elle a à me dire.

Pandora n'attend pas une seconde de plus pour délivrer Drew de son emprise. Elle titube légèrement. Douglas s'empresse de lui porter secours.

— Ne sois pas trop dur avec elle, lance Marco. Khaul nous a réunis aujourd'hui pour abattre l'homme qui tourmente cette fille. Donc... tu imagines bien qu'elle a de l'importance à ses yeux.

Le démon ultime n'a aucune réaction, cela semble ne lui faire ni chaud ni froid. Contrairement aux autres, Zanner n'éprouve pas de loyauté envers Khaul. Il pourrait s'en prendre à nous, sans que notre colocataire puisse faire quoi que ce soit. Heureusement, les autres démons commencent à comprendre la gravité de la situation. L'ambiance se tend de plus en plus. Nous allons peut-être assister à l'affrontement du siècle : Zanner VS les Démons.

— Tu peux continuer là où tu t'es arrêtée. Qu'allais-tu me dire ?

Drew affiche un regard apeuré. Elle se racle la gorge et poursuit :

— Vous êtes... cruel.

— Je suis cruel ? répète-t-il.

Alors que ma sauveuse s'apprête à répondre, Khaul revient de sa petite pause dans le jardin. Lorsqu'il nous voit, sa réaction est presque immédiate. Il s'empresse d'intervenir en faisant signe à Xercès de mettre Drew en sécurité. Ainsi, Khaul et Zanner se retrouvent désormais face à face. Le démon ultime est bien plus grand que lui. Leur différence de taille est flagrante quand ces deux-là sont côte à côte.

Khaul est le premier à prendre la parole :

— Qu'est-ce qu'il s'est passé ?

— Elle a dit que j'étais cruel.

Le petit prince écarquille les yeux avant de passer une main dans ses cheveux.

— Et il a dit qu'il allait tuer Ernest ! renchérit Drew en se tenant derrière Xercès.

Marco attrape le bras de la pseudo-muette afin de lui chuchoter quelques mots :

— Tais-toi un peu si tu tiens à ta vie.

— Éloigne-toi d'elle si tu tiens à la tienne, grogne le Persécuteur de glaces.

Tel un véritable garde du corps, Xercès pousse Marco pour qu'il s'éloigne de la brunette. La tension entre les deux est palpable. Ils n'ont pas arrêté de se lancer des piques. Ils se détestent, c'est évident, mais vous ne trouvez pas qu'ils formeraient un beau couple ? Parfois, entre l'amour et la haine, il n'y a qu'un pas.

— Je vois que vous avez fait connaissance, c'est génial, mais il vaut mieux qu'on s'arrête là pour aujourd'hui, déclare Khaul.

Un sourire en coin se dessine sur les lèvres du démon ultime, son regard observateur me fout les jetons. Pendant ce temps, Khaul propose à tous les démons de se rassembler dans le jardin pour entrer dans le vif du sujet : Orlando. Douglas et Alaric se joignent à eux tandis que Drew, Maria et moi préférons rester dans le salon, au cas où Zanner changerait d'avis et déciderait de nous tuer sur un coup de tête.

C'est ainsi que commence la fameuse réunion visant à trouver un moyen d'éliminer Orlando sans laisser de traces.

CHAPITRE 44

DREW

Une semaine plus tard

Après la réunion tant attendue des Sept Démons, ils se sont dispersés aux quatre coins du pays pour retrouver leurs activités respectives.

Je savoure ainsi le calme depuis leur départ. Pour notre plus grand soulagement à Ernest et moi, Pandora et Eliodas n'ont fait aucune visite. Marco, quant à lui, s'est empressé de regagner son hôpital psychiatrique pour se pencher sur le cas troublant d'Hyder. Quant à Faust et Zanner, ils ont disparu aussi vite qu'ils sont arrivés.

Jamaal et Xercès sont les seuls à être restés parmi nous. Bien que la maison soit assez grande, nous commençons à nous sentir à l'étroit. Face à ce manque d'espace, Khaulder a récemment décidé de faire appel à un agent immobilier pour trouver une nouvelle maison plus spacieuse. Heureusement, Jamaal n'est que de passage à Ravenstein. Il ne lui reste que quelques jours pour passer un peu de temps en compagnie de ses amis Xercès et Khaulder.

— C'est bon ! J'en ai marre. Je pars de cette maison ! s'écrie Ernest.

Il s'affale sur le canapé dans un geste presque théâtral, ses cheveux en désordre lui retombant en partie sur le front. La journée commence mal pour lui, et de toute évidence, Alaric ne montre aucun signe de compassion puisqu'il s'assoit carrément sur son dos.

— Khaul… Aide-moi ! Il m'écrase… suffoque Ernest. Je t'en supplie…

Le propriétaire des lieux est aussi calme et imperturbable que d'habitude. Son regard se pose un instant sur la détresse de notre colocataire avant qu'il prenne la parole :

— Pourquoi est-ce que tu veux déménager ?

— Tes démons m'ont volé mes caleçons…

Un éclat de rire m'échappe et je manque de m'étouffer avec mon chocolat chaud pendant qu'Alaric, pris de surprise, crache une gorgée de son café.

— Règle ce problème avec eux. Je n'y suis pour rien, assure Khaulder au même moment où Alaric se relève.

Ernest marmonne des injures et se redresse tandis que le grand brun, esquissant un sourire discret, s'approche de moi. Avec son doigt glacé, il efface doucement une trace de chocolat au coin de mes lèvres.

— Alors ? Le chocolat chaud est bon ? me demande-t-il avec un large sourire.

— Il est encore meilleur que celui d'Alaric !

Le regard du blondinet me transperce comme si je venais de lui asséner un coup de poignard en plein cœur.

— C'est de la triche ! Ton jugement est corrompu ! Mon chocolat chaud est le meilleur du monde ! se défend-il.

— Il est dégueu, comme toi ! crache Ernest.

Immédiatement, Alaric se précipite pour agripper le cou du bouclé. Entre eux, ce sont les montagnes russes. Ils se chamaillent, se taquinent, s'insultent, mais finissent toujours par se réconcilier comme si de rien n'était. Leurs caractères opposés se complètent, comme si chacun était la pièce manquante du puzzle de l'autre, créant ainsi une harmonie parfaite.

Il n'y a pas d'Ernest sans Alaric. Ni d'Alaric sans Ernest.

— Dites, vous sortez ensemble ? lance Jamaal, le Fantôme.

Soudain, sa voix résonne tel un écho lointain, me faisant sursauter comme un ressort. Depuis combien de temps est-il là à m'observer ? Je ne l'ai absolument pas remarqué.

— Alors ? C'est oui, ou bien c'est non ? renchérit-il.

Le Fantôme soulève une question pertinente. Jusqu'à présent, Khaulder et moi n'avons pas officialisé notre relation. J'ai longtemps réprimé mes sentiments pour éviter de me faire de faux espoirs. Je pensais qu'on ne serait que des colocataires, et rien de plus.

Jusqu'à ce que je me surprenne à penser à lui à chaque instant et que je réalise que sentir ses lèvres contre les miennes pouvait être une chose merveilleuse.

Jusqu'à ce que je m'aperçoive que chaque sourire qu'il me lance pouvait illuminer ma journée.

Jusqu'à ce que je découvre que les moments passés avec lui étaient remplis d'une douceur que je n'avais jamais ressentie auparavant. Je n'avais jamais envisagé que notre relation évoluerait à ce point.

En tout cas... jusqu'à maintenant.

— Oui, on est ensemble. Tu peux aller le répéter aux autres, si ça t'amuse, intervient Khaulder.

À ces paroles, le poids de mes doutes s'envole. Je réprime un sourire et savoure une gorgée de mon chocolat chaud. Xercès entre à son tour dans le salon, nous observant tous :

— Pourquoi tout le monde est réveillé ? Il n'est que 7 heures du matin.

C'est vrai, maintenant que j'y pense, nous sommes presque tous dans le salon. Seule Maria dort encore dans sa chambre, et mon frère est parti à Bloomsworth pour un tournage. Sa carrière d'acteur démarre enfin, et ça lui permet de prendre un peu de distance avec le meurtre du mercenaire.

— Personne n'arrive à dormir, répond Khaulder.

— Attends, tu n'es pas censé être au boulot, toi ? remarque Xercès.

— Pas tout de suite. Il est encore trop tôt.

Jamaal s'avance dans ma direction pour me tendre mon portable. C'était donc lui qui l'avait ! Tout prend son sens. J'ai passé des heures à le chercher dans ma chambre, mais j'aurais dû me douter que cet homme tenterait de voler mon portable. Il agit avec une telle discrétion qu'il est aussi imperceptible qu'un fantôme.

— Avant que j'oublie, tu peux reprendre ton portable qui n'a pas arrêté de sonner, je l'ai mis en silencieux.

Je suis tellement stupéfaite par son audace que les mots me manquent. Il attrape ma main en m'obligeant à tenir mon téléphone.

Je remarque alors avec horreur les notifications affichées sur mon écran : dix-huit appels manqués et trente-deux messages non lus de la part d'Avery.

Je parcours rapidement le fil de notre conversation pour m'assurer qu'elle n'est pas en danger de mort. D'après ce que je lis rapidement, son ex-fiancé est réapparu et elle a besoin d'un soutien moral pour affronter cette épreuve. Depuis que nous travaillons ensemble sur sa bande dessinée, Avery et moi sommes devenues proches. Elle passe souvent à la maison pour prendre un café ou un thé afin de me raconter ses journées tout en se plaignant de sa situation amoureuse désastreuse. Sa présence est un véritable réconfort, et c'est un plaisir de passer du temps avec elle. Je m'empresse donc de l'appeler pour la rassurer, car elle est persuadée que je suis tombée entre les griffes d'un des Sept Démons ou que je suis plongée dans un sommeil sans fin :

— Allô ?

— Drew ? Tu es vivante ?

— Désolée. Je n'avais pas vu tes messages.

— J'ai cru que tu étais morte, que vous étiez tous morts ! Mon frère est avec toi ?

Khaulder est avec Xercès et Jamaal. Il n'a certainement pas fait attention à son portable.

— Oui, et il va bien.

— Vous m'avez fait peur tous les deux. J'arrive !

Avant même que j'aie le temps de répondre, Avery a raccroché. Mince. Je doute que Khaulder ait envie de voir sa sœur à une heure si matinale, ces deux-là s'entendent bien seulement lorsqu'ils sont loin l'un de l'autre. Je n'attends pas une seconde de plus pour prévenir mes colocataires de l'arrivée imminente d'Avery afin qu'ils puissent digérer la nouvelle. La jeune femme n'est pas vraiment la bienvenue dans cette maison. Bien que sa beauté soit à la hauteur des plus grandes célébrités de Ravenstein, Ernest et Alaric ont peur d'elle, car elle dégage la même énergie que les Sept Démons. Avery donne l'impression qu'elle pourrait tuer quelqu'un sans éprouver le moindre regret. Le fait qu'elle soit la protégée de Zanner la rend intouchable. Si Avery était plus proche de son frère, elle pourrait bien être considérée comme un huitième démon. Par moments, elle peut se révéler aussi redoutable que Xercès lui-même.

Ding, dong.

La sonnette retentit dans le salon. C'est elle, c'est forcément elle. Un frisson parcourt ma colonne vertébrale alors que je me lève pour accueillir notre invitée. Entre le portail et l'entrée de la maison, Avery partage avec moi sa nervosité, redoutant la possible rencontre avec son ex-fiancé qu'elle a tant aimé pendant plusieurs années. Cette facette d'elle, vulnérable et inquiète, émerge uniquement lorsqu'elle évoque cet homme. D'ordinaire, elle déborde de confiance en elle.

Une fois dans le salon, Avery balaye la pièce du regard, son cœur battant à tout rompre. Puis, d'une voix ferme et assurée, elle prend la parole, cherchant à dissimuler l'angoisse qui la tenaille :

— Qui veut être mon petit ami ?

CHAPITRE 45

KHAULDER

Je cligne des yeux, offusqué.

Non, ce n'est pas possible. Elle n'a quand même pas dit une chose pareille. Tout ceci n'est qu'une hallucination. Il le faut.

Ma grande sœur a toujours été étrange, ce n'est pas nouveau, en revanche elle ne l'a jamais été au point de jouer les mendiantes pour trouver un petit ami. Ce n'est pas son genre de faire ça. Elle a toujours eu beaucoup de facilités avec la gent masculine. Il lui suffit de faire les yeux doux pour que tous mes amis soient sous son charme. Depuis, j'ai pris mes précautions en faisant en sorte qu'elle ne rencontre pas mes petits démons.

— Ne vous battez pas ! poursuit Avery en ignorant ce silence plus sinistre que la mort.

— Tu es la sœur de Khaul, non ? remarque Xercès.

Et là, Avery se transforme en statue. Sa bouche est si grande qu'elle pourrait gober des mouches et des libellules.

— Oh, tu es beau, toi ! Est-ce que tu veux être mon faux petit ami ?

Un long silence plombe l'ambiance.

— Pourquoi veux-tu un faux petit ami ? poursuit-il en ignorant ce qu'elle vient de dire.

Depuis son arrivée dans cette maison, Xercès se donne beaucoup de mal pour entretenir de bonnes relations humaines. Il travaille dur pour s'intégrer dans les conversations.

— J'ai dit à mon ex-fiancé que j'avais rencontré un homme remarquable, et maintenant il veut faire sa connaissance et me présenter sa nouvelle fiancée. Le dîner a lieu demain, et je n'ai toujours pas de petit ami à lui présenter.

— Tu n'as qu'à lui dire que tu n'as pas de petit ami, ou que tu viens de le quitter, s'exclame Ernest. De toute façon, pourquoi ton ex voudrait rencontrer ton nouveau petit ami ? C'est bizarre de demander ça.

— C'est bien plus compliqué que ça !

Si j'ai bien compris, Avery et Zedd ont toujours eu une relation compliquée. Ils ont été amis d'enfance, puis fiancés, avant de se quitter de la manière la plus brutale qui soit. Personne ne s'y attendait. Avery a rompu avec lui pour faire plaisir à mon père, pensant qu'il cesserait de la dénigrer mais, à son plus grand regret, les choses ne se sont pas passées comme elle l'espérait. Lorsqu'elle a voulu reconquérir Zedd, c'était trop tard. Il avait déjà tourné la page. Avery souhaite donc lui prouver qu'elle a réussi à se reconstruire depuis leur rupture, et il n'y a rien de mieux que de prétendre qu'elle a un nouvel amoureux pour lui faire croire à ses mensonges. Je lis en ma sœur comme dans un livre ouvert. Elle cherche un faux petit ami qui serait charismatique mais qui ne tombera pas amoureux d'elle. Ainsi, mes amis sont d'excellents candidats, car ils répondent parfaitement à ses critères. Zedd ne fait pas le poids face à eux.

— Alors, qui est partant ? Je le payerai ! déclare-t-elle. Allez, ça ne sera l'affaire que d'une ou deux soirées, rien de plus !

Bien qu'elle soit désespérée, Avery reste exigeante. Ernest se propose, mais elle refuse, car il n'est pas vraiment charismatique. Ma sœur aurait pu choisir Alaric, mais il flirte avec une fille qu'il a rencontrée pendant la soirée d'anniversaire de Vanessa. Bien que leur relation ne soit pas officielle, Alaric veut faire les choses bien. Ensuite, vient le tour de Jamaal : sa personnalité et sa prestance sont compatibles avec ce qu'elle recherche, cependant Jamaal n'est pas assez grand pour elle. Son plan tombe donc à l'eau. Il ne reste que deux personnes qui n'ont pas encore répondu : Drew et Xercès. Avery a voulu tenter une blague en proposant à Drew d'être sa petite amie, mais elle a refusé dès qu'elle a vu mon regard désapprobateur. Seul Xercès demeure sur la liste des candidats. Les autres démons ne sont pas à la hauteur de ses exigences.

— Xercès, sois mon faux petit ami, conclut-elle.

— Non.

Je pouffe de rire.

— Allez, s'il te plaît.

— Non, riposte Xercès.

Jamaal me passe son bol de pop-corn pour que nous puissions pleinement savourer la scène qui se déroule sous nos yeux.

— Tu viens de dire non ? s'étonne-t-elle.

— Oui.

— Il a dit oui, ça y est ! crie-t-elle alors que tout le monde sait que ce n'est pas réellement le cas.

Xercès me lance un regard de détresse. Il est vrai que je pourrais l'aider à sortir de cette impasse, mais je n'en ai pas envie. J'ai rarement vu ma sœur aussi désespérée. Elle a vraiment besoin d'aide, et Xercès peut être sa bouée de secours.

— Ernest, suis-moi, on est en retard pour le boulot, dis-je en remarquant l'heure qu'il est.

— Quoi, déjà ? Mais je veux connaître la suite de cette histoire, grommelle Ernest.

— Viens, ou je te vire.

Ni une ni deux, mon colocataire s'empresse de sortir de la maison pendant que les autres se concentrent sur le duo insolite que forment Avery et Xercès.

Je suis aussi déçu qu'Ernest de ne pas pouvoir assister à la suite de cette scène.

❖

Quelques heures plus tard

J'aurais aimé voir comment Avery a réussi à amadouer mon pauvre Xercès pour qu'il finisse par accepter, celui-ci m'a envoyé des messages toute la journée, cela m'a permis d'oublier à quel point Ernest est un piètre assistant. Il n'a pas arrêté de commettre des erreurs. Sa tête me donne désormais des envies de meurtre. Heureusement, cette journée de travail est finie. Nous sommes en voiture pour rentrer à la maison.

— Par pitié, Ernest, ferme ta gueule !

Ce n'est qu'un murmure, pourtant mes mots retentissent haut et fort. Beaucoup de gens s'accordent à dire qu'une migraine n'est qu'un moindre mal. Toutefois, mon corps ne le perçoit pas ainsi. J'ai l'impression que ma tête va exploser. Je n'ai pas l'habitude d'avoir des maux de tête, cette sensation me déstabilise énormément.

— Encore désolé d'avoir renversé du café sur ta chemise, d'avoir détruit une partie de tes papiers importants et d'avoir montré une photo de toi quand tu étais bébé à des collègues, affirme Ernest.

— Si tu es vraiment désolé, essaie au moins de conduire correctement. Tu es en train de rouler sur la voie d'à côté.

— D'accord ! D'accord ! s'exclame-t-il.

Sa voix résonne dans mon esprit comme des coups de canon, cette sensation est insupportable. Avec Ernest à mes côtés, tout est décuplé, c'est un véritable supplice. Il ne se tait jamais, c'est un vrai moulin à paroles.

— On est bientôt arrivés.

— Ernest, les lignes ! Elles ne sont pas là pour décorer. Comment tu as fait pour avoir ton permis ?

— Ma mère a beaucoup prié, et ça a marché.

Je regarde les alentours avec un air vide en toussant légèrement. Une fois à la maison, je traîne des pieds pour aller à l'étage afin de rejoindre ma chambre. En chemin, Xercès m'arrête sur l'une des marches d'escalier :

— Tu rentres tard.

Un soupçon d'amertume transparaît dans sa voix. Il ressemble à mon père.

— Ouais. J'ai dû passer à la pharmacie. Je crois que j'ai attrapé un rhume. Sinon, à part ça, tout s'est bien passé avec ma sœur ?

Amusé par la situation, je me tourne vers lui et découvre que Xercès me toise avec son plus sombre regard.

— Tu es son nouveau petit ami ? poursuis-je.

— Va te faire foutre !

Ernest tente de se glisser derrière moi pour monter à l'étage, mais il rate une marche et dévale les escaliers à toute vitesse. Il va vraiment falloir qu'on répare cette foutue marche d'escalier, tout le monde est déjà tombé au moins une fois.

Je souffle et me racle la gorge, avant de reprendre :

— Avery est peut-être chiante, et bavarde, et insupportable, mais c'est quelqu'un de bien. Elle n'est pas aussi bizarre que tu pourrais le croire. Elle est juste… différente. Alors, sois un bon petit ami et ne la fais pas pleurer. Elle a déjà assez souffert.

Comme d'habitude, Xercès n'exprime pas grand-chose sur son visage. Il se contente d'un hochement de tête à peine visible.

— Le dîner est encore chaud, remarque-t-il en faisant exprès de changer de sujet.

— Je vais aller dormir un peu.

— D'accord. Je te laisserai une portion dans le frigo, déclare-t-il en mangeant des glaçons.

— Où est Drew ? Elle n'est pas avec toi ?

— Ne stresse pas. Relax. Elle fait une sieste dans ta chambre, car Jamaal me remplace. Il assure sa protection en dormant par terre, c'était plus simple qu'elle dorme dans ta chambre pour qu'il n'ait pas à déplacer son matelas.

J'acquiesce pendant qu'Ernest s'élance en même temps que moi vers le haut de l'escalier. Il se glisse rapidement dans sa chambre pour éviter de se retrouver seul avec Xercès. Lorsque je pénètre dans la mienne, mon regard s'arrête sur Jamaal qui dort paisiblement sur un matelas gonflable. La lueur de la lune passe à travers les fenêtres, laissant la pièce dans une faible obscurité.

Je me dirige vers mon placard pour enfiler un jogging et un débardeur bien plus confortables que mon costume. Je profite d'être près de mon armoire pour y prendre une grande couverture en laine afin de recouvrir Jamaal.

— Merci, me chuchote-t-il.

Sans plus attendre, mon attention se porte sur mon lit. J'en ai rêvé toute la journée. Je m'approche en évitant de peu la catastrophe : Drew a failli tomber du matelas. Je me souviens que Douglas m'avait déjà dit qu'elle chutait régulièrement de son lit, n'ayant aucune notion du vide.

Ses paupières sont closes, sa bouche est légèrement entrouverte, et sa respiration est ample. Elle ne s'est pas réveillée. Son sommeil est bien plus profond que le mien. Je me glisse sous ma couverture, à l'autre bout du lit, en savourant cette étrange chaleur qui m'enveloppe. D'habitude, mon lit est toujours froid et vide.

Encore endormie, Drew se tourne soudainement vers moi en posant sa tête contre mon torse. Je suis surpris mais je finis par l'enlacer, comme si ma vie en dépendait. Mes paupières se ferment lentement. Mon corps, habituellement glacé, se réchauffe peu à peu, la tête enfouie dans sa chevelure.

Après plusieurs heures, je suis brusquement réveillé par un éclair qui déchire le ciel. Cette satanée migraine commence à me jouer des tours, je me redresse avec un gémissement presque inaudible. Il me faut absolument un doliprane. À bout de souffle et d'énergie, je me lève sans faire de bruit. Jamaal et Drew ronflent. Ils ne se réveilleront pas de sitôt. Je réajuste légèrement leurs couvertures et quitte la pièce en essayant de faire le moins de bruit possible.

— Khaul !

Bordel ! Pourquoi faut-il qu'Ernest apparaisse toujours dans les pires moments ? Par sa faute, mon cœur a failli s'arrêter pour de bon.

— Qu'est-ce que tu fous ici ? dis-je en fermant délicatement la porte derrière moi.

— Je viens de voir un truc ultra flippant !

Je pense aussitôt à Hyder qui s'est récemment échappé de l'hôpital psychiatrique Harkeem en raison d'une défaillance de surveillance. Et comme Hyder est désormais imprévisible et difficilement contrôlable, il présente un danger pour nous tous. Marco n'a pas encore fini de le guérir.

J'interroge donc Ernest du regard afin qu'il poursuive son explication. Il m'attrape le bras pour faire demi-tour jusqu'à la fenêtre de sa chambre :

— Il y a une putain de silhouette dans le jardin ! Et elle bouge !

CHAPITRE 46

ERNEST

Khaul n'hésite pas à bondir hors de ma chambre pour descendre les escaliers comme s'il venait de découvrir un trésor dans le jardin. Je le suis sans tarder malgré ce que me dicte ma conscience. D'habitude, ça m'est égal de voir des ombres dans le jardin – une silhouette, c'est juste une tache noire, rien d'inquiétant. Je suis un homme viril, je ne crains pas ce genre de trucs.

Cependant, cette silhouette est bizarre. Tellement bizarre que j'ai eu envie de me chier dessus. Le jardin est plongé dans le noir, or les yeux de cette silhouette brillaient d'une couleur anormale. Ainsi, toute forme de virilité s'est évaporée de mon corps.

Quand Khaul allume les lumières du jardin, révélant le visage terrifiant de Zanner, mon cœur manque un battement. L'ultime démon est parmi nous ? Très bien, je passe mon tour.

Je pars me réfugier dans la cuisine, derrière l'îlot central, priant pour que ce maudit Zanner ne cherche pas à me tuer une nouvelle fois. Étant de nature curieuse, je ne peux pas m'empêcher de relever la tête pour espionner la rencontre entre mon colocataire favori et son démon. Ce n'est pas tous les jours que le diable en personne se pointe dans notre jardin. À en juger par leurs expressions, ils semblent ravis de se revoir. Zanner tape amicalement sur l'épaule de Khaul en riant à gorge déployée. Mon colocataire, quant à lui, roule des yeux tout en retenant un sourire. Sous cet angle, ils ressemblent drôlement à un père et son fils.

La différence entre nous et les démons, c'est que Khaul nous considère comme ses meilleurs amis, tandis qu'il voit ses démons comme sa propre famille. C'est ce qui rend cette relation si particulière, si authentique. Plus le temps passe, plus je réalise à quel point Khaul tient à ses Sept Démons. C'est comme s'ils avaient tous contribué à le façonner, chacun représentant une de ses faiblesses, comme s'ils incarnaient ses sept péchés capitaux.

Alors que je me redresse pour les espionner, j'ai le souffle coupé lorsque mon regard s'arrête sur Khaul qui me fait face.

— Tu m'espionnais ? me demande-t-il en prenant un verre dans le placard.

— Tu… tu es déjà là ?

— Détends-toi. Zanner vient de partir à l'instant.

Je scrute quand même les environs au cas où le redoutable démon Zanner se serait caché dans les parages. Pendant ce temps, Khaul se sert un verre de vin et s'assoit sur l'une des chaises du comptoir. Je le connais depuis suffisamment longtemps pour savoir qu'il ne boit du vin que lorsque son moral est au plus bas. Quand il est heureux, il préfère le whisky. La conversation avec Zanner n'a pas l'air de s'être aussi bien passée que prévu.

Je décide donc de partir en quête d'informations :

— Tu as eu une mauvaise nouvelle ?

Khaul boit une gorgée de vin et me regarde avec un visage impassible.

— Non, au contraire. J'ai une bonne nouvelle. Hyder a été retrouvé, Marco est en train de s'occuper de lui, et son état s'améliore.

— Vraiment ?

Il secoue la tête, sans grande conviction, et m'invite à boire un verre avec lui, ce que j'accepte bien évidemment. Bien qu'il m'adresse un sourire, tout porte à croire qu'il ne va pas bien.

— Pourquoi sembles-tu aussi triste ?

Il fronce les sourcils, stupéfait.

— Je ne suis pas triste, m'assure-t-il.

— C'est à cause de Drew ? Elle t'a rejeté ?

— Quoi ? Non !

— Tu peux le dire, tu sais… Je sais que les premières semaines dans un couple sont cruciales et compliquées à…

Khaul m'interrompt en me balançant une banane en pleine face. Bon… peut-être mes conclusions sont-elles un peu trop hâtives ? Mon cher colocataire me fixe alors avec une telle intensité que je me sens menacé de mort.

— Tout va très bien. Ne t'en mêle pas, grogne-t-il.

Me voilà donc rassuré, mon cœur a failli lâcher le temps d'une seconde. Si Drew et Khaul se quittent, je crois que je ne m'en remettrai jamais. Ils ont une façon de se regarder, de se parler, de se rassurer qui me pousse à croire que l'amour existe toujours. Leurs visages s'illuminent dès qu'ils sont ensemble – c'est un détail qui m'a marqué, même Alaric et Douglas l'ont constaté. Malgré la réponse de Khaul, mon petit cœur a besoin d'être certain que tout se passe bien entre eux :

— Est-ce que tu es sûr ? J'ai fait une formation sur Internet pour être thérapeute de couple si jamais…

— Oui ! Attends, quoi ? me dévisage-t-il en s'étouffant presque avec son vin.

— En parlant de la petite Drew, où est-elle ?

— Dans ma chambre. Elle dort avec Jamaal.

— Elle dort avec Jamaal ? Oh mon Dieu ! Elle couche avec Jamaal ?

— Non ! Elle dort dans mon lit, pas avec lui ! vocifère-t-il en claquant sa main contre ma nuque.

— Oh… elle dort dans ton lit. Intéressant, lui dis-je en faisant un sourire en coin. Vous avez couché ensemble ?

Cette fois, Khaul s'étouffe vraiment avec son vin. Il tousse pendant que je lui tapote le dos pour qu'il retrouve son souffle. Dès qu'il respire mieux, il me pousse pour que je m'éloigne de lui.

— Arrête d'embêter Khaul ou je te tranche la gorge, intervient le Persécuteur de glaces.

Le démon est apparu dans la cuisine tel un ninja.

— Ou… oui… c'est noté, j'ai compris.

— Merci, Xercès.

— Cela dit… j'ai également une question délicate à te poser, remarque Xercès en s'asseyant à côté du petit prince.

Khaul roule des yeux, ennuyé. Il ne s'attendait pas à une telle trahison de la part de son fidèle chevalier servant. Il faut avouer que moi non plus. Ce qui sort habituellement de la bouche de

Xercès se résume à des menaces de mort ou de courtes phrases insipides.

— Qu'est-ce que c'est ?

— Serais-tu prêt à t'en prendre à l'un de nous si on s'attaquait à elle ? demande Xercès.

Khaul ne répond pas. En revanche, le regard qu'il adresse à Xercès est plus parlant que des milliers de mots. Ses pupilles se dilatent et sa mâchoire se contracte, la question du démon est clairement de trop. C'est rare que Khaul dégage un air aussi terrifiant que ses démons. Il exprime la même colère que Zanner lorsque je me suis retrouvé en face de lui.

— Je plaisantais. Ne me regarde pas comme ça.

Khaul détache ses yeux du démon pour remplir à nouveau son verre. Xercès le fixe attentivement avant de finir par faire remarquer :

— Tu bois du vin ?

Le petit prince secoue la tête et lui tend sa bouteille.

— Tu en veux ?

— Qu'est-ce qui ne va pas ?

— Rien. Tout va bien.

— C'est à propos de Zanner, n'est-ce pas ? Son état s'est dégradé ? l'interroge Xercès, troublé.

— Je n'ai pas envie d'en parler.

Bingo ! Le visage de Khaul s'est décomposé dès que Xercès a prononcé le nom du démon ultime. Maintenant que j'y pense, cela sonne comme une évidence ! J'aurais dû faire le lien ! D'après les dires du Persécuteur de glaces, le Diable incarné a l'air d'avoir une santé fragile.

Peut-être qu'il est mourant. Qui sait ? L'espoir fait vivre.

❖

La petite amie de Douglas est génialissime ! Nous sommes tous invités à sa *pool party* où sont réunies les plus grandes stars de Ravenstein. Toutes les filles sont en maillot de bain, les cocktails sont à volonté, l'eau de la piscine est chauffée. Tout est parfait. Dommage qu'Alaric et Douglas soient les seuls à avoir répondu présents à cette journée mémorable. Khaul et Drew ont préféré rester à la maison. Maria, quant à elle, n'a toujours pas baissé les bras, elle continue de vouloir se rapprocher de Khaul.

— Mais... c'est dégoûtant, s'écrie Alaric en mangeant des macarons.

Je plisse les yeux et réalise qu'il est en train de bouffer une bougie en forme de macaron. Sa grimace est hilarante. L'alcool et les joints décuplent mon euphorie. Je me mets à rire jusqu'à en avoir mal au ventre.

— C'est une bougie ! déclare Douglas en éclatant de rire.

Alaric ouvre la bouche en crachant ce qu'il reste de la bougie. Putain, c'est vraiment trop marrant ! Regardez sa tête de con ! Je n'en peux plus. Ma mâchoire me fait mal à force de rire. Tout le monde a vu la scène et est en train de se moquer d'Alaric.

Alors que je m'apprête à remuer le couteau dans la plaie, Douglas me devance :

— Ernest, tu as vu le message de Khaul sur le groupe de la coloc ?

— Non, pourquoi ?

— C'est parti en vrille avec ta sœur. Il faut qu'on rentre.

CHAPITRE 47

DREW

J'ai toujours pensé que les monstres n'existaient pas et qu'ils n'étaient que le fruit de mon imagination. Jusqu'à ce que je fasse la rencontre de Maria Sanchez, la reine des fourberies. D'après Ernest, son propre frère, Maria est une diablesse aux multiples facettes. Elle n'est pas ce qu'elle prétend être. Elle est presque aussi redoutable qu'un des Sept Démons. Maria ne se contente pas de terroriser les gens avec des menaces ou des séances de torture. Sa tactique est bien plus perverse que ça.

Elle tape directement là où ça fait mal.

En l'occurrence, Maria sait que Douglas a tué quelqu'un – elle n'a donc aucune difficulté à nous mettre hors-jeu, Ernest et moi. Elle sait également qu'on protège tous Douglas pour lui éviter de se retrouver derrière les barreaux. De ce fait, elle en profite pour monnayer son silence. Maria est bien plus intelligente qu'on pourrait le croire. Son cerveau est d'une efficacité redoutable et ses intuitions toujours correctes. Maria est capable de tout prévoir comme Xercès – enfin, c'est ce que je pensais car elle n'a pas anticipé une chose importante : mon poing dans sa face.

Le coup a été si violent que mes jointures ont rosi après le choc. Je n'aurais jamais cru que ça ferait aussi mal. Lorsque ma main a frappé sa joue, mes os ont failli éclater en mille morceaux. Le claquement n'était pas si fort, mais suffisamment audible pour que tout le monde réagisse. Xercès semblait même fier. Il faut dire que mon protecteur ne la porte pas dans son cœur. Avec son visage tiré par la colère, Maria a vociféré à pleins poumons :

— Vous allez tous crever en prison ! Dès que la police saura ce que vous avez fait, vous êtes foutus !

Bien évidemment, sa menace n'a pas plu à beaucoup de monde. Xercès et Jamaal étaient déjà en train de se diriger vers elle quand j'ai eu l'idée de la frapper – c'est la première fois de ma vie que ça m'arrive. Désormais, je sais qu'il faut que je porte des gants.

— Tu veux des glaçons ? me propose Khaulder, mais Xercès me devance.

— Non, ça va. Je n'ai pas faim.

— Abruti ! Il parlait à la fille, pas à toi, se moque Jamaal en frappant amicalement la nuque de Xercès.

Ce geste fraternel ne plaît apparemment pas à mon garde du corps.

— Touche-moi encore une fois, et je te fais bouffer ta main.

— Très bien, c'est noté, dit Jamaal avec un large sourire. Je dois admettre que ta nouvelle petite amie est plus intimidante que toi.

Xercès est soudainement piqué par une vive colère. Heureusement, Khaulder vient à la rescousse pour se mettre entre les deux. Pendant ce temps, Maria a repris ses esprits et fonce droit sur moi. Ma détermination s'émousse, laissant place à des doutes lorsque je la vois serrer ses poings si fort que ses jointures pâlissent. Maria s'avance tel un félin alors qu'au même moment Khaulder hoche la tête. Je comprends qu'il s'agit d'un signal, puisque la seconde d'après, Maria se retrouve allongée sur le sol avec Xercès sur son dos.

— En plus de nous menacer, elle ose s'en prendre à Drew ? Tu permets que j'arrache un de ses doigts ? suggère mon protecteur.

— Xers… souffle Khaul.

— Dommage. Tu ne peux pas m'en vouloir de l'avoir proposé, sourit-il.

— Enfoiré ! hurle la Mexicaine à bout de nerfs. Lève-toi, tu m'écrases !

Aussitôt dit, aussitôt fait.

Xercès se relève et reprend sa place initiale, tout ça en suivant les instructions de Khaul – et non de Maria. C'est une simple coïncidence, elle a simplement donné l'ordre au bon moment, mais elle n'a rien remarqué. Un sourire victorieux trône sur son visage, et quand elle s'apprête à se remettre sur ses deux pieds, Khaulder intervient pour qu'elle ne soit pas en mesure de bouger.

— Qu'est-ce que tu vas dire à la police ?

Maria ne daigne pas répondre.

— J'ai tout vu dans les moindres détails. Je sais que Douglas a tué sans aucune pitié. Je sais que vous êtes des meurtriers, et que vous êtes des putains de fils de pute ! Laisse-moi passer ! fulmine-t-elle en provoquant le rire chez certains d'entre eux.

— Les policiers ne croiront jamais tes mensonges. C'est Chad qui a tué le mercenaire et personne d'autre, lui dit Khaulder dans un calme absolu.

À ces mots, elle bouillonne. Il est clair que Maria ne convoite plus son argent, mais qu'elle souhaite sa mort.

— Ouais, c'est ça ! Prends-moi pour une conne ! Je vous ai vus par la fenêtre ! Il y a même une vidéo qui peut prouver que vous êtes les enfants de Satan !

De toute évidence, les démons sont assez irrités par l'arrogance de Maria. Ils ne sont pas habitués à rester silencieux et à l'écart lors d'un conflit impliquant Khaulder. Il suffit de les observer pour deviner qu'ils ont soif de vengeance.

— Une vidéo ? Quelle vidéo ? demande Khaulder, faussement surpris.

Maria essaye de partir, en vain.

— Xercès. Tu te souviens de cette vidéo ? poursuit le propriétaire des lieux.

La façon dont Khaulder s'exprime laisse à penser qu'il manigance quelque chose. Je le questionne du regard, et dès qu'il perçoit mon incompréhension, un sourire confiant se dessine sur son visage. C'est officiel : il prépare un plan diabolique.

— Hm, oui... Je me souviens d'un passage. Il me semble qu'on voit la scène du meurtre. On y voit le mercenaire avec une fille.

— Ah, bon ? Une fille ? s'étonne Khaulder sous l'amusement des démons.

— Il faisait nuit, on ne voyait pas grand-chose, mais... je suis sûr que c'était Maria.

À la suite des mots de Xercès, remplis de sous-entendus, Khaulder recule d'un pas pour la laisser partir. Je viens de comprendre leur plan : si Maria décide de les balancer à la police, ils diront que la fille dans la vidéo n'est pas moi, mais Maria, afin qu'elle se retrouve également derrière les barreaux.

Ceci dit, elle le réalise rapidement :

— Vous... vous n'allez quand même pas faire ça, hein ? Je suis la petite sœur d'Ernest.

— Je te laisse dix minutes pour te barrer d'ici. Une seconde de plus, et Xercès sera libre de faire ce qu'il veut de toi, déclare Khaulder d'une voix calme.

Elle écarquille les yeux, ahurie.

— Le compte à rebours a déjà commencé. Dépêche-toi, poursuit-il.

Maria nous observe tour à tour, apeurée. En voyant Xercès qui se délecte de la perspective de s'occuper de son cas, elle se met à courir à toute vitesse pour récupérer un maximum d'affaires.

Il ne lui faut que sept minutes et cinquante-trois secondes pour faire ses valises. Sous le feu de l'action, Maria exécute un mauvais pas et dévale toutes les marches d'escalier, la tête la première.

Je saute donc du canapé et me retrouve en face d'elle.

— Qu'est-ce que tu veux ? crache-t-elle, encore allongée au sol.

Je me contente de lui tendre la main en guise de réponse.

— Drew, reviens, cette fille mérite de souffrir, lance Xercès.

— Je ne veux pas de ta pitié, connasse !

Maria se relève et me fusille salement du regard. Dans un geste résolu, elle attrape ses deux valises et s'oriente vers la porte d'entrée en bousculant brutalement mon épaule avec la sienne – elle n'est finalement pas si imprévisible que ça.

Je serre les dents, souffle un bon coup, et attrape son bras :

— Donne-les-moi !

Elle cligne des yeux, stupéfaite.

Bien que mes propos ne soient pas plus explicites, Maria sait parfaitement que je parle des économies d'Ernest.

Xercès s'est mis derrière moi, elle ne peut pas faire autrement que de me tendre la liasse de billets qu'Ernest économise depuis ces cinq dernières années. Bien que la somme ne soit pas énorme, Ernest réunit de l'argent pour parvenir à rembourser les dettes qu'il a auprès de Khaulder.

— Plus qu'une minute, ajoute Xercès.

Contre toute attente, Maria ne bouge pas. Elle préfère le défier du regard, manifestant son indocilité. Xercès n'est pas ravi de la voir aussi confiante. Parmi les sept, elle n'a pas choisi le plus inoffensif.

— Xercès, est-ce que tu es prêt à la pourchasser ? lance Khaulder.

— Je suis toujours prêt.

Sans attendre, Maria s'empresse de quitter les lieux en claquant la porte derrière elle dans un violent fracas.

Khaulder lâche un soupir de soulagement pendant que mes yeux balayent attentivement son visage. Il est l'incarnation même des anges déchus qui règnent dans les contrées perdues. Mon cœur tambourine dans ma cage thoracique, quand il m'entoure avec ses bras. Son corps est toujours glacial, comme si une partie de lui était façonnée avec de la glace. Nous restons ainsi jusqu'à ce que la porte d'entrée s'ouvre brutalement.

Ernest, Douglas et Alaric sont de retour à la maison. On leur explique la trahison de Maria avant que chacun décide de reprendre ses activités respectives. Dans la cuisine, Xercès et Khaulder discutent tranquillement tandis qu'Ernest et moi sommes dans le salon. À côté de nous, Douglas est plongé dans un profond sommeil, comme la Belle au bois dormant mais avec une barbe et un souci de ronflement. Alaric, quant à lui, est monté à l'étage pour prendre une douche.

— Je crois que je sais quelque chose que je ne devrais pas, chuchote Ernest.

Le ton de sa voix est si faible que Khaulder et Xercès ne peuvent plus l'entendre, les empêchant ainsi d'espionner notre conversation. Ernest se penche vers mon oreille, et là, un vent parfumé à la tequila me fouette le visage. Cette odeur me trouble tellement que je ne remarque pas tout de suite les yeux de Xercès et de Khaulder posés sur nous. À présent, ils ne se gênent pas pour nous observer attentivement.

— Je n'en suis pas sûr, mais je crois que Zanner va bientôt mourir, murmure Ernest.

À cet instant, ma bouche pourrait gober des mouches.

❖

Je déteste les conversations par téléphone. Et bien sûr, mes parents ne jurent que par ça. Au cours de ces derniers mois, ils ont dû m'appeler une bonne centaine de fois, et depuis qu'ils sont revenus à Ravenstein, ils me téléphonent régulièrement aussi.

— Un nouveau travail ? Il était temps ! s'exclame ma mère.

— C'est seulement un entretien pour le moment.

— Ah… Bah, c'est nul alors !

Ma mère n'a aucun filtre, elle est comme Douglas.

Je roule des yeux avant de regarder ma montre, je suis en retard sur mon planning de la journée.

— Je dois y aller ! Désolée, leur dis-je.

Mes parents me saluent une dernière fois et finissent par raccrocher. Je m'affale sur mon lit, exténuée. Comme si le destin s'en mêlait, mon portable sonne de nouveau. Encore un appel FaceTime.

Je décroche après un court instant :

— Je le savais ! Tu n'es pas encore prête ! Allez, dépêche-toi ! L'entretien est à 11 heures. Si tu arrives en retard, c'est fichu, me hurle Avery en faisant de vilaines grimaces.

Je me redresse difficilement et place mon portable en face de ma tête.

— Oh là là, sois plus énergique ! Ce n'est pas tous les jours que je peux te décrocher un entretien dans une si bonne boîte ! Ne fais pas cette tête ! Allez, habille-toi et range-moi cette tronche d'endormie !

— Oui, maman.

Alors que je m'apprête à raccrocher, Avery me stoppe net :

— Attends, attends… J'allais presque oublier ! Dis à Xercès de répondre à ma question !

— Et c'est quoi ta question ?

Elle me sourit et me dit :

— Les sourds, quand ils pètent, est-ce qu'ils savent que ça fait du bruit ?

Alors ça, c'était vraiment bizarre.

— Hum, d'accord. Je lui demanderai !

Je raccroche et pars me préparer à toute vitesse dans la salle de bains avant de me rendre dans le salon. Alaric m'accueille avec un large sourire en me tendant son mythique chocolat chaud, orné d'une couche somptueuse de marshmallow. Je m'élance aussitôt vers lui pour saisir cette délicieuse boisson. La sonnette retentit subitement. Il est 9 h 30. Pas de doute, Avery est arrivée. Elle est toujours en avance. J'ajuste le pli de ma jupe et me dirige vers la porte avec ma tasse dans les mains.

— Allez, allez ! On est en retard ! s'écrie Avery en sautillant sur place.

— Mais…

— En fait, l'entretien est à 10 heures ! me coupe-t-elle avant de me tirer vers l'extérieur comme si sa vie était en jeu.

— Drew, tu as intérêt à m'envoyer un message et à revenir à la maison dès que ton entretien est fini, me signale Xercès, ne pouvant pas m'accompagner à cause de son frère chez qui il doit se rendre.

— Oui, papa.

— Xercy ! Pourquoi tu ne viens pas avec nous ? Ce serait amusant, propose Avery.

Ennuyé, mon protecteur la fixe pendant quelques secondes. Puis, à mon plus grand étonnement, il s'avance vers nous avec les mains dans les poches. Avery l'accueille avec son plus beau sourire :

— Oh ! Tu viens vraiment ?

— Non, dit-il sèchement. Appelle-moi encore Xercy une seule fois, et je te tranche le ventre jusqu'à ce que tes boyaux ne soient plus qu'un tas de cubes ensanglantés.

Xercès lui donne ensuite une pichenette sur le front, toujours avec un visage impassible. Avery grimace alors qu'il monte les escaliers.

Énervée, mon amie attrape une chaussure près de la porte et la balance sur mon protecteur. Bien évidemment, Xercès se tourne vers nous et lui adresse son pire regard.

— Cours ! gueule-t-elle en se précipitant dans sa voiture telle une fusée.

Avery se rue en direction du véhicule pendant que je reste plantée là, dans l'encadrement de la porte, avec un poids sur l'estomac. Je n'ai aucune envie d'aller à cet entretien bien que ce soit une occasion en or. Je n'aurai peut-être plus l'opportunité de travailler dans une aussi grande entreprise en tant qu'illustratrice. Avery a été d'une aide inestimable. Ce n'est pas seulement la peur d'échouer à cet entretien qui me paralyse, mais également le fait que Xercès ne soit pas là pour assurer ma protection face à Orlando. Cela me terrifie. Jusqu'à maintenant, Xercès m'a toujours accompagnée dans tous mes déplacements. Il a été, en quelque sorte, un soutien moral et une présence physique inestimable.

— Tu es sûre que ça va ? me demande Xercès, comme s'il pouvait lire dans mes pensées.

— Oui, oui. Je vais bien.

Il descend les marches d'escalier et tapote le sommet de mon crâne. J'ai l'impression d'être une enfant à chaque fois que je me tiens à ses côtés.

— J'ai entendu dire que Khaul a envoyé un démon pour veiller sur toi pendant que je ne serai pas là. Il sera ton ombre, alors ne t'en fais pas pour Orlando, il ne t'embêtera pas pendant cet entretien.

— Un démon ? Quel démon ?

Mes yeux s'écarquillent. Xercès prend quelques secondes avant de me répondre, comme s'il ne savait pas s'il peut me le dire :

— Zanner.

CHAPITRE 48

KHAULDER

Tic. Tac. Tic. Tac.

Ça ne s'arrête pas. Les bruits métalliques de cette foutue horloge sont insupportables.

Je tente de me concentrer sur les documents étalés sur mon bureau, mais mon cerveau refuse de collaborer. Mon regard se tourne vers la porte sur laquelle des coups se font entendre.

Toc, toc, toc.

— Entrez.

Jérôme, un de mes assistants, s'avance vers mon bureau. Il a le visage crispé, comme s'il craignait que je le gronde. Mon petit doigt me dit qu'Ernest a encore fait une gaffe, car évidemment, cette maudite créature ne peut pas s'empêcher de semer le chaos. Xercès m'avait mis en garde contre le fait d'embaucher Ernest dans mon entreprise, mais j'ai choisi de ne pas écouter ses conseils. Je le regrette amèrement.

— M. Sanchez est en train de semer la pagaille, une fois de plus. Il a arraché la perruque de Mlle Smith, la nouvelle stagiaire, et a été aperçu en train de boucher les toilettes du troisième étage, déclare mon assistant.

— Et qu'est-ce que foutent les agents de sécurité ?

— Euh... Ils n'osent pas s'en prendre à M. Sanchez étant donné que vous êtes... colocataires.

Je soupire bruyamment pendant que Jérôme cherche à se fondre sous la pile de papiers qu'il tient dans ses bras.

— Dans ce cas, dites-leur que je donnerai une prime à la première personne qui parvient à le mettre à terre.

Le jeune homme hoche la tête et sort de la pièce en fermant la porte doucement derrière lui. Le temps s'écoule à nouveau lentement, marqué par le tic-tac régulier de l'horloge.

Quelques minutes seulement après son passage, la porte s'ouvre à nouveau, laissant apparaître Ernest fou de rage.

— Tu t'es déjà fait plaquer au sol ? je lui demande alors qu'il s'approche de mon bureau.

— Non, pourquoi ? Je devrais ?

Un brin déçu, je me lève de ma chaise :

— On ne sait jamais... ça arrive parfois. Pourquoi tu viens me voir ?

— Tu m'avais promis qu'on ne finirait pas tard aujourd'hui. On peut rentrer à la maison ?

Le comportement d'Ernest me met à bout de nerfs. Il ne mérite pas de finir à l'heure, mais je suis épuisé. J'ai envie de retourner à la maison et profiter d'une soirée avec Drew et Xercès. Je finis donc par éteindre mon ordinateur et le rejoindre.

— D'accord, on rentre.

Il saute de joie avant de se presser vers la sortie.

Les portes métalliques de l'ascenseur s'ouvrent. Je salue quelques personnes au passage et on se dirige vers le parking extérieur où une pluie battante nous attend. Bien que nous ayons couru assez vite, nous sommes trempés. Ernest secoue alors sa tête comme un chien, me faisant ainsi grogner de mécontentement. Puisque je ne suis pas motivé pour conduire après une si longue journée, Ernest prend le volant. Et comme d'habitude, c'est catastrophique ; avec cette pluie diluvienne, c'est pire.

— Ernest, putain ! Freine ! Y a un cerf !

— Quoi ? Où ça ? Je ne vois rien ! pleurniche-t-il en zigzaguant sur la route. Tiens, prends le volant ! Il pleut trop !

— T'es con ! On ne peut pas échanger nos places comme ça !

— Pourquoi... ?

— Parce que tu es assis sur le siège conducteur et qu'il n'y a pas d'endroit pour s'arrêter !

— Mais... Aaah ! Bambi ! crie-t-il en arrêtant la voiture.

Heureusement, les conducteurs autour de nous ont su réagir à temps. Nous venons de frôler la mort pour la millième fois cette année. Nous reprenons la route et arrivons à la maison. Lorsque je m'apprête à sortir du véhicule, mon portable sonne : Zanner. Au vu des circonstances, ceci n'a rien de normal.

— Allô ?

Ernest s'empresse de coller son oreille sur mon portable pour ne manquer aucun détail. Je le pousse avec ma main pour qu'il s'éloigne, mais il revient à la charge.

— Zanner ? poursuis-je plus sèchement.

Aucune réponse. Pourtant, j'entends distinctement un souffle à l'autre bout du fil.

— Il y a un problème ? le questionné-je.

À nouveau, aucune réponse. Seuls des bruits de pas et au loin des alarmes de policiers ainsi que ce souffle qui devient de plus en plus fort.

— Tu es poursuivi, c'est ça ?

— L'heure est venue, Khaul, me répond-il.

Mon sang se glace. Ernest me tire pour que je prenne place dans le véhicule, mais je ne bouge pas. La pluie qui continue de s'abattre sur mon visage n'est plus qu'un détail.

— Il y a peut-être un remède.

Mes mots sonnent terriblement faux. Zanner sait que je ne les pense pas vraiment, nous savons tous les deux qu'il n'existe aucun remède contre les BlackPills. Certaines personnes les supportent mieux que d'autres, mais ce n'est pas le cas de Zanner. Les BlackPills le rongent de l'intérieur depuis de longues années, et le rendent insensible. Bientôt, il ne sera que l'ombre de lui-même.

— Non, c'est trop tard. Il n'y a aucun remède pour moi, affirme-t-il.

J'aimerais le contredire, mais c'est impossible. Il a atteint un stade avancé de démence. Son état est incurable, rien ne le guérira complètement.

— Où es-tu ? Je peux te rejoindre et...

— Khaul, souffle-t-il en me coupant la parole. Il n'y a rien que tu puisses faire. Je suis condamné, tu le sais bien.

— Mais...

— Tu n'auras plus besoin de te mêler des BlackPills à présent. J'ai fait en sorte que personne ne puisse faire le lien avec toi.

— Comment tu as fait ?

— Cela n'a pas d'importance, déclare-t-il d'un ton autoritaire. Le plus important, c'est que vous soyez en sécurité, Avery et toi.

La voix de Zanner est calme, mais je le sens fébrile, comme s'il était en train de mourir à petit feu. Mon cœur se tord. J'ai envie de lui poser un tas de questions, de lui dire à quel point sa présence m'est indispensable, mais je ne veux pas gâcher nos derniers instants. Alors, je reste muet et attentif à chacune de ses paroles.

— Vous avez été des gamins insupportables, tu le sais ça ? J'ai failli vous tuer une centaine de fois. Je me demande comment ta mère a fait pour survivre avec vous. Je vous ai connus quand vous n'aviez aucun instinct de survie et aucun respect envers les autres. Des vrais gosses pourris gâtés !

Zanner marque un temps de pause avant de reprendre la parole :

— Vous m'avez compliqué la vie, mais je suis heureux de vous avoir connus... Vous allez me manquer. Je sais que ça ne se voit pas forcément, mais...

Une boule se forme dans ma gorge lorsque Zanner continue d'une voix rauque :

— Sache que vous êtes les seules personnes que j'aie aimées.

— Je t'en supplie, ne fais pas ça... On va trouver une solution, OK ? On a besoin de toi... J'ai besoin de toi.

— Non, Khaul. Tu n'as plus besoin de moi.

— Où es-tu ?

— C'est trop tard... Je suis en train de mourir. Avant que tu aies le temps de venir, je serai déjà parti.

Mon cœur vient de se briser en mille morceaux, le temps s'est arrêté, le destin est contre moi. Les larmes montent, mais je les retiens. Il est hors de question que je craque maintenant.

— J'ai peut-être une nouvelle qui pourrait te remonter le moral, reprend-il pendant qu'Ernest me dévisage.

— Qu'est-ce que c'est ?

Une fois de plus, Zanner marque une pause, comme si chaque mot qu'il prononce lui demandait un effort immense.

— J'ai pu assurer la protection de ta petite pyromane et ce soi-disant Orlando la suivait bien. J'en ai profité pour le tuer, m'annonce-t-il. Prends ça comme un cadeau d'adieu. Je vais devoir raccrocher maintenant. Est-ce que tu as une dernière chose à me dire ?

J'inspire et expire profondément. Il y a beaucoup de choses que j'aimerais exprimer à cet instant, mais je me contente de dire ces simples mots :

— Merci d'avoir été comme un père pour moi.

J'entends son rire à travers le téléphone. Il a toujours détesté que je le considère ainsi. L'appel s'achève, et un long silence commence.

CHAPITRE 49

ERNEST

Khaul paraît déboussolé.

Son visage, d'ordinaire impassible, est marqué par une profonde tristesse. La dernière fois que j'ai vu cette expression sur ses traits, c'était à la mort de Chad. Sa pâleur est saisissante. Malgré la pluie battante qui l'a déjà trempé de la tête aux pieds, il reste figé, pétrifié par le chagrin.

— Tu m'entends ? je lui demande en agitant mes mains devant son visage. Viens, on rentre à la maison. Il pleut !

Khaul me fixe pendant quelques secondes sans bouger d'un poil. La pluie est tellement intense que ma vision se brouille. Mon visage est trempé, comme si je sortais de la douche.

— Rentre sans moi. J'ai besoin de rester seul un instant, finit-il par me dire.

— Tu restes sous la pluie ?

Il secoue la tête, le regard perdu dans le vide. Son attitude est étrange, inhabituelle.

— Qu'est-ce qui se passe ? Est-ce que quelqu'un est mort ?

Il se tourne vers moi et me répond avec un calme qui me sidère :

— Oui, Orlando est mort.

— AH !

Attends, attends… Il faut que je rembobine un peu.

Orlando est mort ? Non, ce n'est pas possible. Ça ne peut pas être ça. Oh mon Dieu, ce serait tellement génial !

Après que Khaul et Drew se sont mis en couple, ma sœur a quitté Ravenstein. Je ne pouvais pas rêver mieux. Depuis le début, Orlando n'a été qu'une source d'angoisse permanente. Maintenant qu'il est hors d'état de nuire, mon cœur se sent plus léger. Xercès n'a plus aucune raison de rester avec nous puisqu'il n'aura plus à jouer les gardes du corps ! N'est-ce pas formidable ? J'attendais ce jour avec tant d'impatience.

— Il est mort ? Mais tu devrais être content !

— Je le suis, me répond-il pendant que je sautille de joie.

Khaul ne donne pas l'impression d'être le plus heureux des hommes. Il a pourtant déployé les grands moyens, allant d'un garde du corps pour Drew à l'organisation d'une réunion des Sept Démons, pour capturer cet homme. Mais malgré ce succès, Khaul est soucieux, comme si une ombre pesait sur son esprit.

— Tu n'as pas l'air content. Tu sais qu'Orlando méritait de mourir après tout ce qu'il avait fait subir à la famille Wheeler, n'est-ce pas ?

L'attitude de Khaul me perturbe. Il se comporte d'une manière étrange.

— Je sais, oui, répond-il d'une voix basse.

— Alors pourquoi tu es comme ça ? Souris, saute de joie, fais quelque chose !

— Ernest... s'il te plaît, j'ai vraiment besoin de rester seul un instant, murmure-t-il, la voix rocailleuse et fébrile.

Il inspire profondément et passe une main dans ses cheveux trempés. Khaul paraît inconsolable.

— Est-ce que... commencé-je à murmurer pour essayer de lui remonter le moral.

— Zanner est mort aussi.

Tout s'éclaire soudainement. Il n'est pas difficile de comprendre que Zanner est le favori de Khaul ; leur relation est complexe.

— Oh, merde ! Je... je vais te laisser. Je vais prévenir les autres. Est-ce que tu veux un parapluie ?

— Non merci, répond Khaul d'un ton ferme.

Les grondements de l'orage sont si assourdissants que le ciel semble sur le point de se déchirer en mille morceaux. Je jette un dernier regard à Khaul, immobile sous la pluie battante, avant de me précipiter vers le perron de la maison. En franchissant le seuil de la porte d'entrée, je tombe nez à nez avec Xercès et Pandora. Leurs yeux bleu électrique me fixent avec une intensité glaciale.

— Khaul n'est pas avec toi ? me demande Pandora, les sourcils froncés.

— Non... Il est... indisponible pour le moment.

— Pourquoi ? lâche Xercès.

— Il vient d'apprendre la mort de Zanner et d'Orlando, réponds-je, la voix tremblante.

— Quoi ? s'écrie Drew en surgissant de nulle part. Orlando est mort ?

Je hoche la tête en guise de confirmation.

Drew, la main plaquée contre sa bouche, recule de quelques pas. Elle est sous le choc. Alaric et Douglas, alertés par le brouhaha, ne tardent pas à nous rejoindre.

— Où est Khaul ? demande le boxeur.

— Je ne suis pas sûr de devoir vous le dire. Il veut être seul et il faut respecter son choix de...

Le regard de Xercès s'assombrit. Ma réponse ne lui plaît pas du tout. Un hoquet de surprise s'échappe de ma gorge avant que je me reprenne :

— Il est dans le jardin, sous la pluie !

Le Persécuteur de glaces me pousse pour observer le jardin et s'assurer que je ne mens pas. Heureusement pour moi, Khaul est toujours là, au milieu de l'allée principale, trempé par la pluie. Il est au fond du gouffre.

— Je doute que ce soit une bonne idée que tu ailles le consoler, lance Pandora à son frère d'un ton tranchant. Tu n'es pas doué pour ça, tu le sais aussi bien que moi. Il faudrait quelqu'un de plus... empathique.

— Je suis bien plus empathique que toi, rétorque Xercès.

— Je n'ai pas dit le contraire, se défend Pandora.

— Tu l'as sous-entendu, grommelle Xercès.

— Au lieu de vous chamailler, ne voyez-vous pas que Khaul est en train d'agoniser sous la pluie ? Si aucun de vous ne va le voir, j'y vais, moi ! intervient Douglas.

Les deux démons cessent leur querelle et se tournent vers mon colocataire, le fixant d'un air hautain. Douglas déglutit et recule d'un pas lorsque Pandora avance dangereusement vers lui.

— Les colocataires de Khaul commencent à prendre un peu trop la confiance, tu ne trouves pas ? déclare le Démon aux cheveux d'argent.

— Tu as raison, confirme le Persécuteur de glaces. Il va falloir les remettre à leur place.

Satané Douglas, pourquoi a-t-il fallu qu'il provoque les démons ? Le moment n'est vraiment pas idéal pour une telle confrontation. Khaul n'est pas en état de nous défendre en cas de bagarre.

Alors que la tension monte, Drew prend les devants.

— Vous auriez un parapluie ? demande-t-elle d'une voix douce.

— Oui, ils sont là, affirme Douglas en désignant l'armoire à chaussures.

Nous focalisons notre attention sur les moindres faits et gestes de la petite brune : elle enfile une paire de chaussures et avance à grands pas vers Khaul, sous nos regards attendris. À cause de la pluie diluvienne, nous sommes incapables de les entendre. Néanmoins, cela ne nous empêche pas avec Alaric de tirer des conclusions hâtives.

— Ils parlent des nuages, affirme le boxeur. Regarde les lèvres de Khaul, il articule mal, mais ça se voit qu'ils parlent de ça.

— N'importe quoi ! Tu es con ou quoi ? Il a dit « tartiflette » !

— À quel moment dans ta vie tu penses qu'ils parlent de ça ? grogne Alaric

— Baisse d'un ton, frérot.

— Bon. Laissons-leur un peu d'intimité, s'interpose Xercès en nous tirant par les oreilles pour qu'on s'éloigne de la porte.

Je hurle de douleur pendant que Pandora profite de cette occasion pour lancer un sujet que personne n'ose aborder :

— En parlant d'intimité, ça avance avec ta nouvelle petite amie ?

Xercès s'arrête un instant. Durant une microseconde, j'aperçois le visage du diable sur le sien. Je parviens à me détacher de l'emprise du démon et à me réfugier derrière le dos de Douglas.

— Toi, tu te tais, s'indigne le mangeur de glaçons.

— Décidément, tu es vraiment pitoyable en matière de relations amoureuses. Je plains cette pauvre femme, se moque Pandora.

— Tu veux qu'on en parle de ton échec avec Drew ? contre-attaque Xercès.

Touché, coulé.

Le démon a été attaqué en plein dans le mille. Évidemment, leur discussion ne s'arrête pas là. Pandora tente de se défendre bien que Xercès ait remporté la partie haut la main. Je profite d'un moment d'inattention pour jeter un coup d'œil par la fenêtre. Khaul et Drew sont toujours dehors, sous une pluie torrentielle, ils s'embrassent de manière si romanesque que j'en ai les larmes aux yeux. Mon rôle de cupidon prend définitivement fin. Ma mission a été un véritable succès. Putain, c'est beau !

On attend une vingtaine de minutes avant que les deux amoureux nous rejoignent. Xercès, tel un bon chevalier servant, les accueille avec des serviettes et des bouillottes. Drew est la première à prendre sa douche. Khaul, quant à lui, attend son tour en discutant avec les deux démons.

Forcément, aucun n'ose parler de la mort de Zanner. Ils savent que Khaul ne s'est pas encore remis de la nouvelle. Il lui faudra quelques semaines voire quelques mois pour faire son deuil. Zanner avait une place importante dans sa vie, et ça, tout le monde le sait. Cet homme a été son mentor, son confident, son protecteur, mais également la cause de tous ses problèmes.

— Je crois que je vais m'endormir sur place, bredouille Drew en bâillant à plusieurs reprises. J'étais tellement stressée par cet entretien que je n'ai même pas pu fermer l'œil de la nuit.

— Ça s'est bien passé d'ailleurs ? je lui demande.

— Oui, je crois.

Drew bâille à nouveau, ses yeux sont rougis par la fatigue. Elle est vraiment exténuée.

Il est minuit passé, et nous ne sommes désormais plus que tous les deux dans le salon. Douglas et Alaric sont partis se coucher tandis que Khaul, Xercès et Pandora discutent toujours dans la cuisine de tout et de rien. Ils pourraient passer des heures à parler ainsi sans se lasser.

— Tu devrais aller dormir, lui dis-je en voyant ses paupières lourdes.

— Je vais faire une petite sieste, marmonne-t-elle en s'enroulant dans un plaid. Réveille-moi dans vingt minutes.

— Tu serais mieux dans ton lit.

Drew s'endort rapidement. Je profite de l'occasion pour prendre une photo amusante d'elle. Quand elle dort, elle a toujours la bouche ouverte, c'est assez drôle. Je décide ensuite de m'occuper sur mon portable, car contrairement à elle, je ne suis pas du tout fatigué. J'ai passé une bonne partie de ma journée de travail à dormir les yeux ouverts, tous mes collègues n'y ont vu que du feu.

Quelques minutes plus tard, Xercès arrive et se penche vers Drew. Sa présence me fait bondir du canapé.

— Elle s'est endormie sur le canapé. Je peux la porter dans sa chambre si tu veux, propose-t-il à Khaul.

— Non, non, merci. Je m'en occupe.

— Tu devrais le laisser faire. Tu as l'air aussi fatigué que Drew, lance Pandora.

Khaul refuse une nouvelle fois. Le regard de Pandora jongle entre Xercès et Khaul :

— Il commence à se faire tard. Je m'en vais.

Le Démon aux cheveux d'argent quitte la maison, laissant la maison silencieuse. Xercès se sert un verre de glaçons et déclare d'un ton mélodramatique :

— Pandora sera jaloux quand il découvrira que je vais emménager officiellement avec vous.

Oui, vous avez bien entendu : Xercès veut vivre avec nous. Toutes les chambres étant déjà occupées, Khaul a pris la décision de trouver une nouvelle maison pour que nous puissions avoir plus d'espace et que Xercès ne dorme plus sur un matelas gonflable. Il a engagé des agents immobiliers pour s'occuper de cette recherche. Dès qu'une maison remplira tous les critères, nous la visiterons tous ensemble.

— Il va s'en remettre, déclare Khaul.

— À ce sujet, pourquoi as-tu toujours refusé que Pandora et Eliodas dorment ici ? demande Xercès. Pas que ça me dérange, bien au contraire, je détesterais vivre avec ces deux abrutis.

Le Persécuteur de glaces a raison de souligner ce point. Je me suis toujours demandé pourquoi des Sept Démons, à l'exception de Xercès, aucun n'était déjà venu vivre chez nous ?

— Ils sont beaucoup trop désordonnés, et ils ont tendance à effrayer tout le monde, c'est déjà bien assez fatigant d'être aux aguets pour vérifier qu'ils ne s'en prennent à personne, répond Khaul.

Le démon acquiesce et avale une gorgée de son eau glacée avant de poursuivre :

— Tu devrais ramener Drew à l'étage et aller te coucher. On doit visiter la nouvelle maison tôt demain matin, ne l'oublie pas.

— C'est vrai, tu as raison.

Xercès monte à l'étage pendant que Khaul s'approche du salon pour se pencher sur Drew. Dans ses yeux, je ne vois aucune haine, aucun dégoût, seulement de la tendresse à l'état pur.

Lorsqu'il porte délicatement Drew dans ses bras, mon regard s'immobilise sur elle, une part de moi est convaincue d'une chose : cette fille a été capable de guérir un cœur meurtri par les années, un cœur brisé par l'accablement, un cœur solitaire, un cœur qui ne connaissait pas le bonheur – le cœur de Khaul.

CHAPITRE 50

KHAULDER

Drew dort paisiblement dans mes bras.

Sa journée a dû être éprouvante pour qu'elle soit aussi profondément endormie. Sa poitrine se soulève et s'abaisse doucement, tandis que ma respiration est rapide et irrégulière. Je n'ai pas envie de la réveiller, elle semble en plein rêve.

Après m'être assuré qu'elle soit bien allongée sur son lit, mon regard s'arrête sur sa chambre qui fut autrefois une bibliothèque. Ma mère aimait lire plus que tout au monde, c'était sa manière à elle de s'accrocher à la vie. D'aussi loin que je me souvienne, elle était toujours triste, ses sourires étaient rares. Les seuls moments où elle était heureuse, c'était quand elle se plongeait dans la lecture de ses romans préférés et quand elle me parlait de Zanner. Pendant un temps, ma mère a été psychiatre. Zanner était un de ses patients. Au cours des dernières années, avant son décès, ma mère s'était beaucoup attachée à lui, elle a tout fait pour qu'il ne reste pas dans l'hôpital psychiatrique où il était, malgré les mises en garde de ses collègues. Elle ne supportait pas l'idée que des patients soient utilisés comme de simples cobayes et qu'ils meurent dans des souffrances abominables. Elle s'est longtemps battue pour sa liberté, pour son bien-être. Malheureusement, c'est ce qui a causé sa perte.

Avant de rendre son dernier souffle, ma mère a demandé à Zanner de nous protéger, Avery et moi, comme s'il s'agissait de ses propres enfants, et c'est exactement ce qu'il a fait. Désormais, le nom de Zanner tourne en boucle dans ma tête. Il me hante, j'aurais aimé lui dire tant de choses avant que tout se termine pour de bon.

Alors que je m'apprête à quitter la chambre de Drew, je sens que l'on tire sur mon pantalon. Je me retourne et Drew, les yeux mi-clos, me retient avec sa main.

Elle me murmure quelques mots :

— Merci…

Je m'approche d'elle tandis qu'elle s'efforce de garder les yeux ouverts. Un premier bâillement s'échappe de ses lèvres, suivi d'un second. La lumière tamisée de la lampe de chevet éclaire une partie de son visage à moitié endormi. Elle frotte ses yeux et tente de se redresser.

— Tu peux te rendormir, on doit se lever tôt demain.

— Ah oui, c'est vrai ! La visite de la maison est à quelle heure ? demande-t-elle alors que je m'assois sur le bord de son lit.

— C'est à 8 heures, on doit partir à 7 h 30 pour éviter les bouchons.

— Je sens que tout le monde va se réveiller en retard, déclare-t-elle en caressant ma main.

— J'ai demandé à Xercès de les éjecter de leur lit s'ils ne se réveillent pas à temps.

— Hâte de voir ça ! Ernest va être hystérique, Douglas aussi ! s'exclame-t-elle avec un sourire.

— D'ailleurs, maintenant que j'y pense, on n'entend pas du tout ton frère ronfler. Ta chambre est bien mieux insonorisée que la mienne.

— T'es jaloux ? me taquine-t-elle.

— Très.

Mon regard croise le sien. Elle affiche un sourire irrésistible. Je sens une énergie nouvelle nous parcourir, comme des crépitements électriques qui nous traversent, nous attirant l'un vers l'autre.

— Hm… Je veux bien partager ma chambre avec toi, mais rien qu'une nuit, me propose-t-elle, les joues écarlates.

Mon cœur bat un record de vitesse, comme si je venais de courir le marathon. Je tente de garder une expression neutre, même si mon sourire me trahit :

— Rien qu'une nuit ?

Je me positionne au-dessus d'elle, nos regards se croisent à nouveau. Nos mains entrelacées, je me penche pour l'embrasser. Elle frissonne à mon contact et en demande plus. Il y a quelque chose de magnétique entre nous, il m'est impossible de lutter contre.

Je suspends notre baiser pour respirer, pour la contempler. Sa présence me fait oublier toute la tristesse que j'ai pu ressentir ces dernières heures. Drew m'agrippe doucement le cou pour que mes lèvres retrouvent le chemin des siennes. Nous restons ainsi jusqu'à l'aube, nos corps serrés l'un contre l'autre.

❖

Un fracas soudain me tire brutalement de mon rêve. Mon cœur s'emballe, mes yeux s'ouvrent malgré l'assaut de lumière qui illumine la chambre. À côté de moi, Drew dort à poings fermés. Elle est blottie contre mon torse et semble ne pas entendre tous les coups qui résonnent contre la porte.

— Il faut se réveiller ! C'est l'heure ! crie Ernest. Il vous reste quinze minutes pour vous préparer !

Cette fois, Drew sort de son sommeil. Elle bondit hors du lit pendant que je me maudis de ne pas avoir mis le réveil. Elle me lance aussitôt un regard de panique. Je la prends par les épaules pour la rassurer en silence.

— Ne crie pas ! grogne Xercès.

— Oui ! Pardon, désolé, excuse-moi ! rétorque Ernest.

Très vite, des bruits de pas se font entendre. Ils viennent de descendre les escaliers, cela ne fait aucun doute.

— Je te laisse la salle de bains, tu peux aller te préparer en premier, lui dis-je en enfilant mon t-shirt.

— Merci !

Elle dépose un baiser sur mes lèvres avant de s'éclipser sur la pointe des pieds. Sans attendre, je quitte sa chambre et me dirige vers la mienne. Je croise Douglas qui a l'air fatigué. Je m'apprête à lui adresser la parole, cependant il me devance :

— Je sais, tout le monde sait. Ne dis rien. Pas besoin de détails.

Il me contourne et part aux toilettes, mais la porte est fermée. Il grogne de frustration et se retourne vers moi :

— Rassure-moi, dans la maison qu'on va visiter, il y a plusieurs toilettes, pas vrai ?

Je hoche la tête et renchéris :

— Oui, et il y a aussi deux salles de bains.

— Alléluia !

Je pars dans ma chambre à la recherche d'une nouvelle tenue en attendant que la salle de bains se libère. Une trentaine de minutes s'écoulent avant que nous soyons tous prêts à partir. Évidemment, nous sommes en retard, mais cela n'a pas l'air de déranger mon agent immobilier. Ce qui le perturbe davantage, c'est le fait que nous soyons aussi nombreux. Nous sommes au complet, personne n'a voulu manquer l'occasion de visiter cette maison qui nous a charmés quand nous avons découvert les photos.

Tous les critères ont été respectés : sept chambres pour pouvoir accueillir des amis, une grande cuisine pour que je puisse mieux profiter du plan de travail, une pièce insonorisée pour qu'Alaric puisse pratiquer la guitare, sa nouvelle passion, un somptueux bar pour Ernest, un studio indépendant pour la tranquillité de Xercès, une pièce spécialement pour que Drew puisse dessiner sans être dérangée, et trois toilettes pour le plus grand plaisir de Douglas. La maison est parfaite.

La visite commence, et les questions s'enchaînent. Quelques travaux sont à prévoir, mais rien d'alarmant. L'argent de mon héritage peut aisément payer les frais supplémentaires.

— Regardez ! Il y a un buisson en forme de fesses, s'écrie Ernest en éclatant de rire.

— Il rigole toujours comme un débile, grogne Xercès.

— Au moins, il rigole. Toi, tu ne le fais jamais, rétorque Drew du tac au tac.

Je pouffe de rire en luttant pour me concentrer sur ce que raconte l'agent immobilier. Douglas et moi sommes les seuls à l'écouter attentivement, tandis que les autres membres du groupe ne résistent pas à l'envie d'explorer tous les recoins de la maison, testant les robinets et ouvrant les placards.

— Vous pouvez m'en dire plus sur la sécurité ? demandé-je en admirant la cuisine qui brille de mille feux.

— Vous ne trouverez rien de mieux, je vous assure ! Des détecteurs de mouvements et des caméras de surveillance sont disposés sur la façade. Vous n'aurez aucun angle mort. Les portes blindées sont dotées d'une technologie antieffraction de pointe, et les vitres, fabriquées selon les normes les plus strictes du marché, sont résistantes aux balles.

J'acquiesce, satisfait de sa réponse. La sécurité est probablement le point qui me tient le plus à cœur.

— Est-ce qu'il y a bien un détecteur de fumée ? rétorque Alaric en s'incrustant pour plaisanter.

— Bien sûr ! C'est une obligation ! répond l'agent immobilier.

— Et les chambres sont-elles bien insonorisées ? le questionne Douglas en me lançant un petit regard.

— Oui, elles le sont toutes, en particulier la suite parentale.

Douglas paraît soulagé. Il acquiesce pendant que j'observe les alentours. La maison est encore plus belle que sur les photos, elle bénéficie d'une hauteur sous plafond impressionnante et les baies vitrées offrent à toutes les pièces une lumière naturelle.

— Alors, qu'en pensez-vous ? nous demande l'agent immobilier.

J'ai tous les regards de mes colocataires braqués sur moi, attendant mon verdict. Étant donné que l'achat se fera en mon nom, mon accord est primordial.

Je me racle la gorge pour prendre la parole :

— Nous allons faire une offre.

CHAPITRE 51

DREW

Quand Khaul nous a annoncé son intention de vendre la maison où nous habitons, mon cœur s'est arrêté de battre un court instant. J'étais sceptique, mais une part de moi savait que je pouvais lui faire confiance. Nous allons déménager pour la première fois ensemble, et cela m'excite. Ernest a eu du mal à se faire à cette idée. Il voulait rester dans notre maison puisque nous y avons partagé de merveilleux moments. Il voulait que je sois de son côté, que je prenne son parti, mais je savais que Khaul n'avait pas pris cette décision sur un coup de tête. Cette maison représente toute sa vie, toute son enfance. Il a partagé des moments heureux, mais aussi douloureux avec sa famille. Chaque recoin de cette maison lui évoque son passé. Khaul mérite d'avoir un nouveau chez-soi.

Bien que nous ayons rapidement déposé l'offre d'achat auprès du notaire, nous avons attendu de longs mois avant de pouvoir faire nos cartons. Depuis que la date d'emménagement est officielle, mes colocataires sont en pleine effervescence. Tout est en pagaille; il y a des cartons et des sacs-poubelle à perte de vue dans la maison.

Certains des Sept Démons se sont portés volontaires pour mettre la main à la pâte. Ainsi, les allers-retours entre la maison et le camion se multiplient à une vitesse fulgurante. Je n'aurais jamais pu imaginer que je serais en train de vider mon placard avec Eliodas.

— Tes culottes ne sont pas terribles si tu veux mon avis, remarque le Vengeur sanguinaire en mettant ma lingerie dans un sac.

— Je n'ai pas besoin de ton avis.

— Pourtant, tu devrais, rétorque-t-il.

Étant donné que Khaul a envie que je m'entende avec ses démons, il a fallu que je conclue un accord avec eux. En échange de bonnes relations, ces derniers ont pour interdiction de me menacer ou de porter atteinte à ma personne. Je bénéficie donc d'une immunité absolue. Eliodas n'est plus une menace sans ses poings et ses paroles morbides. Il m'est désormais possible de riposter si j'en ai envie.

— Pourquoi te sens-tu toujours obligé de critiquer les autres ? Tu n'es pas forcément mieux, lui dis-je en pliant mes vêtements.

— Tes vêtements sont horribles, renchérit-il.

— Contrairement à ta tête, moi, je peux les enlever au moins.

Il me regarde avec de grands yeux, abasourdi. Sa réaction me donne un sentiment de satisfaction incroyable. J'ai l'impression d'avoir remporté un lot à la tombola.

— Je vais récupérer mes affaires dans la salle de bains. Dépose mes sacs de lingerie sur le lit dès que tu as fini, s'il te plaît, poursuis-je avec un grand sourire.

Assurance et détermination rythment mes pas. J'avance doucement dans le couloir en remarquant que la porte de la chambre de Khaul est ouverte.

Le temps d'un instant, mes yeux s'attardent sur sa chambre. Malgré tous les mois qui se sont écoulés, cette pièce n'a pas changé : toujours aussi immense, toujours aussi mélancolique, toujours aussi belle. Quelques cartons y ont été disposés. Il y a du noir partout, sur les draps, les murs, le tapis, les rideaux.

Pourtant, je perçois cette chambre autrement maintenant. Je m'y sens bien, elle est chaleureuse. Rien ne devrait être déplacé, tout est à sa place. Cette pièce est aujourd'hui synonyme de repères dont je ne peux plus me passer.

Lorsque je recule d'un pas pour me rendre dans la salle de bains, une personne heurte mon dos.

Khaul.

Je sursaute en remarquant qu'il est exactement comme la première fois que je l'ai vu. Fraîchement sorti de la douche, son corps svelte luit et ses cheveux bruns, légèrement humides, tombent en formant de longues mèches sur son front. Il a la mâchoire contractée et dure, les sourcils froncés et les lèvres fines. Il porte un jogging gris, contrastant avec ses habits habituels qui lui confèrent un charisme naturel.

Quand son regard croise le mien, un sourire se dessine sur ses lèvres.

— Tu ne ranges pas ta chambre ? je lui demande en remettant en place une mèche qui tombait sur ses yeux.

— Ernest a renversé de la tequila sur mon t-shirt. Il a fallu que je prenne une douche, me répond-il en prenant ma main. Et toi ? Tu as fini de ranger la tienne ?

— Presque ! J'ai encore quelques affaires à prendre dans la salle de bains.

— Eliodas ne t'embête pas ? m'interroge-t-il. Sinon, cligne deux fois des yeux.

— On s'embête mutuellement !

Il sourit au même moment où Xercès débarque dans le couloir pour nous faire une annonce de la plus haute importance :

— Les pizzas ont été livrées. C'est l'heure de la pause. Descendez.

Aussitôt, Ernest et Alaric se précipitent en faisant la course. Nous les suivons de près et découvrons que mon frère est en train de dresser la table. Comme d'habitude, Pandora, Xercès et Eliodas s'installent au bout de la table. Khaul et Ernest prennent place à mes côtés et Alaric et Douglas s'assoient en face. Khaul se dévoue pour distribuer les pizzas en tenant compte des commandes de chacun.

Une ambiance conviviale règne dans la maison. Mon cœur se réchauffe d'un sentiment de réconfort. Il n'y a pas si longtemps, ces personnes étaient encore des inconnus. Pourtant, à cet instant précis, ce sont celles que j'aime le plus au monde. Je les aime tellement.

— Tu pleures ? panique Khaulder alors que mes yeux sont embués par des larmes salées. Tu as mal quelque part ? Je vais chercher la trousse de soin, ne bouge pas !

Alors qu'il s'apprête à monter les escaliers à toute vitesse, je le retiens de justesse. Il plante son regard dans le mien, ne cachant pas son inquiétude. Comme toujours, ses pupilles retranscrivent ce qu'il ressent, et ça me rend encore plus émotive.

— Pourquoi tu pleures ? demandent Douglas et Alaric en même temps.

— J'ai des mouchoirs ! intervient Ernest en brandissant un paquet devant mon visage.

Xercès se tourne vers moi et me scrute avec attention. Son inquiétude est palpable, même si cela ne se voit pas forcément.

— Je transpire des yeux, ce n'est rien ! réponds-je en reniflant doucement.

Mais mes larmes deviennent incontrôlables. Khaul, dans un geste bienveillant, me prend dans ses bras pour me calmer.

Je redresse alors la tête pour les regarder tous, un à un, avant de songer à une phrase chargée de nostalgie : *Quand mes parents m'ont annoncé qu'ils partaient faire le tour du monde, ce fut le début d'une grande aventure.*

ÉPILOGUE

DREW

Un an plus tard

Le soleil brille de mille feux sur la magnifique villa que nous louons pour les vacances d'été. La plage de sable fin s'étend à perte de vue, caressée par les vagues turquoises et parsemée de merveilleux coquillages. L'air est rempli du chant des mouettes, du parfum iodé de l'océan et des éclats de rire de mes colocataires.

— Dites, les amis... Pour quand est prévu ce mariage ? Sans vous mettre la pression, le traiteur que j'ai commandé commence sérieusement à s'impatienter ! nous demande Ernest.

L'eau est glaciale, mais pas autant que le regard que lui lance mon petit ami. Son seul regard suffit à le gronder comme un parent le ferait avec son enfant. Khaul n'aime pas qu'on se mêle de ses affaires. Son regard devient si menaçant qu'il pourrait intimider le plus téméraire. À force de passer ses journées avec Xercès, ce comportement n'est pas surprenant.

— Je rigole ! C'est une blague, une boutade. Détends-toi ! renchérit Ernest.

— Cours aussi vite que tu peux ! affirme Khaul.

Brave comme il est, Ernest prend ses jambes à son cou pour s'enfuir à toute allure. Ses pieds s'enfoncent dans le sable fin, ralentissant sa course. De son côté, Khaul, avec un sourire malicieux, se tourne vers moi et m'éclabousse. Mes jambes flageolent, me faisant perdre l'équilibre avant que je m'écroule dans l'eau.

Khaul éclate de rire. Il ne peut pas s'empêcher de trouver mes chutes amusantes sous prétexte que je tombe souvent au ralenti.

— Je crois que je me suis plantée un truc dans le pied, mens-je en mimant une grimace.

Contrairement à Ernest, je suis plutôt douée pour jouer la comédie. Khaul tombe dans mon piège sans difficulté. Bien que ces temps-ci mes blagues se multiplient, Khaul me croit toujours sur parole.

— Eh merde ! Je t'avais dit que ce coin était rempli de cailloux !

Comme toujours, une lueur d'inquiétude scintille dans ses yeux noirs. Il me tend la main avec son air attendrissant, et j'en profite aussitôt pour le pousser dans l'eau glacée. Bien sûr, il ne s'y attendait pas. Khaul s'écroule avec moi, et quand il se relève en constatant que ses vêtements sont trempés, ma conscience me hurle de fuir comme Ernest.

Cependant, mon temps de réaction est beaucoup trop lent. Khaul commence alors à me chatouiller malgré mes cris. Je gigote dans tous les sens, et après m'être libérée de son emprise, je nage vers le large sans me soucier de la profondeur des eaux.

Khaul se moque ouvertement de moi en ricanant bêtement tandis que mon frère ne prête aucune attention à mes appels à l'aide. Mon cher jumeau est bien plus intéressé par le fait de terroriser Hyder avec un jet d'eau. Il devrait pourtant faire preuve de plus de retenue, car Hyder est toujours en phase de convalescence depuis ses examens. Son état de santé s'est certes considérablement amélioré grâce à Marco, mais il reste fragile et son comportement nécessite une surveillance constante pour éviter une éventuelle rechute.

— Khaul ! Si je meurs, ce sera de ta faute ! dis-je en essayant de ne pas couler.

Je suis épuisée et je n'ai aucune force pour parvenir à remonter vers le bord. Mes bras sont en compote. Il faut dire que je ne suis pas sportive.

— Je te sauve à condition que tu me payes à boire ! me lance-t-il.

Douglas lève alors la tête vers nous et nous dévisage avant de retourner à son activité. Je me concentre à nouveau sur Khaul qui attend une réponse.

— Marché conclu, monsieur Eastwood !

Il m'attire vers lui et m'entraîne vers la plage. Dès que mes pieds touchent le sable chaud, Khaul pose une main sur ma nuque et m'embrasse tendrement.

Un raclement de gorge retentit à nos côtés :

— Certes, je suis content que vous soyez proches, mais, par pitié, arrêtez ça... C'est vraiment gênant, déclare Xercès, le visage dégoûté.

Khaul se penche vers moi et me susurre à l'oreille :

— Ça lui rappelle son bisou avec ma sœur.

— Attends, quoi ? Xercès ? Tu as embrassé Avery ? demandé-je, stupéfaite.

— Génial, de mieux en mieux ! Je ne te ferai plus confiance, Khaul, c'est fini ! grommelle mon protecteur avant de se diriger vers la maison pour s'y réfugier.

Nous passons l'été dans une magnifique villa au bord de la plage. Cette destination est l'occasion parfaite pour réaliser les dernières paroles de Chad. À cet instant précis, sans que je le réalise vraiment, son rêve prend vie sous mes yeux.

Ernest est poursuivi par une horde de mouettes. Alaric en profite pour se moquer de sa façon de courir. Douglas, de son côté, s'amuse à asperger Hyder d'eau fraîche. Xercès, quant à lui, préfère se réfugier à l'intérieur pour échapper à la chaleur. Khaul, allongé sous un parasol, est plongé dans sa lecture.

Depuis notre déménagement dans notre nouvelle maison, Ernest a quitté l'entreprise de Khaul pour ouvrir son propre bar à tequila, baptisé Le Khrew. En ce qui concerne Alaric, il s'est découvert une passion pour la guitare et nourrit l'espoir de rejoindre un groupe de musique. Xercès, pour sa part, entretient une relation tumultueuse avec Avery. Ils s'apprécient autant qu'ils se détestent. Douglas mène une vie de star depuis le succès fulgurant de son film qui lui a ouvert les portes d'un rôle principal dans une série très attendue. Il jongle entre sa carrière d'acteur et sa vie de couple avec Vanessa.

Les autres démons continuent de vivre dans les quatre coins du pays. Pandora et Eliodas ont emménagé dans une autre ville, mais ils nous rendent parfois visite, provoquant des moments de panique hilarants chez mes colocataires.

Maria est finalement retournée chez ses parents. D'après ce que m'a raconté Ernest, elle continue à concocter des plans machiavéliques pour trouver un mari.

Pour ma part, j'ai intégré l'entreprise dans laquelle j'avais passé un entretien grâce à Avery. J'ai, depuis, tissé des liens d'amitié avec mes collègues et obtenu une promotion. Khaul et moi allons bientôt célébrer nos huit mois de relation. Il nous a fallu du temps pour officialiser, mais la nouvelle a été bien accueillie par nos colocataires. Ils s'en doutaient depuis longtemps, surtout Ernest.

— Drew ? Tu m'écoutes ? me demande Khaul.

Absorbée par mes pensées, je ne l'ai pas entendu.

— Désolée, qu'est-ce que tu disais ?

Il lâche mon bras, visiblement déçu. Je fronce les sourcils, perplexe, tandis que Douglas et Hyder se frappent le front en même temps.

— Rien d'important, marmonne Khaul avant de se diriger vers la terrasse.

Je penche la tête, troublée par son attitude. Douglas lève les yeux au ciel et me lance un regard exaspéré.

— Il vient de te dire qu'il t'aimait, et tu l'ignores ! On l'a tous entendu, même à cette distance !

De nature peu expressive, Khaul a du mal à extérioriser ses sentiments. Il ne le fait que rarement, et je viens de passer à côté. Je hurle alors de toutes mes forces pour le rattraper :

— Khaulderinou ! Je t'aime aussi !

Il fronce les sourcils, visiblement agacé par ce surnom, puis accélère le pas. Je n'aurais jamais imaginé que quelqu'un puisse courir aussi vite sur du sable ! Il est incroyablement rapide, peut-être même plus qu'Ernest lorsqu'il cherche à fuir ses responsabilités.

Je m'installe sur la magnifique terrasse de cette maison de vacances, un endroit qui semble tout droit sorti du rêve de Chad. Le chant des vagues et des mouettes emplit l'air tandis que j'observe la plage de sable fin. Khaul est allongé sur un transat, plongé dans la lecture de la bande dessinée qu'Avery et moi avons créée. Nous avons déjà vendu une centaine d'exemplaires, un succès bien au-delà de nos espérances. Malgré le travail long et rigoureux que ce projet a représenté, nous avons déjà hâte d'en créer une nouvelle qui serait inspirée des Sept Démons. Xercès sera notre personnage principal.

— Tu aimes ? je lui demande, impatiente de connaître son avis.

— Oui, beaucoup. J'en suis déjà presque au dernier chapitre alors que je l'ai commencée ce matin, me répond Khaul en buvant une gorgée de son whisky.

— Tous les personnages meurent à la fin.

— Quoi ?

Je me rapproche de lui et dépose quelques baisers sur sa joue, savourant ce moment sous le soleil radieux :

— Je rigole, désolée.

Il grogne, et un frisson involontaire parcourt son corps. Je me faufile entre ses bras en essayant de trouver une position confortable sur le transat avec lui.

Cet instant de tendresse est soudainement interrompu par une mélodie familière et désagréable : l'alarme incendie vient de se déclencher.

Mon cœur s'emballe. Mes pensées s'embrouillent et un sentiment de panique me tord le ventre. Je me redresse d'un bond en jetant un regard inquiet à Khaul.

— Mes cookies, merde ! Je les ai oubliés dans le four ! s'écrie Ernest en parcourant la plage à toute vitesse.

Un soulagement immense me submerge.

Xercès apparaît soudainement sur la terrasse, un plateau de cookies carbonisés à la main. Son regard noir et sa mâchoire serrée témoignent de sa colère.

Après ce petit moment de panique, le calme revient vite. On se débarrasse des cookies brûlés à la poubelle et les rires rejaillissent. Nous profitons du reste de la journée dans la joie et la bonne humeur.

Je sais que, malgré les imprévus et les tensions qui peuvent surgir, je ne les remplacerais pour rien au monde.

Ces garçons représentent mon havre de paix, et je chéris chaque instant de vie passé à leurs côtés.

Remerciements

L'écriture a toujours été mon petit secret.

Aussi loin que je me souvienne, j'ai toujours eu peur que mes proches découvrent mes romans. Je manquais tellement de confiance en moi que la moindre critique m'atteignait en plein cœur. *(Oui, je suis faible.)* Même les compliments sonnaient faux à mes oreilles, comme si une petite voix en moi refusait de les croire. Il m'était difficile de penser que mes histoires puissent réellement intéresser qui que ce soit.

C'est pour cela que j'ai créé *Neavys* et que j'ai commencé à publier mes romans sous anonymat.

Pour la première fois, j'avais enfin l'impression de faire quelque chose de bien. Je savais que *Living With Boys* n'était pas parfait, mais mes lecteurs m'ont fait sentir le contraire. Je vous en suis infiniment reconnaissante. Merci à vous d'avoir cru en cette histoire. Je ne me lasserai jamais de vos messages adorables et de vos commentaires si drôles que ma mère en est venue à croire que je parlais à un petit ami imaginaire.

Je ne peux pas poursuivre ces remerciements sans mentionner la personne qui m'a apporté un immense soutien et qui m'a aidée à faire renaître cette histoire : Virginie. Je ne pouvais pas rêver d'une meilleure éditrice. Sans toi, cette aventure n'aurait pas été aussi belle.

Cécile et Helysa, sachez que vous êtes les seules membres de la famille à qui j'ai eu le courage de partager mon histoire. C'est quelque chose que je redoutais, et vous avez été merveilleuses. Un merci spécial à Helysa, ma sœur jumelle, qui m'a toujours accompagnée dans mes sessions d'écriture, ainsi qu'à Coco pour m'avoir soutenu.

Lyla, je suis tellement heureuse d'avoir croisé ton chemin grâce à l'écriture. Tes conseils m'ont été si précieux !

C'est avec les larmes aux yeux que je termine ces remerciements. Merci d'avoir cru en cette histoire alors que moi-même, j'en doutais. Je vous en serai éternellement reconnaissante. J'espère que vous prendrez autant de plaisir à suivre les aventures de Drew que j'en ai eu à les écrire.

Love,

Neavys

Cet ouvrage a été composé
par Atlant'Communication
au Bernard (Vendée)

Impression réalisée par
NORMANDIE ROTO IMPRESSION S.A.S.
à Lonrai (Orne)

en septembre 2024
pour le compte des Éditions de l'Archipel
département éditorial
de la S.A.S. Écriture-Communication

Imprimé en France
Rang de tirage : 01
N° d'impression : 2403925
Dépôt légal : octobre 2024